远　见　成　就　未　来

建投书店投资有限公司
More than books

BUENOS AIRES
THE BIOGRAPHY OF A CITY

布宜诺斯艾利斯传

［美］詹姆斯·加德纳———著

赵宏———译

中国出版集团
中译出版社

图书在版编目（CIP）数据

布宜诺斯艾利斯传 /（美）詹姆斯·加德纳著；赵宏译. -- 北京：中译出版社，2019.3
　ISBN 978-7-5001-5845-5

　Ⅰ. ①布… Ⅱ. ①詹… ②赵… Ⅲ. ①城市史—布宜诺斯艾利斯 Ⅳ. ①K978.3

中国版本图书馆CIP数据核字（2018）第299156号

BUENOS AIRES.Copyright © 2015 by James Gardner. All rights reserved. Printed in the United States of America. For information, address St. Martin's Press, 175 Fifth Avenue, New York, N.Y.10010 arranged with Andrew Nurnberg Associates International Limited

版权登记号：01-2018-7440

布宜诺斯艾利斯传

出版发行：中译出版社
地　　址：北京市西城区车公庄大街甲 4 号物华大厦六层
电　　话：（010）68359101；68359303（发行部）；
　　　　　68357328；53601537（编辑部）
邮　　编：100044
电子邮箱：book@ctph.com.cn
网　　址：http://www.ctph.com.cn

出 版 人：张高里
特约编辑：黄　艳　任月园
责任编辑：郭宇佳　张孟词
装帧设计：肖晋兴

排　　版：壹原视觉
印　　刷：北京中科印刷有限公司
经　　销：新华书店

规　　格：710 毫米 × 1000 毫米　1/16
印　　张：18.5
字　　数：192 千字
版　　次：2019 年 3 月第 1 版
印　　次：2019 年 3 月第 1 次

ISBN 978-7-5001-5845-5　　　　　　　　　　定价：78.00 元

版权所有　侵权必究
中译出版社

谨以此书纪念

乔钦姆·纽格罗斯切

（Joachim Neugroschel，1938—2011）

他为人们带来了"无尽的欢乐"*

---

* 此处原文 A fellow of infinite jest 出自莎士比亚戏剧《哈姆雷特》第五幕第一场，是哈姆雷特评价死去的宫廷小丑 Yorick 的话。——译者注

目 录

序　　1
前言　宇宙的中心：布宜诺斯艾利斯　　3

第一章　文明还是野蛮：地理位置　　1
第二章　建城（1492—1541）　　14
第三章　殖民时代（1542—1776）　　34
第四章　总督区首府（1776—1810）　　54
第五章　独立战争（1806—1829）　　68
第六章　罗萨斯（1829—1852）　　88
第七章　大村庄（1852—1880）　　105
第八章　南美巴黎（1880—1920）　　134
第九章　大众的城市（1920—1946）　　187
第十章　战后布城（1946—1983）　　206

后记　当代布城　　230
致谢　　245
参考文献　　246
译名对照表　　251
译后记　　265

序

1999年2月1日，我初到布宜诺斯艾利斯，便想找一部布城传记以了解这座城的起源、城市景观的发展和演变。我读过不少知名的城市史，巴黎、伦敦、罗马和纽约都有。布宜诺斯艾利斯是同样伟大的城市，想必也有不少水平高超的传记。然而，事实并非如此。描写布城琐碎细节的书我虽然找到不少，却没有一部能宏观地介绍这座城的历史。转眼16年过去了。16年间，我在二手书店淘得了几本绝版的布城史，写得都非常不错。近几年，也有很好的新书面世。不过，这些书要么专讲波特诺人[*]——布城的居民，要么是城市规划方面的专著，详尽而学术气颇浓。理想的城市史本该轻松易读，我却求而不得。而且，我好不容易找到的书也都是西班牙语写的。

于是，我放弃了买书的念头，决定自己写一部通俗易懂、面向大众的布城史。我觉得有必要在开篇的地方说明一下——本书乃一部布宜诺斯艾利斯的城市史，涵盖了布城的方方面面，尤其关注这里的人如何聚拢而来，这座城如何随时而变。于我而言，布城的物理特质最为重要，比如棋盘般的城市格局、奇特变迁的建筑风格、

---

[*] 该名称意为"港口的居民"。——译者注

基础设施的技术变革等。其次，我也关注生活在布城的人和他们生活的方式。书中自然会讲到布城历史上的一些重大事件，但这不是主旨所在，故此和布城生活无关的事件，也就略去不提了。

"布宜诺斯艾利斯"一词，既可指布宜诺斯艾利斯自治市，也可指布宜诺斯艾利斯省，还可指大布宜诺斯艾利斯都会区。布宜诺斯艾利斯自治市是阿根廷的首都；布宜诺斯艾利斯省的面积和英格兰差不多大，环绕在布市周围；而大布宜诺斯艾利斯都会区则由布市和周边的卫星城构成，人口多达1300万。本书讲述的是阿根廷首都布宜诺斯艾利斯自治市的历史。具体而言，涉及的地理范围西至帕兹将军大道，南至里亚丘埃洛河，东部和北部的界线则在拉普拉塔河。

本书不是学术著作，目标读者也不包括学者。这些年来，我常漫步布城街头，心情愉悦，细致观察，我也认真甚至废寝忘食地阅读了大量关于布城的著作，我的作品从上述观察和阅读中受益颇多。阿根廷国内和国外的学者对布城的历史作过大量深入细致的研究，涵盖了这座城市最微小的细节，从街道的铺砌到电力的引进，从肉制品出口到宫殿建筑的风格。这些成果为我提供了大量信息，加深了我对这座城市的理解。但是，我并不打算把本书写成一部学术型的布城史。

布宜诺斯艾利斯能出现于西半球本就是个精彩的奇迹。据我所知，美洲的任何地方，无论北美、中美还是南美，没有哪个城市像布城这样，最初的目标就是建成欧式的首都。布城的历史虽然充满曲折，最终却奇迹般地实现了这个目标。今天的布城集众多城市的优点于一身，给人愉快的生活体验。然而，哪怕没有这些好处，能在美洲成功建起一座欧式的首都，仅凭这点就足以令世界惊叹了。

前言

宇宙的中心：布宜诺斯艾利斯

世上城市虽多，独特如布宜诺斯艾利斯者屈指可数。这些城市虽然都是大都市，但单有体量，称不上独特。它们中间有的历史悠久，有的却极其年轻，故此独特之处，也无关年代。一座城市美不美，历史上是否有过举足轻重的地位也不甚要紧。此处"独特"二字，指的是一座城市能让生活在这里的人朦胧而诗意地感受它的无限和永恒。在历史学家和记者看来，这无限和永恒，即便算不上痴人说梦，也多少有点虚无缥缈——再庞大的城市终有边界，无法达到"无限"；再古老的城市，也曾一片荒芜，更不可能"永恒"。但是，独特的城市自有魅力，以神秘而又难以言说的方式让人觉得这城亘古就有，也永不消失。布宜诺斯艾利斯尤其如此。本城最负盛名的诗人豪尔赫·路易斯·博尔赫斯，在他最负盛名的诗中写道："有人说，布宜诺斯艾利斯的历史有个开端，可在我看来，这城就如水和空气，永恒不变。"同理，独特的城市在地图上虽有边界，却有永远看不尽的风景、猜不透的魅力。在博尔赫斯的名作《阿莱夫》（*El Aleph*）中，有个蕴含整个宇宙的神秘地点。站在这里看出去，宇宙的一切都清晰可辨。诗人将笔下的这个地点设定在布城城南的加拉伊街上,很有些深长的意味。

无限和永恒的魅力,让住在布城的人觉得这里就是世界的中心、宇宙的中心。这魔法般的感觉无关城市规模,也无关它的历史。布宜诺斯艾利斯散发着青春般的活力,但又有帝王般的威仪。别的城市再大、再有名也难寻这样的气质。我一生走过许多城市,能集诸多魅力于一身的寥寥无几。掐指算来,有巴黎、伦敦、罗马、纽约,还有便是布宜诺斯艾利斯。故此,一到这里便顿觉惊艳。

阿根廷作家列莱奥波尔多·马雷查尔的著名小说《亚当·布宜诺斯艾利斯》(*Adán Buenosayres*)也许最能体现作者将布城视作宇宙中心的匠心。这部作品出版于1948年,长达800页,被誉为阿根廷最好的小说。小说无论情节还是旨趣,都有意模仿乔伊斯的《尤利西斯》(*Ulysses*)。它是部标准的现代主义小说,以城市生活为核心,出现了大量布城街道和广场的名称,百来个人物虽各有特色,却都有波特诺人的鲜明风格。"波特诺人"本意为"港口居民",意即布城居民。小说开头写道:

> 亲爱的读者,请你想象自己是一只轻盈的小鸟,在20世纪20年代某天早晨,从高空俯瞰这座城市。当城市的景象映入你这个波特诺人的眼帘,你的心中一定充满骄傲。顺风圣母港*停靠的黑色大船发出浑厚的声响,甲板上堆满世界各地的工业品,

---

* 即布宜诺斯艾利斯港。——译者注

还有七大洋出产的货物，各色人种穿梭其间，声音嘈杂。城中火车进进出出，奔走于布城和北方的森林、西方的葡萄园、中部的农田、南方的草原之间。

人的境况不断变化，人性也无比复杂。布城纵横的街巷和近50个行政区每天都上演着人间的悲喜。在《亚当·布宜诺斯艾利斯》中，作者马雷查尔试图通过布城的生活探讨人的处境。更为关键的是，他对普遍的人性毫无兴趣，只关心布城的居民。一个外乡人读他的小说，犹如偷听（而不是聆听）波特诺人之间的谈话。显然，马雷查尔明白，除了阿根廷人，无人认同布宜诺斯艾利斯是宇宙的中心。但更重要的是，他也不在乎外国人怎么想。布宜诺斯艾利斯有足够多的粉丝、足够多的文化自信、足够疯狂和横扫一切的能量和动力来支持马雷查尔的宇宙中心论。过去如此，现在依然如此。这足以让马雷查尔满意，也足以让他的同胞们满意。

事实上，说布宜诺斯艾利斯是宇宙的中心，听上去确有几分不可思议。布城很少吸引世界的兴趣。400年之前，西班牙国王下令设立这座城市，然而起初的200年间，西班牙王室也认为此地太过偏远，不值一提，因而一直将其抛诸脑后。即便今天飞机出行的时代，外国人对布城也大多只有模糊的概念。但在波特诺人看来，他们的城市不仅是宇宙的中心，而且完美无缺，简直就是永恒的本体，毫不逊色于巴黎或者纽约。我常暗想，从未去过布城的读者，如果了解布城居民的这种想法一定都会惊讶万分。

可是，当你穿行于布城熙熙攘攘的街道，你就会慢慢理解波特诺人的情感和逻辑。这座城会让人迷失自我，融入其中，甚至恨不能在此度过一生。帕兹将军大道绵延 30 千米，是一条宽阔的高速公路，近乎环绕布城，成为城市的边界，将布城和外面的世界分割开来。从毗邻布城的阿韦亚内达、拉努斯，到万里之外的格陵兰岛和苏门答腊岛，统统都是"外地"。能幸运地落在帕兹将军大道之内的区域，就是这个叫作"布宜诺斯艾利斯"的宇宙。布城之内，住着 300 万波特诺人。城内街巷纵横，有些地方连土生土长的本地人也从未到访，有些街道的名字他们也叫不上来。而帕兹将军大道之外的大布宜诺斯艾利斯都市区，生活着 1000 万人，他们可算不得"波特诺人"。

遍布布宜诺斯艾利斯的书店，称得上体验"宇宙中心"最好的去处。我去过很多城市，还没有哪个像布城这样有如此众多的书店。布城的书店不光卖新书，还有不少专售二手书。行政区无论居住为主还是商业为主，个个都有书店，而且一个街区之内往往不止一家。有些书店是新开的，有些则有百年以上的历史，稳稳地占据着街道的一角。市中心的大型连锁书店，买得到拿铁咖啡和最新的畅销书；而有些书店，窝在城市边缘冷清的小巷里，店里的图书不少都蒙着厚厚的灰尘。它们出版的时候，阿根廷最后一位独裁者[*]甚至还没下台。书店之中，如果细看书架之上，往往会有意外的收获：这里居然和巴黎、伦敦、纽约的书店一样能找得到不少介绍布城的书籍，有介绍布城夜总会和酒吧的，有介绍当地公园的，有布城 48 个行政

---

[*] 此处指比尼奥内，曾于 1982—1983 年担任阿根廷军政府总统。——译者注

区的历史书，有解释街道名称由来的畅销书，也有20世纪30年代布城劳资关系的学术著作，还有价格不菲的精美图册用来介绍诺尔特区"美好年代"*风格的宫殿。店里尤其多的是数十种布城秘史，往往冠以"神秘布城""隐秘布城"或者"不为人知的布城"这类书名。布城介绍本地历史和风情的书籍之多，在南美洲算得上首屈一指，即便放眼全球，也没有几个城市能出其右。可见布城的价值深受市民肯定；波特诺人的身份，也深受市民认同。否则，没有哪个城市能出版这么多介绍本城的图书。

美国诗人埃兹拉·庞德曾经说过，"忠诚而有责任感的人，只要500个就能撑起一个文明"。探访布城的历程中，我常想起这句话。波特诺人好似古罗马诗人维吉尔笔下生活在阴间的人："他们有自己的太阳和星辰"。波特诺人和其他地方的阿根廷人一样，对世界文化潮流的发展十分关注，对异国的文学、音乐、绘画和电影也有浓厚的兴趣。但是，布城自己的文化传统非常强大，只有极少的本地艺术家能逃脱这种文化的引力，如扬名海外的诗人博尔赫斯和作曲家艾斯特·皮亚佐拉。布城有备受本地人爱戴的诗人和小说家，却鲜为外人所知。布城当地的名人，例如演员、古典乐手、政治家等，极受本地人赞誉和喜爱；而出身巴黎、伦敦、纽约的名人，在自己家乡却往往难以享受同样的待遇。

布宜诺斯艾利斯是一座回忆之城，充满了鬼怪故事和悲情的对抗。城里有历史悠久但仍在经营的剧院和夜总会，夜夜喧闹，备受

---

* 1871—1914年欧洲所经历的和平、繁荣的历史时期。——译者注

人们喜爱。但布城人也对已经消逝的茶馆和旋转木马津津乐道。怀旧已然成了布城的习惯。在布城，你碰得上奇特的"专家"，对本城最细小烦琐、鲜为人知的风俗和传说了如指掌；也找得到一大堆导游，对本城的介绍免不了添油加醋地一番美化，顺带不忘吹嘘一下自己的服务专业。早在19世纪80年代，作家们就开始满怀深情地书写消逝的布宜诺斯艾利斯。今天，何塞·安东尼奥·王尔德创作于1881年的作品《布宜诺斯艾利斯：就像70年前一样》(*Buenos Aires desde setenta años atrás*)，已成了本地文学的经典之作；而阿根廷之外的人，对本地的作品往往一无所知。

　　如果布城的某地没有可用的历史素材，当地诗人也很愿意创造演绎一番，足见本地怀古之风多么强烈。博尔赫斯的著名诗歌《布宜诺斯艾利斯建城的神秘》(*La fundacion mitologica de Buenos Aires*)就是一例。博尔赫斯见他热爱的欧洲有丰富的神话，不免想为自己生长的地方也创造一个，便如此描述拉普拉塔河的首个定居点：

> 那时，拉普拉塔河碧蓝的河水，
> 好似来自天上。
> 成千上万的人们，
> 穿越了五个月亮那么宽的大洋，
> 无惧海妖和恶龙时常出没，
> 终于来到这里。

同样，另一位优秀的本城诗人西尔维纳·奥坎波如此描写布宜诺斯艾利斯：

> 索利斯和门多萨*到来之前，
> 人们就在遥远的地方想象着你，
> 在心里创造了你。
> 他们还不确知你是否存在，
> 模糊地想象着平原之上的你，
> 却依然渴望，
> 在一个没有狂热、没有暴君、没有恶蟒的地方，
> 沐浴你永恒的阳光，与你的朝露为伴。

我曾好奇布城人何以如此怀旧。波特诺人对布城身份的自豪、认同和坚守只在北美和欧洲的名城才能见到。然而要不了多久，你就会发现原因所在。布宜诺斯艾利斯和其他伟大城市的差别在于它已经落后于人。可以说布城领袖们一个世纪前的梦想，今天并未实现。第一次世界大战爆发时，阿根廷是世界第8大经济强国，拿任何一条物质标准评判，都能把加拿大和澳大利亚远远甩在后边。而时至今日，阿根廷好不容易才守住全球排名的中位线。替当今执政党说话的人会说阿根廷这些年发展得不错，或者说国内外敌对势力的干扰才是阻碍阿根廷发展的根源。但是，每个表面骄傲的布城人

---

* 他们两人是最早到达布宜诺斯艾利斯的探险家。——译者注

心里都明白，阿根廷错失了机遇，本该更好。对现实的清醒认识和内心的自豪感展开了拉锯战，这种纠结的心态成为当代阿根廷人的特点，而布城人尤甚。

100年前，阿根廷人对未来怀着火热的憧憬，心态和今日大不相同。那时的布宜诺斯艾利斯，似乎很快就会成为世界第一强国的首都。舞台已经搭好，座位也已经排定，只等好戏上演。布城迎来了自己的"镀金时代"*，建起了布杂派**风格的奢华宫殿、巨大穹顶的议会大厦、廊柱雄伟的学院，竭尽所能地复制欧洲的古典风情，整个城市闪耀着精致的光芒。然而，历史却开了个玩笑，阿根廷国运衰落，布城也跟着沦落，往昔一派欣欣向荣的景象一去不返。然而，那种如此迫近却终不可及的辉煌，却始终留在波特诺人的心中，从未远去。我在布城人身上，看到了人性辛酸而又伟大的弱点。然而也正是这个弱点，赋予布城一种悲情而任性的贵族气质，使得这座城市如此与众不同，格外值得世界关注。

故此，本书会描述布宜诺斯艾利斯的诸多好处，也会讲述我发现的复杂情况和不尽人意之处。传统的游记往往只写一个地方的优点，只介绍值得一看的东西，其余则一概避而不谈。丑陋的小加油站、铁轨上锈迹斑斑的跨线桥、20世纪70年代沉闷的理性主义建筑遗存仿佛根本就不存在。这就好比欣赏意大利文艺复兴时期美丽的湿壁画时，不该去想壁画上的污点，游览布城时，这些丑陋的地

---

* "镀金时代"本指美国内战后的1870—1898年期间，一方面资本主义快速发展，一派繁荣景象，另一方面社会黑暗，物欲横流。——译者注

** 布杂派又称"学院派"，是始于17世纪后期的法国"皇家建筑研究会"（后成为巴黎国立美术学院）的建筑风格，具有装饰豪华繁复华丽的气质。——译者注

方也不该看。除了告诫游客绕开这些地方，谁也不会提起它们。但是，布城之所以有趣就在于自身的丰富。所有的城市，都不只是值得一看的金碧辉煌的宫殿，也不只是值得光顾的餐馆和俱乐部，应包括那些破败丑陋的地方。他们是不可分割、自成一体的整体。了解任何一个城市都该全面，布城也不例外。

以游客的眼光看待布城是一回事，而以城市规划专家的眼光看待布城则完全是另外一回事。在游客看来，布城是一个装着各种物品的盒子，盒子里的东西比盒子本身更有趣。人们打开盒子，找寻值得看一看、试一试的东西：共和国广场上的方尖碑、老城区圣特尔莫、雷科莱塔国家公墓、阿根廷烤牛排、门多萨葡萄酒和探戈表演。但是很快人们就会发现，这些并不是布城的全部。人们会看到一大片呆板单调的工人住房，或者状况糟糕的基础设施，乏味得毫无生气，且和当代审美的品位完全相悖。仅以传统游客的眼光看，这些都不是真正的布城，至少不是他们想看的布城。

但是，如果布城不是盒子，而是个复杂的有机体，我们所见就会大不相同，而且肯定更加有趣。这下布城没有什么不能看的东西了。雄伟堂皇的景点依然引人注目，但是无数背街的小路也毫不逊色。以整体的眼光看待布城，宏伟的景点固然重要，通往景点的过程也同样重要；甚至在某些偏僻的城区没有什么可看本身也是件颇有意思的事。一切都有美学和历史上的意义，以这种眼光行走于布城，人们永远不会迷路，不会乘错车或下错站。人们在城中走过的每一步、看到的每一物，甚至没看到的每一物都是风景，都是布城体验的一部分。

胡安·B. 胡斯托大道就是个不错的例子。胡斯托大道是城里最长也最丑的马路，从来没人说过它半句好话，我也一样。此路穿过布城西区差不多有 16 千米长，整条道路没有一座像样的公园，没有一座引人注意的教堂，也没有一个错落着私人住宅的漂亮路口。大部分的路段本来就不是给人看的。除非必要，也没人会在这条路上行走。胡斯托大道之所以破败如此，在于一部分路段是沿着一条早已存在的铁路修建的。来往的列车给沿线的居民区带来噪声和恶臭，于是人们造起了厚厚的高墙把铁路挡在墙外。这样一来，胡斯托大道的东侧就成为死气沉沉的区域。从城市规划的角度看，这种了无生气的氛围容易传染，进而影响道路周边的许多区域，让人们觉得这地方不适宜居住。所以，大道沿线开了不少轮胎店和加油站。这些店铺之所以能开在居民区，不仅说明这里租金便宜，也无疑宣告了这一带城市规划的失败。

除非严重迷路，游客一般不会来到胡斯托大道，许多本城人一生都没来过这里。胡斯托大道一带毫无美感可言，在人们心目中的恶劣形象似乎也很难改变。

但是如果我们深思一下，换个视角，就会发现胡斯托大道所在的布城西区其实大有意趣。如果和波特诺人谈论布城的地势，他们十有八九会告诉你，布城坐落于有名的潘帕斯草原上，地势平坦；只有城市的边缘临近拉普拉塔河，地势稍稍倾斜。但事实并非如此。尽管地形整体平坦，但数十万年来，从安第斯山脉到大西洋不断下沉的沉积层挤压形成了一些高低起伏的地势。其中一条正好和胡斯托大道的位置和走向一致。人类到达南美洲之前，此地丰沛的雨水汇入马尔多纳多河，再顺流而下。西班牙人到来后的数百年间，马尔多纳多河就成了布宜诺斯艾利斯西边天然的边界。但是，布城常常下暴雨，一下暴雨马尔多纳多河就泛滥成灾，成了致命的危险。天气炎热的时候，布城人喜欢在马尔多纳多河里游泳，但历史上发生过多次河边嬉水的孩子被暴雨冲走的事件。当时，马尔多纳多河是布城天然的下水道，远离城市的中心（即现在的五月广场），没人会住到那个地方。故此，19世纪中叶开始建造铁路时，选址马尔多纳多河一带宽阔且荒芜的区域是非常明智的决定，对市民的生活几乎没有影响。

铁路建成数十年后，布城当局决定将马尔多纳多河埋入地下（西班牙语叫作entubarlo）并在上面建造马路，这就是1937年开通的胡安·B.胡斯托大道。但是，胡斯托大道紧挨铁路，搬来此地居住的人仍然不多。现在马尔多纳多河仍然在胡斯托大道下面流淌，有时在多雨的1月，这条河的湍流会漫出堤坝，威胁沿途的10个行政区，只有这时布城人才会想起它的存在。这样一来，人们更不愿意搬到胡斯托大道附近居住了。在普通波特诺人看来，胡斯托大道是布城的一道疮疤。而喜爱探究城市的人则明白，在过去无尽的岁月里，安第斯山脉冲刷而来的沉积层直接且持续地影响布城，胡斯托大道不过是沉积层下沉的一个有趣的后果。

我们也可以用城市规划的眼光观察布城的建筑。布宜诺斯艾利斯的街景无疑是美丽的，但是它的美不同于巴黎、罗马或纽约。布城的建筑单个看来没有一座称得上伟大，但却有大量迷人的、令人赏心悦目的楼房，形成了极为赏心悦目的整体效果。布城的建筑好像总在模仿别人。如果一座建筑完成于1930年前，那么它大约效仿了巴黎的风格，其后则多数模仿纽约。自从1580年布宜诺斯艾利斯奠基起，或者自从波特诺人打算建造宏伟的建筑起，模仿就成为布城建筑的灵魂。在现存的教堂之中，最早的是玻利瓦尔街的圣依纳爵教堂。这座教堂隐约沿袭了罗马巴洛克风格，并受到西班牙殖民实践的影响；五月广场上的天主堂带有明显的法国新古典主义风格；19世纪中期建造了不少哥特式风格的教堂和公共建筑；20世纪早期建起的宫殿和私人住宅*带有精美繁复的装饰，可见受到巴黎国立美术学院"布杂派"的直接影响；20世纪30年代的建筑，带有装饰派艺术风格；二战后的建筑盛行理性主义的国际派风格；20世纪80年代又兴起了后现代主义建筑的风尚；而今天的建筑，则充满了解构主义的意味。

故此，当你走在布城街头，几乎每个街区都给人巨大的视觉刺激。人们都赞同布城几乎没有真正世界级的伟大建筑，可是布城建筑的形制与功能又总能给人带来惊喜。我们不禁好奇，这些喜悦和快乐来自何处？一段柱廊、一个穹顶、一个古老而破败的门廊，全都极尽繁复与奢华的装饰，一眼望去近乎滑稽。只有细细找寻，细细思量，才能发现布城建筑的美。一旦你体会到了美感，便会觉得那美强烈得如一颗子弹，穿透骨髓，于是也多半能体验到建筑师的一番苦心：即便远隔重洋，也不放弃对文化中心欧洲的渴慕；竭尽所能，倾尽全力，为自己钟爱的首都营造美丽、壮观、让人一见倾

---

* 此类建筑为比较高档宏伟的联排别墅，多为沿街建造，背街的一面有花园。在欧洲，多建造在城市中用作贵族的第二居所。——译者注

心的建筑。

　　成千上万破败的门廊，甚至胡安·B.胡斯托大道和五月广场上的天主堂、哥伦布大剧院一样都是布宜诺斯艾利斯的一部分。这些林林总总的建筑构成布城迷宫般的街巷，过去、现在和未来在布城生活的数以百万计的人们以及他们的行为，一起组成了布宜诺斯艾利斯。布宜诺斯艾利斯，是一座永恒而无限的城市，用布城人自己的话说，布宜诺斯艾利斯，就是宇宙的中心。

第一章

文明还是野蛮：地理位置

世事变迁，而历史从未逝去。过去的年华，只是换了时空重新上演。读美国作家赫尔曼·梅尔维尔《白鲸》（*Moby Dick*）的开篇，倘若对作家笔下 19 世纪的纽约神往，欲探访熙熙攘攘的港口，请到 1 万千米以南的乌拉圭首都蒙得维的亚。今天的曼哈顿南区已经填埋了废弃的码头和城中的河道。陆地虽然扩张不少，曼哈顿人却已和水的灵动无缘。而蒙得维的亚老城位于一座半岛的顶端，像极了古旧的曼哈顿南区。这里，两层的楼房摇摇欲坠，河道在城中穿行，置身其中仿佛不可思议地回到了梅尔维尔笔下的纽约。

幸运的是，大多数情况下我们要追寻的历史离家不远，不必穿行 1 万千米。因为无论从时间还是空间来看，城市的发展都是放射状的，即由一个中心向外围扩展。故此，当你从超级现代的市中心出发往城外走，最后总能看到一片开阔的水域或是空旷的田地。这条规律简直就像宇宙大爆炸理论的颠倒版：你走得越远，沿途看到的东西就越古远。

这条规律用在布宜诺斯艾利斯绝对没错。布城是阿根廷的首都，1580 年初建。当时西班牙的征服者胡安·德·加雷带领 64 名男子和 1 名妇女，从现在的巴拉圭首都亚松森出发，沿巴拉那河向南航行，在拉普拉塔河口建立了一个定居点。这个定居点就在今天的五月广场附近，位于现在的伊里戈延大街和里瓦达维亚大街两条街道之间。其后的 400 多年间，这一区域始终是布城和阿根廷的精神中心。150 年前，此地聚集着一大片低矮的砖房，环绕一个院子而建。这样的建筑，在今天圣特尔莫区中心以南 1.6 千米的地方还能找得到。400 到 200 年前的单层土坯房，在今天城市外围的行政区还能见到类似的建筑，更不用说维拉 25 区和维拉 31 区这样的贫民窟了。

3 万年前，现在的白令海峡还是一片陆地，第一个人类族群穿越此处，在此后的千年间，他们的后代南下抵达了中美洲和南美洲。数百年前，欧洲人尚未踏足新大陆。要想知道布城所在的土地当时是何种面貌，只需到宪法广场站乘上一列开往布宜诺斯艾利斯省首府拉普拉塔市的火车。火车的条件很差，窗户肮脏，开动时带起的气流可能会把车门都吹得关不上。拉普拉塔市位于布城东南 50 千米，沿途如果坐在窗边或站在车门向外眺望，眼前就是充满神奇色彩的潘帕斯草原，一直延伸到天边。潘帕斯草原总面积约为 80 万平方千米，从安第斯山脚越过布城和拉普拉塔河，一直延伸到乌拉圭和巴西南部。草原一望无际，视线全无遮挡，看不见一座山，也没有一棵树。你会觉得这草原离布城就像南美洲南端火地岛的浮冰那么遥远。然而事实上，布城和布省都位于广袤的潘帕斯草原之上。眼前的一切，就是欧洲人尚未出现时布城的样子。

"潘帕斯"一词，来自南美印第安部族克丘亚人的语言，意为"平原"。到访过潘帕斯草原的人，评价褒贬不一。不少游客觉得潘帕斯很美，可是大多数人都觉得它过于单调，放眼望去毫无变化，地势也缺乏起伏。但是我们不妨换个角度观察草原。例如夏至前后的正午，草原就会展示出噩梦般的强大力量，一望无垠并且安静得让人窒息。草高得能把人遮住，让人觉得自己会迷失在草丛里，再也找不到出路。

布城里早已见不到潘帕斯草原上的动物和植物，但是平坦的地势仍然是布城主要的地貌特征。布城有独特的美感和漂亮的公园，然而却没有出众的自然条件。历史学家何塞·胡安·马洛尼曾写道："布宜诺斯艾利斯的地理位置，没有什么美感，也没有美学价值。这一带有两条并列的平面：一条是拉普拉塔河水域构成的平面，这是世界上最宽的河，宽得看不见另一边的河岸；另一条是陆地构成的平面，也就是潘帕斯草原，空旷而一望无际。这两条平面高度相差不大，色调也十分接近，由一条笔直的、连续的岸线将两者分开。说实话，布宜诺斯艾利斯的景致单调得令人压抑，没完没了，只让人觉得疲倦。"马洛尼的措辞也许太过尖刻，但说的也是事实。

布城的布局大致呈圆形，覆盖了约202平方千米的土地。西面和北面以33千米长的帕兹将军大道为界，南邻里亚丘埃洛河，东侧的边界则是拉普拉塔河。在任何方向上，从布城的一端到另一端都差不多是16千米的路程，步行穿越城区大概需要3.5小时。纽约的城区支离破碎，错综复杂，城中却有不少水域和城市生活千奇百怪地交织在一起。布宜诺斯艾利斯的地域则相当连续，城内建筑和人口的密度也没有明显的变化，这一点布城也与芝加哥不同。芝加哥同样建在开阔的平原上，东部也是一大片水域，城中心的密度相当大。然而一旦出了中心地带，人口的密度立刻就降了下来，环境也变得十分安静。

布城虽然坐落在潘帕斯草原，但草原和布城之间始终存在鲜明的对立：潘帕斯草原曾经是、现在仍然是穷乡僻壤，是加乌乔人*的家；布城则一直以"南美巴黎"自居，是光彩炫目的世界之都，眼界跨过了大西洋，时刻关注着欧洲的风尚。19世纪，阿根廷的文化身份问题曾激起了激烈的争论。后来的阿根廷总统多明戈·福斯蒂诺·萨米恩托于1845年创作的《法昆多：文明与野蛮》（*Facundo o Civilización y Barbarie*）就是这场争论中的一部重要著作。萨米恩托在书中明确地提出，潘帕斯草原对阿根廷民族身份的塑造起了重要的作用，该书的标题也有史以来第一次指出了布城和草原的对立。这个对立，始终贯穿在阿根廷其后的历史中。在萨米恩托看来，潘帕斯草原和布宜诺斯艾利斯的对立始终存在，前者代表南美粗犷、古老的传统，而后者代表欧洲的精致生活和启蒙思想。他在书中写道："让潘帕斯草原的居民感到害怕的，不是土著野蛮人的入侵，就是尾随的老虎或者一脚踩上的蛇。对死亡的恐惧已成为草原生活的习惯，永远存在并且深刻地烙在阿根廷的民族性格上。在我看来，这恐惧让草原的居民在面对暴烈的死亡时，反而展现出一种坚忍的顺从。"

而波特诺人和草原人形成了鲜明的对比："城里的人穿着欧式

---

* 居住于南美大草原上的印第安人和西班牙人的混血种族。——译者注

的服装，过着文明的生活，全世界都知道这一点。城里有法律、进步的观念、教育机构、市民组织、常设的政府机构等，不一而足。一旦离开了城市，一切都会改变……潘帕斯草原上的人，可不愿意效仿城里的生活，他们充满鄙视地拒绝城市的奢华和客套，也不愿接受城里人的装束。"

尽管萨米恩托将布城视作潘帕斯草原的对立面，但从地理上说，布城也是草原的一部分，几乎整个布城都坐落其上。这就是说，现在从布城到拉普拉塔市沿途才能看到的蒿草，几百年前遍布整个城市，连五月广场也都长满青草。潘帕斯草原海拔高度大约是 30 米，布城的边缘，也就是潘帕斯草原和拉普拉塔河之间，形成了一个明显的斜坡，当地人称为"巴兰卡"（barranca，意为峭壁或峡谷）。这样的地形形成一条边沿，连绵不断地环绕着布城，自布城西北的贝尔格拉诺区开始一直延伸到最南端的博卡区。

如今阿根廷总统的著名官邸玫瑰宫（字面意为"粉红房子"），就坐落在巴兰卡旁边。然而谁也不曾想到过去在潘帕斯草原和拉普拉塔河水面之间（也就是巴兰卡的底部）是一排泥堤和沙滩。黑人洗衣妇在河边一边洗衣服，一边闲聊歌唱。盛夏酷暑时分，年轻的男孩在这里嬉戏。由于岸边的浅滩多岩石，当年船只能停靠在离海岸 200 米左右的地方，因此岸边有马车往返把乘客送上岸；雇不到马车的时候，运送乘客的便是精壮的汉子。他们把乘客扛在宽阔的肩膀上，往来于浅滩之上。19 世纪下半叶，布城是个充满活力的港口，展现出一幅生机勃勃的生活图景。

今天，当细心的游客听到布城人自称"波特诺人"，即"港口人"

时会感到非常奇怪，因为他放眼望去，既见不到港口也见不到河水。虽然草原和陡峭的巴兰卡依然还在，但是水已经消失了。过去，商人和水手就住在拉普拉塔河边，经常光顾岸边建起的小酒馆、货栈和妓院，水就是他们生活的核心。现在这些都已经消逝，小酒馆、货站和妓院成了现在的莱安德罗·N. 阿莱姆大街。不知谁变了什么魔法，居然将水从布城人的集体意识中驱散了。然而，如果我们颠倒过来看，这也不失为一个了不起的成就。

执着于追寻港口历史的游客可以去马德罗港看看。这个港口建于1898年，包括一整套基础设施，然而现在只能算是一个小船坞。马德罗港内见不到一条船，只有宏伟巨大的水闸，虽已闲置，仍然

图1-1 马车将乘客从船上运到码头。（阿根廷国家档案馆）

静静地矗立在港区。19世纪50年代起，布城当局在今天哥伦布公园所在的地方建起了海关；为了获得更多的建筑空间，把陆地的边界不断推向拉普拉塔河口。接下来的一个世纪里，人们沿着河岸2千米的区域兴建了一系列基础设施。这些基础设施所在的地方本来都是水域，是港口生活的核心地带，现在则成了高速公路、铁路、住宅区、自然保护区、贫民窟，甚至还有一座本地机场将波特诺人和拉普拉塔河水分隔开来。其实今天布城仍有活跃的港口，然而这些地方过于偏远，公共交通不能抵达，市民和游客前往很不方便。故此，今天能到访布城港区的市民，实在过于稀少。

在布城初建的250年间，整个城区都紧靠拉普拉塔河西岸，宽不过3千米，深不过1.6千米。大多数居民的住所离河岸不过5分钟的路程，最远的走15分钟也能到达河岸。今天，住在利贝尔塔多大道和马德罗港高层豪宅的人，可以站在窗前，背对整个城市，目光跨过一层又一层填河造出来的土地，远眺拉普拉塔河宽阔的水域。而其余的布城人，大概几年也看不到一眼拉普拉塔河。

但是，当你终于一路向北，越过霍尔赫·纽贝里机场和大学城，到达城市的最北端，便会看到拉普拉塔河口。亲眼见过河口后，布城的许多历史和现状就容易想通了。拉普拉塔河由乌拉圭河和巴拉那河汇合而成，泥沙经数万年沉淀，河水呈现棕色，故此，许多作家对此河评价不高。但是，夏日的午后，河面波光粼粼，19世纪安置的浮标虽然已毫无实用价值，但看上去仍然十分可爱。小船从水面上轻轻滑过，绕过浮标，景色颇为赏心悦目。拉普拉塔河的水面非常宽阔，宽达50千米，看上去更像一片海而不是一条河。对岸的乌拉圭望也望不到，显得遥不可及。此情此景，不免让人睡意蒙眬，沉醉其中。如此方能理解拉普拉塔河何以吸引早期的布城人。自从1512年第一批欧洲移民抵达这里，这一切也似乎从未改变。

然而今天，只有垂钓者才经常来到河口，静静地等待鱼儿咬钩。水除了实用之外，对现在的布城来说，已经变得非常陌生。甚至想在布城找一座漂亮或者有名的公共喷泉也颇为难得。

1580年6月11日，胡安·德·加雷在拉普拉塔河西岸正式建起了第一个永久定居点，这就是后来的布宜诺斯艾利斯。几天之后他便开始规划布城的格局。加雷不顾天然的地貌多么难以驾驭，粗

图1-2　约1880年的罗马广场，位于现在的莱安德罗·N.阿莱姆大街，广场之外就是拉普拉塔河。当时的水域现在已经消失，原地建起了高楼大厦。（阿根廷国家档案馆）

暴而又严格地把布城划分成棋盘似的方形格子。在加雷的规划下，每个街区都是一个正方形，每边长 140 巴拉，即 130 米。此后布城虽然不断扩张，延伸到今天的帕兹将军大道，加雷制定的街区形制却成为模板一直沿用到今天。只是今天我们看到的布城不是一个连续的棋盘，而是几张棋盘交错拼合在一起的整体。这是由于各处地形不同，人口分布和发展模式也不同，为了适应实际的情况，城市的规划作出了一些调整。

萨米恩托将城市看作文明的化身，加雷把荒蛮无序的地形划分成规整的棋盘格子，两者的重要性都无须重申。但是，萨米恩托和加雷没有料到野蛮近在咫尺，一直困扰着布城。除了五月广场上的一个堡垒，布城再无其他防御设施。150 年后，布城人越过拉普拉塔河，在对岸建造了乌拉圭的蒙得维的亚城，反倒在那里修建了环城防御工事。而缺少防御设施的布城，则时刻受到周边土著部落的威胁。土著侵袭的危险总体上随着时间的推移有所缓解，但仍持续到 19 世纪。布城人居住的棋盘式街区和土著人的地盘，只隔着几千米宽的草地。土著人十分凶残且充满敌意，有时会抓捕欧洲移民女性和孩子，迫使他们成为奴隶。有传言说，土著甚至有食人行为。除了土著，野兽也是一大威胁。在弗洛雷斯塔区和贝尔格拉诺区这样处于城市外围的行政区，直到 1840 年，居民仍然会受美洲豹和美洲狮的惊扰。

当然，文明最终战胜了野蛮。纵观当今世界城市史，布宜诺斯艾利斯的棋盘式布局称得上最为典型。世界各地有几千个城市最初都规划了同样的布局，但没有一个能像布城这样，在这么大的区域内严格地执行了最初的设计，即便纽约也没有做到。曼哈顿的棋盘布局，名气确实比布城响亮，但比布城的规划晚了231年，而且面积也小得多，只从第14街延伸到第155街。现在布城的棋盘式街区，面积比曼哈顿大了5倍，也比1580年加雷最初设计的城区大了整整50倍。目前布城的整个城区实际上由一组"棋盘"构成，一块棋盘和另一块棋盘交界的地方点缀着公园，或呈现出不规整却非常有趣的布局。

布城的棋盘式街道不仅规模惊人，而且400多年来不曾改变。古罗马统治下或由罗马人建立的城市，如巴黎、伦敦和意大利的维罗纳，最初都采用了相似的规划。西班牙人在新大陆建立的城市，如利马、瓜达拉哈拉和圣胡安，也都如此。但是几百年一过，这些城市的棋盘格局大多残败不可辨认。如今，只有受过特殊训练的专家方能辨认出最初的蛛丝马迹。只有布城的棋盘格局清晰干净，完美地呈现了胡安·德·加雷最初的设计。

布城的棋盘式街区和曼哈顿的现代版"棋盘"相比也有所不同。可以说，城市的棋盘式布局如同一张充满东方风情的巨大地毯一样在城市表面铺开。但是布城的"地毯"是1580年制造的，远远早于工业革命；而曼哈顿的"地毯"则诞生于1811年，那时工业革命正热火朝天。故此，布城的"地毯"好似带有手工织造的触感；而曼哈顿的"地毯"则有机器制造的严整——一旦设计成型，就能无限复制，连最微小的细节也丝毫不会走样。在"手织地毯"织造的过程中，随着关注点的不同，触感和设计上常有细微的变化。布城的规划也同样有能够为人察觉的变化。观察一下布城的历史核心区，从卡亚俄大道到马德罗港，从圣胡安大道到圣菲大道，行走在这一区域里的人往往无法觉察街道布局的微妙变化，但如果从空中俯瞰或者观察地图，街道设计和布局的细微变化似乎就清晰起来了。而且，这些变化在布城建城之初就已存在了。

棋盘式的城市格局，在一马平川的地形上才有理想的效果。有些地方由于地形突变，棋盘式的街道格局也就无法保持。布城平整的台地到了河边，地势就陡然下降，形成了陡峭的"巴兰卡"，巴兰卡下面便是沙滩。在加雷的年代，高地上平坦规整的规划也要屈服于大自然的无常。布城史上最有讽刺意味的事也许要算北部的诺尔特区*。这地方现在宽阔而优雅，具有典型的布城风格。可是这里曾经是河边，处于潘帕斯草原地势骤然下降的边缘，这也不在加雷规划的城市范围内。现在，原来的低地已经填平，地势也已抬高。可奇怪的是，布城齐整的街道一到这里就突然凌乱起来。

现在，诺尔特区拥有圣马丁广场和雷科莱塔国家公墓等著名的旅游景点。但是数百年来，这一带要么荒无人烟，要么只有大片农田和零星的几幢房子，有时也会有座教堂。只有穷凶极恶、走投无路的人例如精神病人、小偷、隐士和逃跑的奴隶才会藏身此地。这里遍地都是柳树、蓟草和角豆树，聚集了大量的昆虫、爬行动物和稀有的鸟类，生长着适宜河水和沙滩环境的动植物，而潘帕斯草原的美洲狮和美洲豹很少会出现在这里。

---

* 意为"北区"，指以圣菲大道和雷科莱塔区为核心的一带，覆盖雷科莱塔区、贝尔格拉诺区和巴勒莫三区。"诺尔特区"不是布城正式的行政区名称。——译者注

以欧洲文明的眼光看,新大陆的定居点和城市非常奇妙。哥伦布发现新大陆前,拉丁美洲已有土著居民的定居点,阿兹特克的都城墨西哥城和印加帝国的都城库斯科,都算得上当时最大、最发达的城市。但是,西班牙人在南美洲兴建的城市,基本上都在无人定居或少有人烟的地方。他们建在阿根廷的城市尤其如此。

布宜诺斯艾利斯的选址非常典型。潘帕斯草原和拉普拉塔河边的地域里只有零星土著人,例如阿劳干人和马普切人,过着游牧或半游牧的生活,没有固定的居所,故而地面上也没有建筑。加雷规划布城时,此地虽然确有土著人活动,但是西班牙人没有理由驱逐他们,也没有拆除或改建原有的建筑。从这个角度说西班牙人凭空创造了布宜诺斯艾利斯丝毫不为过。

从1580年布城初建到1852年布省省长胡安·曼努埃尔·德·罗萨斯被驱逐,其间的两个半世纪里,布城的发展和西班牙在新大陆建立的其他城市毫无二致。这里的建筑风格、生活习俗和穿着服饰都打上了西班牙鲜明的烙印。但是到了1852年,布城走上了和其他阿根廷城市不同的道路。甚至,1852—1862年之间,布城在法律上也脱离了阿根廷联邦。

在更广泛的意义上,奥斯曼男爵*和第二帝国时期**的巴黎才是

---

* 奥斯曼男爵,1809—1891年,法国城市规划师,因主持了1853—1870年的巴黎重建而闻名。——译者注

** 1852—1870年,是波拿巴家族的路易-拿破仑·波拿巴在法国建立的最后一个君主制政权。——译者注

布宜诺斯艾利斯效仿的目标。此后,布城便在全球享有"南美巴黎"的美誉。诚然,布城的规划也受到其他地区和因素的影响。例如,20世纪受北美城市的影响就较为明显。但是,从1862年巴托洛梅·米特雷就任阿根廷总统,到1946年胡安·多明戈·贝隆上台,布城乃至阿根廷全国在政治上都有狂热的亲法倾向。显然,布宜诺斯艾利斯也乐于享受"南美巴黎"的称号。

荒蛮的潘帕斯草原边缘凭空出现布城这样体量巨大、丰富多彩的城市,本身就是一个奇迹。殖民统治备受指责,已然灰飞烟灭。布宜诺斯艾利斯本应在殖民历史的废墟之上,重建一个新大陆的欧洲。西半球的任何一个城市都从未有此志向,只有布城敢于尝试。仅此一点,就足以让布城傲视于世界城市之林。1925年,阿尔伯特·爱因斯坦到访布城时,不禁发问:"他们如何能凭空造出这么像巴黎的地方?"我们也难免和爱因斯坦一样觉得不可思议,发出同样的疑问。本书接下来的章节,就将围绕这一宏大的主题,讲述布城发展的精彩历史。

第二章

建城（1492—1541）

15世纪的最后25年，大航海时代开启，欧洲人激起了寻找新航线的热情，以便更快地抵达印度。以前去印度只能走陆路，距离长达8000千米，不仅要翻过高山，穿越沙漠，还要途经对基督教充满敌意的国家和城市。跋山涉水从印度运回欧洲的香料极其昂贵，价格堪比同等重量的黄金。克里斯托弗·哥伦布坚信，向西航行必能抵达印度。1492年10月12日早晨，当哥伦布首次看到位于大安的列斯群岛的圣萨尔瓦多岛，他确信自己到达的地方就是南亚次大陆，直到去世都坚信不疑。

直到16世纪初，人们才明确地认识到，哥伦布发现的大陆根本不是印度，而是一大片崭新的、欧洲人从未认识的土地。而西班牙（和葡萄牙）对新世界的诉求，也很快从香料贸易变为这里出产的黄金和白银。西班牙人从新世界不断开采金银，源源不断地送入西班牙国库。美洲黄金储量固然不小，但白银的产量更为巨大，且总价值远远高于黄金，足够维持西班牙帝国今后几百年的开销。

布宜诺斯艾利斯就这样诞生于攫取白银的热潮中。它所在的河口名叫拉普拉塔河口，"拉普拉塔"意为"白银之河"；这片地域后来被称为阿根廷*，意为"白银之国"。这两个名字都显示了欧洲人对这片土地的热切期望。很快他们却失望了。西班牙的君主们随即发现这片土地上没有白银，立即就失去了兴趣。除了阻止其他外国势力（尤其是不许葡萄牙染指这一区域），西班牙人并未在这里投入多少。布城建立后的250年间，西班牙王室和他们委派到新大陆的执政官和官员对这里百般盘剥，故此这一带一直贫穷落后，发展缓慢，籍籍无名。

当时，西班牙只对南美洲的秘鲁感兴趣，尤其是被称为"上秘鲁"的区域（位于今玻利维亚境内）。上秘鲁气候寒冷，大风咆哮，草木不生，一片荒土。要不是因为波托西山，西班牙绝不会设重兵镇守这个地方。波托西简直是一座银山，它从一片平原上拔地而起，形成近乎完美的锥形。波托西和墨西哥银矿出产的白银，源源不断地流入西班牙帝国，直到18世纪中后期，这里的产量才开始衰减。现在，如果从空中俯瞰，波托西山的表面坑坑洼洼，布满坑洞。这是5个世纪连续不停的开采行为给大山留下的伤疤，至今难以抹去。与1545年西班牙人第一次登上此山时相比，山体的高度降低了足足300米。

波托西就像一个巨大的蜂巢，西班牙人都聚集在此处。他们在南美洲的一切活动，都以波托西为中心，连西班牙人的土著农奴和非洲奴隶也不例外。波托西还是所有道路的枢纽。而临近拉普拉塔河的城市，如布宜诺斯艾利斯、圣菲、图库曼、科连特斯、亚松森，

---

* 1602年，马丁·德尔·巴尔科·森特内拉的长篇叙事诗最早使用了"阿根廷"这一名称，1860年成为阿根廷正式的国名。——译者注

主要的功能是为波托西提供服务和补给。

事实上，拉普拉塔河穿越的区域有全世界最富饶的土地，自然资源丰富得几乎不可估量，但西班牙人却毫不在乎。而且，布城位于南美大陆的东侧，到西侧的秘鲁路途遥远。19世纪中叶铁路建成之前，从波托西到布城只能靠骡马或步行，要走2个月。直到19世纪，巴塔哥尼亚地区都尚未开垦，也完全无人定居。所以对于当时的西班牙和整个欧洲来说，布宜诺斯艾利斯就是世界的最南端。

西班牙人慢慢意识到，拉普拉塔河沿岸的地区没有贵金属矿藏。最早来到拉普拉塔河的西方人，是胡安·迪亚斯·德·索利斯。他在这一带活动的时间非常短暂而且结局悲惨。1512年，索利斯第一次来到拉普拉塔河口，1516年，他再次到达这里。几周后，他和手下沿河逆流而上时，遭到了恰卢亚印第安人的袭击，惨遭杀害，甚至可能成了恰卢亚人的盘中餐。4年以后，斐迪南·麦哲伦经过拉普拉塔河，很可能到达了今天布城的附近，但是他并未停留，继续朝着自己的伟大目标——太平洋前进。几年之后的1527年，为西班牙效力的威尼斯人塞巴斯蒂昂·卡伯特来到这里，在巴拉那河和卡卡兰纳河的交汇处建立了临时的定居点，命名为"圣灵"，这是欧洲人在阿根廷建立的第一座城镇。

布宜诺斯艾利斯命中注定会建立两次。1536年，佩德罗·德·门多萨首次建城；1580年，胡安·德·加雷第二次建城。而所有这一切，都始于一个虚无缥缈的发财梦。人们受到美梦的蛊惑，为了传说中无尽的惊人财富不惜历尽千难万险前来淘金。这个美梦的核心是一位虚幻的"白国王"。西班牙人从潘帕斯草原的土著那里听说

第二章 建城（1492—1541）

了白国王的传闻，谁也没有见过白国王，但是人们都相信他生活在遥远的北方。要找到他，先得沿着拉普拉塔河和巴拉那河溯流而上，越过从未有人航行的水域，再翻过崇山向西而行。传说中的白国王人如其名，和皮肤黝黑的土著人不同，他的皮肤白得不可思议。但是最让西班牙人浮想联翩的是他数不尽的金银财宝。这个幽灵般的人物到底是纯粹的想象，还是确有其人，历史学家们也意见不一。有学者认为白国王是迷信的产物，而另一派学者则认为他或许和印加国王怀纳·卡帕克有些遥远的关系。

不管谣言来自哪里，内容是什么，只要和财富相关就足以鼓动西班牙人。他们一刻也不耽搁，从西班牙国内筹措了资金，不远万里来寻找白国王的下落。距哥伦布抵达圣萨尔瓦多已经过去了半个世纪，他发现的这片从未开垦过的新大陆已成为探险家的乐园，吸引了西班牙人、葡萄牙人、法国人和英国人竞相踏足。1494年，在欧洲人还不知道新大陆到底有多大面积时，西班牙和葡萄牙两国就签署了《托尔德西里亚斯条约》(Treaty of Tordesillas)，试图瓜分整个新大陆。哥伦布先后4次抵达新大陆，但他活动的范围没有超出加勒比海，从加勒比海到拉普拉塔河与到西班牙一样遥远。1498年，哥伦布第4次来到新大陆，到达了委内瑞拉的北部海岸，这是他唯一一次来到南美洲。过了15年，西班牙殖民者巴尔博亚才抵达太平洋沿岸。又过了20年，即1533年，西班牙又一位殖民者皮萨罗占领了秘鲁，从而开始了西班牙在南美洲的统治。

1500年，葡萄牙探险家佩德罗·阿尔瓦雷斯·卡布拉尔抵达巴西，宣布该地区为葡萄牙国王所有。而到了16世纪30年代，葡萄牙国王若昂二世*野心勃勃，想要越过巴西继续远征。此时，哈布斯堡王朝神圣罗马帝国皇帝查理五世**统治着西班牙，听到葡萄牙的远征计划顿觉坐立不安。于是，接下来的300多年间，拉普拉塔河一带的西班牙人千方百计地和葡萄牙人竞争，阻挠葡萄牙势力往南扩张。故此，除了寻找金银财宝，和葡萄牙人争夺地盘也是西班牙人建立布宜诺斯艾利斯的重要背景。

1534年，佩德罗·德·门多萨47岁，是阿尔坎塔拉骑士团和圣地亚哥骑士团的成员，受命于查理五世探访拉普拉塔河流域并在那里建立定居点。历史学家一般将1580年胡安·德·加雷到达拉普拉塔河西岸视作布城历史的开端；但其实早在半个世纪前门多萨就已踏足此地。为了确保成功，查理五世慷慨地给了门多萨13艘船和1500名水手。门多萨的船队是整个大航海时代规模最大的一支。我们可以把这支船队和当年其他的探险队比较一下：44年后，加雷率领的探险队只有65名男子和1名女子，取得的成果却比门多萨更大；皮萨罗带着200多人和几十匹马就征服了庞大的印加帝国。

和当时的西班牙征服者一样，门多萨需要自己筹措本次探险的费用，而查理五世承诺每年给他2000金币和执政官的头衔。和出身低微的哥伦布不同，门多萨出身西班牙名门望族，西班牙驻罗马大使和塞维利亚主教是他的兄弟，墨西哥和秘鲁的执政官都是他的堂兄弟。门多萨自己也见过不少世面，他在帝国陆军服过役，参与了

---

* 若昂二世在位期间为1455—1495年，若昂三世在位期间为1521—1557年。此处原文为若昂二世，疑似有误，应为若昂三世。——译者注
** 1516—1556年在位的西班牙国王。——译者注

1527年的"罗马之劫"。然而，无论门多萨履历如何，都不足以让查理五世批准他踏上梦寐以求的新大陆之旅。在查理五世的朝廷里，像门多萨这样野心勃勃而又出身高贵的人多得是，大家都想去拉普拉塔河建功立业，设立殖民地。多亏门多萨的亲戚玛丽亚在宫廷里说得上话，她出面争取才帮门多萨谋得了这份美差。这次航行还没结束，门多萨自己就搭进去4万金币，还从富格尔银行和瓦尔泽银行借来了一大笔钱，采购了船只，雇用了德国水手。门多萨的南美探险之旅如果成功，他获得的回报将远远多于投入。此外，他在南美洲征服的土地将命名为新安达卢西亚，而他会获得新安达卢西亚执政官、总司令和首席法官的头衔。理论上新安达卢西亚属于西班牙国王，但实际上就是门多萨的私产。这一切，门多萨觊觎已久。

1534年，查理五世和门多萨签订了《佩德罗·德·门多萨协议》(*Capitulación de Pedro de Mendoza*)，规定了双方的权利义务。协议里，查理五世对建立城镇没有明确要求，只有粗略的表述。协议规定，门多萨享有以下权利并承担相应义务，"在协议规定的区域里，最多可建3座石筑要塞，具体选址须考虑安全维护和持续治理的必要性和便利性"。

德国探险家乌利希·施米德尔亲历了门多萨的南美之行，他撰写的《亲历记》出版于1567年并成为今天了解该事件的主要依据。伟大的海军历史学家塞缪尔·艾略特·莫里森认为"该书是（16世纪）最受欢迎的游记"。施米德尔出生于下巴伐利亚区的施特劳宾，受雇于瓦尔泽家族。他的《亲历记》写在70张稿纸上，密密麻麻，字迹潦草，但是较为完整地记述了1536—1541年间，门多萨创建殖民地的全过程。莫里森认为施米德尔的记录总体上准确,但有的地方也不太可信:"(施米德尔)是个阴郁的家伙,他的《亲历记》和阿尔瓦·努涅斯·卡韦萨·德·巴卡的记载常有不一致的地方,我总是毫不犹豫地相信后者。"但是,《亲历记》里记载的重要内容都没有争议。

《亲历记》中有一个细节:门多萨患有梅毒,而且病得很重。这说明梅毒很可能是西方殖民者从新大陆带到欧洲的,到16世纪上半叶已经肆虐欧洲。跨越大西洋的航程需要几个月而非几星期,对健康强壮的人来说都艰辛异常。所以,我们不知道该惊叹门多萨坚韧,还是该嘲笑他愚蠢。施米德尔称门多萨"总是忧郁、虚弱、病怏怏的"。跟随门多萨从加的斯出海的有1500人,只有大约150人活着回来,而门多萨本人也不在其中。

门多萨在新大陆生活的细节并无记载,很难了解他到底是一个什么样的人。他在拉普拉塔河口建立的定居点只维持了短短数年。那里,人们居住在泥屋之中,而门多萨的生活条件相对舒适些。据历史学家罗慕洛·德·扎巴拉和恩里克·德·甘迪亚考据,"当时,门多萨的生活在这一带可算得上奢侈"。他有一张雕花精美的床、一面圣地亚哥骑士团的旗帜、耶稣受难十字架像、精致的长袍、餐桌还有银盘子和银餐具。他死后的个人财务清单上,除了一把剑、一串念珠、当时欧洲文化人人手一卷的《维吉尔诗集》,还有一样东西特别引人注意:门多萨居然带着一本伊拉斯谟的书(不知道具体是哪一本)。伊拉斯谟是荷兰伟大的人文主义思想家,倡导理性,主张教会改革。他的思想在16世纪30年代的西班牙显得颇为时髦,而既得利益阶层对他的学说则充满怀疑。门多萨能带着伊拉斯谟的著作穿越大洋，或许说明他的思想比较进步。他能质疑当时的主流思想，也让我们产生了几分亲近之感。关于这位创建了第一个布城定居点的人，我们知道的只有这么多。

1534年10月，门多萨从西班牙加的斯起航，次年1月抵达拉普拉塔河。南半球的季节和北半球相反，所以他们到达的时候正值盛夏。门多萨带来了1500人和70匹马，追随他而来的也有一些女性。后来的历史证明，门多萨的随从们在阿根廷历史上的作用远大于门多萨本人。最初，门多萨的船队沿着拉普拉塔河乌拉圭一侧，航行到圣盖博岛。圣盖博岛是一个树木繁茂的小岛，向东5千米就是葡萄牙人1680年建立科洛尼亚定居点的地方。门多萨到达拉普拉塔河后，并未直接前往布城所在的地方，而是先派出5名手下寻找建造要塞的理想地点。门多萨在圣盖博岛前后停留了一整年，要塞的选址考虑过三个地方，一是拉普拉塔河沿岸靠阿根廷的一侧，一是河口的西面，还有就是河对岸的乌拉圭一侧。经过深思熟虑，门多萨最终选择了第一个方案，将要塞建到了里亚丘埃洛河附近。"里亚丘埃洛"是西班牙语，意思是"小河"，这条河是拉普拉塔河的一条小支流。门多萨最终选择拉普拉塔河西岸，是为了防止葡萄牙人从陆地袭击。

以上的信息，均来自施米德尔的《亲历记》，但是他未能记载要塞的确切位置，目前也没有任何考古发掘的痕迹。根据当时的一般做法推测，定居点所在的区域长约1.6千米，位于现今的莱萨马公园，向南是圣特尔莫区，向北是智利街。莱萨马公园有一个非常

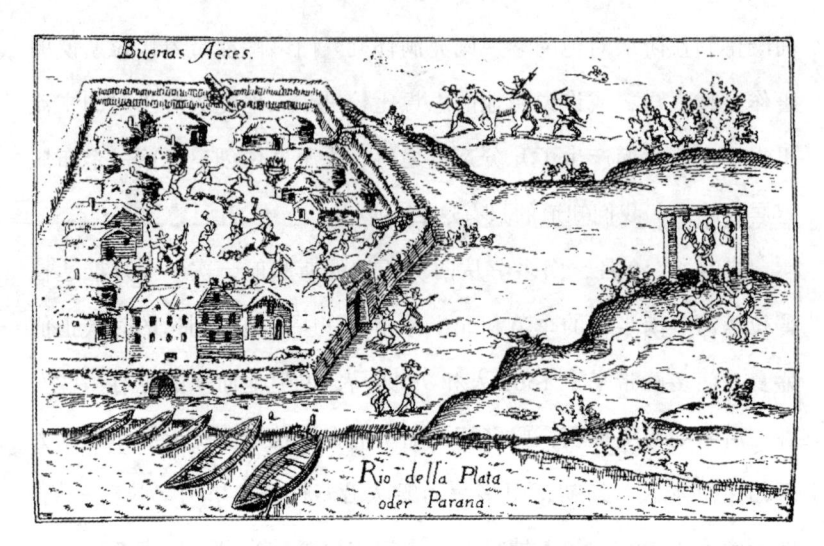

图 2-1　16 世纪布宜诺斯艾利斯的第一个定居点。（阿根廷国家档案馆）

夸张的门多萨纪念碑，建于 20 世纪后期。如果门多萨的要塞没建在莱萨马公园，就应该建在了现在的多雷戈广场。目前，多雷戈广场每个周日都有跳蚤市场，游客蜂拥而至。从西班牙帝国的其他遗址来看，要塞应该建在一片海拔 30 米的高地上。

　　关于门多萨建立的定居点，一直有不少错误的传闻和说法。施米德尔的记述里就有一个：第一个到达布宜诺斯艾利斯的西班牙人，叫作桑乔·德尔·坎波。他一到此地，就大声叫道："这地方空气多好呀！"故此，才有了"布宜诺斯艾利斯"这个地名。但这简直是无稽之谈，那句话的意思更准确的译法应该是"顺风"或者"有利的风向"。

　　布城名字的由来有点复杂。所有在新大陆定居的西班牙人都有

第二章　建城（1492—1541）

一个惯例：依据天主教礼仪年历，每一天都是一位圣人的纪念日*，定居点就以建成当天对应的圣人命名。例如，巴拉圭的亚松森建成于 1537 年 8 月 15 日，当天是天主教的圣母升天节**，故此亚松森的官方名称是 Nuestra Señora de la Asunción（对应的英语为 Our Lady of the Assumption，意为"升入天堂的圣母"）。布宜诺斯艾利斯建成于 2 月 2 日，即圣母行洁净礼日，故此官方名称是 Nuestra Señora del Buen Aire（对应的英语为 Our Lady of the Fair or Favorable Winds，意为"顺风圣母"）。"顺风圣母"这个名字和中世纪晚期西班牙的仁慈圣母修会***有关。1323 年，阿拉贡的詹姆二世入侵撒丁岛的卡利亚里，在一个山丘上发现了仁慈圣母修会的修士们正在集会讲经，这个山丘的名字 Colle di Bonaria 翻译成西班牙语即是 Buen Aire，意为"顺风"。又过了好些年，到了 1370 年 3 月 25 日，一场风暴袭击了卡利亚里附近的水域。当时海上正有一艘船，船上的水手为了保命，纷纷把货物抛到海里。奇怪的是，有个箱子一抛到海面上，风浪立即就平息了。水手们抛入海里的其他货物都沉入了海底，只有这个箱子漂在水面上，一直漂到了卡利亚里附近的海岸上。水手们一路跟着这个箱子，此时便下了船，想打开箱子看个究竟，可是怎么也打不开。这时来了一个孩子，看到水手们打不开箱子，便请来了一位仁慈圣母会的修士。那修士不费吹灰之力就把

---

*　天主教安排礼仪年历的方法，即将一年中的每一天和一位或多位圣徒对应，并将这一天称作这位圣徒的"纪念日"。——译者注
**　又称"圣母安息日"，纪念传说中的圣母玛利亚在结束在世生命之后灵体被接进天堂。——译者注
***　也可音译为"梅塞德会"，13 世纪早期在巴塞罗那创立的修会。——译者注

箱子打开了，里面是一座圣母玛利亚的雕像。后来那座雕像被称作 Nuestra Señora del Buen Aire，即"顺风圣母"，成为世界各地水手的保护神。"顺风圣母"对于门多萨显然有不同寻常的含义，所以他在圣母的纪念日建立了自己的定居点。

门多萨创建定居点的时候，完全没有料到他们能创造一个城市，更别说是一个能存续几百年的伟大城市了。门多萨的任务只是设立一个要塞，控制住周边的区域，占领河口，抵御葡萄牙人并且发掘出金银来。至少在1536年的时候，人们认为这片土地上很可能找得到黄金和白银。西班牙人在新大陆建了很多同类的要塞，它们的功用只有一个，那就是防御。

前面提到过，查理五世和门多萨签订的协议明确规定了门多萨最多可以建立3个石筑要塞。西班牙人在新大陆建设了大量石质建筑，但是在潘帕斯草原上，尤其是拉普拉塔河附近难以找到建筑用的石材。事实上，19世纪50年代以前，阿根廷尚未修建铁路，远方的石材无法长途运输，布宜诺斯艾利斯的建筑起初基本都是用晒干的泥土夯筑的，后来才有了砖头。所以门多萨建立定居点时，只能围起一道厚重的泥土墙，墙高不足2米。施米德尔的《亲历记》中记载，这道墙每天早上都需要修理。门多萨还下令在定居点的围墙内建造了4座教堂：顺风圣母堂、三一圣母堂、圣多明戈教堂和圣方济各教堂。门多萨和他的手下拆毁了部分船只，用造船的木料建起了这些简陋的教堂，这在当时是普遍的做法。一方面，潘帕斯草原没有树木，自然也就没有木料；另一方面，门多萨带来的1500人无须同时乘船，船只也自然就有了富余。

门多萨的定居点从最初建造时就和加雷第二次规划的定居点有根本的不同。前者只是一片泥土墙围起来的区域，里面杂乱无序地建了4座教堂和棚屋房子，定居点里没有供居民活动的中心。这说明门多萨没有建设一座城市的意图。历史学家玛格丽特·古特曼和豪尔赫·恩里克·阿尔多伊认为，"门多萨的定居点没有规整的规划，地块的分割也毫无规律"。16世纪二三十年代的早期定居点都有类似的特征，例如墨西哥的普埃布拉、瓦哈卡、瓜达拉哈拉、秘鲁的利马、特鲁希略、厄瓜多尔的基多以及哥伦比亚的卡利等。当时，要在一片未知的土地上建立一个前途未卜的定居点，在心怀疑虑的情况下，没有充分的谋划而采用一些权宜的办法也并不让人意外。

门多萨和他的手下刚一到达新大陆，麻烦就接踵而来，故此他们对定居点前景的疑虑并非杞人忧天。哥伦布抵达圣萨尔瓦多时，遇到的土著人温顺友好，为他们提供食物，甚至还赠送黄金。而门多萨他们到了拉普拉塔河沿岸遇到的则是凶猛好战的凯兰迪人。门多萨到达之初就向凯兰迪人求助，从他们那里得到了食物。而凯兰迪人起初对西班牙人怀有些许善意，希望他们得到了食物之后就赶快离开此地。然而，傲慢的西班牙人希望凯兰迪人继续供给食物。长此以往，凯兰迪人自然不愿意，或者说也没有能力养活1500人和几十匹马。潘帕斯草原的表层土虽然非常肥沃，但因为没有耕种，自然也长不出多少食物。凯兰迪人的善意持续了几周，而后就拒绝再为西班牙人提供食物，于是西班牙人开始采用武力攻击凯兰迪人。然而这场争斗的结果却是让西班牙人损兵折将。

里亚丘埃洛河是条小河，它构成了布宜诺斯艾利斯城南的边界，最终汇入拉普拉塔河口。此河长70千米，布城之外的部分称为马坦萨河，流经的地区称为马坦萨郡（相当于美国的"县"级行政单位），这里还建有一所著名的大学，称为马坦萨大学。佩德罗的堡垒建成后不久，他的兄弟迭戈·德·门多萨就对凯兰迪人发起了攻击，结果反在马坦萨河岸遭到了凯兰迪人伏击，被残暴地杀死。故此，马坦萨河又叫"屠杀之河"。500年后的今天，一提到马坦萨河的名字，那段残酷的历史就不由得再次浮现。

布城附近的凯兰迪人与西班牙征服者科尔特斯在墨西哥、皮萨罗在秘鲁遭遇的美洲土著非常不同。来到墨西哥和秘鲁的西班牙人，只有几百个装备也不过是马匹和火绳枪，却征服了世界上两个灿烂的文明——阿兹特克和印加文明。阿兹特克人和印加人从未见过马匹和火器，自然惊恐万分，且近乎把西班牙人奉为神明，自认为低人一等，甘心臣服，沦为奴隶。相比之下，凯兰迪人不似墨西哥和秘鲁的土著那样以采集狩猎为生，居无定所，尚未发展出艺术和较高水平的生活条件。面对西班牙人的进攻，凯兰迪人毫不退让，射出燃烧的箭头回敬入侵者的步枪，却往往能击败敌人。凯兰迪人虽然从未见过马，却立即找到了应对的办法——流星锤。流星锤是一对由绳索相连的石球，数千年来，凯兰迪人用来捕捉草原上偶尔出没的野鹿。现在，他们用这个办法对付西班牙人冲锋的马匹，结果西班牙人折损惨重。后来的加乌乔人不仅部分继承了凯兰迪人的血统，也继承了祖先的流星锤，给殖民者带去了不少麻烦。

于是，迭戈和他带来的人马就这样惨死在马坦萨河边，只有几个人逃回了门多萨的堡垒。不久，西班牙人陷入了更大的危机。依据施米德尔的记载，6月24日，2.5万名愤怒的土著人将西班牙人的堡垒团团围住，此时距堡垒建成尚不足5个月。施米德尔《亲历记》中涉及的数字大都不很准确，故此2.5万这个数字也当不得真。施米德尔还说，围攻堡垒的不只凯兰迪人，还包括了瓜拉尼人和泽丘拉斯人，这说明土著部落组成了联盟，情势对西班牙人非常不利。

堡垒被围困了一个多月，食物很快耗尽，西班牙人只能找到什么就吃什么，田鼠、家鼠、鸽子，甚至皮鞋都吃下了肚子。有一天，三个饿得绝望的人合谋杀死了一匹马并大吃了一顿，结果被处以绞刑。他们的尸体被挂在绞架上，到了夜里，有人偷偷将尸首的大腿肉割下吃了。施米德尔的《亲历记》记录了此事，声称亲眼看见了残缺的尸骸。

门多萨的副官路易斯·德·米兰达是布宜诺斯艾利斯的第一位诗人，他留下的《浪漫挽歌》（*Romance Elegiaco*）也记录了西班牙人遭遇围困的事实。这首诗和后世许多探戈舞曲的配词一样，充满了人生悲情的意味：

> 从那天起，灾难一个接着一个，
> 门多萨将军、士官和所有的平民，
> 必须一起经受。
> 困顿、饥饿和辛劳，
> 从未远离我们，
> 在这片土地上生存，

本身就是一场严酷的战争。

米兰达最苦涩的诗篇，写的是他和同伴们经历的饥饿："饥饿，极度的饥饿，是我们最大的痛苦……粪便中没有可消化的东西，竟也有人吃，这是多么可悲的情景。耶路撒冷历史上人吃人的恐怖事件在这里重演，而且比《圣经》里的描述还要糟糕——兄弟相食，即把自己的同胞骨肉作为食物。"

不少人以为，门多萨建立的第一个布宜诺斯艾利斯定居点经受不了土著的进攻和围困，其实并非这样。围城期间确实死了不少西班牙人，但是折磨西班牙人的饥饿也同样折磨着围城的土著人。土著人最终撤退了，大多数被困的西班牙人都活了下来。

土著人的敌视没有打垮西班牙人，门多萨的定居点又维持了5年。在土著人的进攻中，西班牙人简陋的建筑虽然屡遭重创，却可谓打而不垮，成为定居点成功延续下来的一个重要因素。这是因为，西班牙人造的房子并不比帐篷复杂多少。在土著人攻城时，虽然放火烧了西班牙人的房子，可是毁坏的只有茅草屋顶，只消一两天便又重建起来。确实有不少西班牙人悲惨地丧了命。但这样一来也缓解了人口过多的压力，使定居点能在食物有限的状况下维持下来。

事实上，布宜诺斯艾利斯建成后的几百年间，发展一直受制于粮食短缺，天然的食物来源相当匮乏，然而饥饿主要源于西班牙人自己的问题。人们不免要问，既然食物不够吃，西班牙人为什么不自己耕作，多种点庄稼呢？问题在于，门多萨可能是整个大航海时代最缺乏远见的殖民领袖了。他的队伍规模是其他征服者团队的10

倍,却从未谋划过到达美洲后如何获得充足的食物。追随门多萨来到布宜诺斯艾利斯的,很多都出身贵族,是手无缚鸡之力的上流人士。历史学家莫里森写道:"门多萨的船队看上去雄壮威武,他们什么都不缺,就缺实用的技能。"1534年8月,西班牙历史学家费尔南多·德·奥维耶多亲眼见证了门多萨在塞维利亚起航,他写道:"毫无疑问,门多萨的船队即便放在恺撒的军队或世界上任何一个地方,都蔚为壮观。"除了英勇的贵族,门多萨还带了学者、律师、至少一位外科医生和一名剃头匠。显然,这个团队最为匮乏的就是懂得如何用土地耕种粮食的农民。而最愿意加入船队的人,实质上是自视为绅士的士兵。在他们看来,亲自耕种劳作和自己高贵的身份完全不符。耶稣会士米格尔·赫勒于1727年的记录如此描述1536年的布城:"在这里,任何一个西班牙人或白人都被看作贵族。他们的语言和服饰与众不同,却和别人一样住在乞丐住的窝棚里。居住条件差丝毫未能减损他们的尊严和傲慢,有技术并且勤恳工作的人看起来都是奴隶;一无所知、优哉游哉的人,却是地位高贵的绅士或贵族。"

这样一来,拉普拉塔河边的西班牙人只能勉强维持着艰苦的生计。他们在河口的浅滩捕鱼,从土著人那里购买食物,其他的补给只能依靠每年从西班牙驶来的船只。尽管如此,门多萨的定居点虽然不能繁荣起来,但这样苦苦支撑下去也还没有太大的问题。

门多萨建立的布城接下来的历史极其模糊。各种记载极不完整,也往往内容片面,相互矛盾,甚至充满无知的错误。我们仅能确知,到了1541年门多萨的定居点就不复存在了。其间凯兰迪人曾多次袭击，定居点也经过了多次的重建。除此之外的历史就只能靠推测了。

查理五世准许门多萨建立3个定居点，故此布宜诺斯艾利斯定居点建成一年后，也就是1537年，门多萨就派了他的副手胡安·德·阿约拉斯建立了第二个定居点。这个定居点后来成为另外一座南美名城——巴拉圭首都亚松森。亚松森近些年来虽然经济不太景气，建城之初发展却比布城迅速得多，这多半是因为这里的土著人对西班牙人的态度要缓和得多。当代巴拉圭的人口绝大多数都有印第安血统，可谓明证。而且巴拉圭一带的土著掌握了不少农耕技术，不似拉普拉塔河边的游牧民族。

阿约拉斯向北挺进在亚松森建立要塞的时候，门多萨则起程前往西班牙搬救兵去了。临行之前，门多萨将他的领地托付给了老朋友弗朗西斯科·鲁伊兹·加兰照管。可是，门多萨再也未能踏上西班牙本土。他的船穿越了大西洋，航行到加纳利群岛附近时，他就一命呜呼，终年50岁。

阿约拉斯从亚松森出发，沿着巴拉那河继续北上，随后便消失得无影无踪，大家都认为他在探险的途中遇难了。阿约拉斯的副手多明戈·马丁内斯·德·伊腊拉接管了亚松森的事务，同时也行使着布宜诺斯艾利斯定居点执政官的职责。至于此后发生了什么，没人能说得清楚。

查理五世得知门多萨的死讯之后，便任命阿尔瓦·努涅斯·卡韦萨·德·巴卡接任门多萨的职务。巴卡是16世纪的风云人物，这里有必要简单地介绍一下他传奇的人生。

1488年，巴卡出生于西班牙的赫雷斯-德拉弗龙特拉，23岁

第二章 建城（1492—1541）

时加入对抗法国的神圣同盟，参加了拉文纳战役和普恩特拉雷纳战役。年近四旬的时候，巴卡开始了一生中最伟大的冒险。他和潘菲洛·德·纳瓦埃斯一起来到美洲，寻找传说中的不老泉。巴卡的队伍从古巴出发，在佛罗里达州的坦帕湾登陆，成为踏上现代美国国土的第一批欧洲人。船队穿过墨西哥湾向密西西比河口航行时，遭遇了一场风暴，200多人丧生，最后只有4个人活了下来，巴卡就是其中之一。可是巴卡毫无畏惧，继续西行，成为第一个到达今天美国的德克萨斯、新墨西哥和亚利桑那的西方人。他在那里和印第安人一起生活了8年，学会了印第安语，并用自己的医药知识救治当地病人。巴卡在土著人中的声望越来越高，甚至成为印第安人的萨满。越来越多的印第安人追随他，和他一起漫游。整整8年他没见过一个基督徒，也没见过一个欧洲人。1537年他终于回到了西班牙，出版了一本回忆录——《沉船》(*Naufragios*)。书中对墨西哥湾印第安人的描述，成了人类学的首份观察记录。

50多岁的巴卡还没有颐养天年的打算。门多萨死后，他便申请成为布宜诺斯艾利斯的行政官并获得了西班牙国王的任命。1540年巴卡从西班牙起航，1541年抵达拉普拉塔河。由于天气恶劣，巴卡无法靠近布宜诺斯艾利斯，便先沿着巴拉那河溯流而上，抵达了著名的伊瓜苏瀑布，成为第一个到达此地并留下记录的西方人。

最终，巴卡来到了亚松森，方得知伊腊拉下令将布宜诺斯艾利斯的定居点夷为平地，居民迁入亚松森，故此巴卡名下的堡垒已经不复存在。伊腊拉如此行事的原因不明，历史学家古特曼和阿尔多伊写道，"伊腊拉的动机，不曾有明确的记载"。但是，伊腊拉显然把巴卡视作威胁，担心他影响自己的地位，故此两人很快陷入冲突。伊腊拉拒不服从巴卡，公然抗命，理由也十分牵强。他声称阿约拉斯将管理亚松森的职权交给自己，故此没有阿约拉斯生死的确切消息就不能交出亚松森的行政权。虽然巴卡最终履新行政官一职，但是很快就被伊腊拉设计陷害，密谋抓捕，并于1544年被强行送回了西班牙。一到西班牙，巴卡的罪名自然洗脱。于是，他又出版了第二部回忆录，讲述布宜诺斯艾利斯定居点的命运。当然，书中的陈述只是巴卡的一面之词。

下面是书中的一段文字，讲述了巴卡在巴西沿海驻扎时的情况：

布宜诺斯艾利斯定居点建在巴拉那河边。多明戈·德·伊腊拉和担任国王会计的阿隆索·卡布雷拉把定居点的居民迁走了。我在亚松森听到消息之后，便带着140名随从从水路赶往布宜诺斯艾利斯。我在布城定居点遇到的所有人都指责伊腊拉和卡布雷拉，说他们不该迁走居民。当地的人们还公然说，阿约拉斯和其他西班牙人死亡的主要责任在伊腊拉；并且伊腊拉隐瞒这里的情况不报，国王陛下对这里发生的事情并不知情；伊腊拉治理不善，所以这个定居点不归他管辖。还有人说，伊腊拉之所以要把居民迁走，是想侵占巴伦西亚商人留在布宜诺斯艾利斯的商品——丝绸、布料，还有其他价值昂贵的东西。他还盘算着如何从土著人口中得到金银矿藏的消息，等找到财宝，把金银献给国王陛下，就能坐上执政官的位置。

第二章 建城（1492—1541）

巴卡的记录说明，布宜诺斯艾利斯没有毁在敌对的土著人手上。如果巴卡的著述可信，伊腊拉为寻找金银矿藏甚至求助土著人，说明他们之间还达成了某种协议。从巴卡的记录还可看出，至少在定居点存在的晚期，布城也有西班牙商船往来，但是数量可能不大；定居点的生活虽然艰苦，但那里的居民也有消费昂贵商品的需求。最后，上面那段话还蕴含了一个惊人的情形：伊腊拉迁走居民、摧毁定居点后，居然还有西班牙人留在那里生活。

巴卡的余生再也没有离开西班牙。他探险的一生波澜壮阔，成了他人未成之功。而他的最后一桩成就其他探险家也求而不得：巴卡活到 70 岁，在自己的床上安然离世。

第三章

殖民时代（1542—1776）

布宜诺斯艾利斯莱安德罗·N.阿莱姆大街和里瓦达维亚大街的路口异常喧闹繁忙。那里矗立着一尊布城奠基者胡安·德·加雷的铜像。铜像满身铠甲，头戴尖刺头盔，一派统帅的气势，令人不由得想起莫扎特著名歌剧《唐璜》（*Don Giovanni*）最后一幕——将浪荡公子唐璜赶入地狱的骑士长。这尊铜像建于1915年，由古斯塔夫·海因里希·埃伯莱设计，带有浓厚的晚期浪漫主义色彩。铜像面带愁容，但双眼目光如炬，手指向了地面。400多年前，加雷在铜像手指的地方种下了正义之树并下令建造一座堡垒。这堡垒后来成了布宜诺斯艾利斯的灵魂，也成了整个阿根廷精神的发源地。

1541年6月下旬，佩德罗·德·门多萨建立的布城定居点被多明戈·德·伊腊拉和阿隆索·德·卡布雷拉夷为平地。人们很快就认识到这是个错误的决定。历史学家罗慕洛·德·扎巴拉和恩里克·德·甘迪亚写道："布宜诺斯艾利斯是进入拉普拉塔河的必经之地。船只穿越大洋之后，水手们需要在码头停靠修整，增加补给，然后才能沿着巴拉那河继续航行抵达巴拉圭。现在布城的港口消失了,水手们极为困扰。伊腊拉的决定显然错了。因此,后来的数位西班牙国王都想尽一切办法重建布城。"

门多萨定居点消失后的数十年间,西班牙人曾数度重建布宜诺斯艾利斯,然而都未能成功,最好的一次也不过是派了艘船和一批水手从亚松森南下。直到加雷的岳父胡安·托雷斯·德·维拉伊-阿拉贡接任了亚松森执政官一职,情况才有所转变。维拉伊-阿拉贡任命加雷为副执政官,命令加雷"以西班牙国王陛下和我的名义,在布宜诺斯艾利斯建立一座港口城市"。

至此,第一座布城被毁39年后,1580年6月11日,加雷在距离原址大约2千米的地方重建了布宜诺斯艾利斯。这天正好是天主圣三节,于是加雷为城市取了个新名字:圣三一和顺风圣母港之城。时至今日,不少作家还常把布城称为"拉特立尼达"(即"圣三一"),这就好比纽约客喜欢把自己的城市称作"大苹果"一样。

加雷一生为西班牙帝国鞠躬尽瘁,布宜诺斯艾利斯只是他漫长事业的一段插曲。他出生于1528年,出生地尚有争议。西班牙巴斯克人说加雷是巴斯克人,而卡斯提尔人却说加雷出生在卡斯提尔。和门多萨不同,加雷的父辈不是贵族,而是前往新大陆的西班牙征服者。加雷本人在西班牙生活的时间也不长。1544年他15岁时,就跟随叔父佩德罗·德·萨拉特来到新大陆,从此再未回到西班牙。各种文献中都称加雷性格鲁莽,缺乏耐心。他先是平定了土著人瓜拉尼部落的叛乱,又奉西班牙国王之命分别于1573年和1580年建立了圣菲和布宜诺斯艾利斯两座城池。布城甫一建成,加雷留在圣菲的居民就发动了叛乱,于是他即刻赶回圣菲平叛。不久,加雷沿着拉普拉塔河一路向南前往布城以南 400 千米的马德普拉塔，随后他又带人寻找传说中的恺撒城。恺撒城据说位于巴塔哥尼亚腹地，加雷没有找到传说中的巨人和幽灵，见到的只有平坦的潘帕斯草原，还有一群凯兰迪印第安人。1583 年，加雷丧命于凯兰迪人的伏击，终年 54 岁。

※

温斯顿·丘吉尔曾说，"我们塑造建筑，然后，建筑塑造我们"。此话虽然短小，却十分精辟，切中了建筑和城市生活之精义，可谓至理名言。用此话来描述布宜诺斯艾利斯也同样适用。加雷在拉普拉塔河西岸规划的布城的街道采用棋盘式的格局，每个街区呈正方形，街区边长 140 巴拉，即约 140 米。其实建城的位置完全可以选在别处，也未必一定要用如此规整的形制，但是加雷偏偏就这样规定了布城的格局。450 年后的今天，这座数百万人口的城市依旧沿用着加雷随心而设的格局，二十代波特诺人都严格遵守着加雷最初的规划。尽管城市的规模已经远远超出最初划定的区域，但只要地形允许，新建的城区都沿用了棋盘式格局。试想一下，如果布城的规划用的是自然的并不严整的格局，或者街区的边长不是 140 米而是 80 米，再或者城市的走向不是现在正北—正南的轴线，转而采用西班牙城市常规的东北—西南走向，那波特诺人的生活就会迥然不同。

棋盘式的规划需要高超的测绘技术，因此直到 1580 年 10 月

17日布城方才规划完毕。此时距离加雷正式宣布建城已经过去了4个多月。按照加雷的规划，如果沿着南北向的轴线铺开，南到独立大道，北到比亚蒙特街，东边沿着拉普拉塔河岸即现在的莱安德罗·N.阿莱姆大街，西至萨尔塔街和利伯塔德街一线。

加雷建立的布城和门多萨的定居点差异很大。门多萨建的是个要塞，而加雷要建一座真正的城市。虽然新建的布城里有一座堡垒，却没有防御用的城墙。这说明西班牙人对布宜诺斯艾利斯有了新的认识：此地虽然没有金矿、银矿，却是战略要地。此外，西班牙的新任国王腓力二世精通城市规划，对相关领域的新思想了如指掌，他督造的新城市形式全由功能决定。100多年前，佛罗伦萨学者莱昂·巴蒂斯塔·阿尔伯蒂提出了"城市也是艺术品"的观念，这股新思潮也开始影响西班牙。故此，腓力二世时期建造的城市或多或少都受到了影响，带有一些艺术的气息。

包括布城在内，西班牙人在美洲建造的不少城市都采用棋盘式格局。它们的原型可以追溯到1483年建立的西班牙城市——格拉纳达省的圣菲。1494年，哥伦布在伊斯帕尼奥拉岛建立的圣多明戈虽然昙花一现，却是新大陆的第一个棋盘式城市。1573年，腓力二世颁布了《印度群岛法》(*Laws of the Indies*)，棋盘式成为城市规划的标准。《印度群岛法》足足有9大卷，意图规范美洲西班牙人生活和行为的方方面面。但是，里面只有关于城市规划的内容对后世产生了重大影响，直到今天还常被人提及。

《印度群岛法》规定城市必须建于高地之上，故此加雷建造的布城选址高出拉普拉塔河面30米。门多萨建城时不曾考虑食物的补给，这带来了灾难性的后果。加雷则特地留出了农业和牧业用地。《印度群岛法》还有美学上的考虑，规定房屋必须有统一的风格（布城的房屋正如此），每座城市都要有个中心广场，即布城的五月广场。该法令最重要、最有名的规定便是城市都要采用棋盘式的规整布局，必须像"用绳子和尺子"丈量得那么齐整。依据这部法令设计的殖民城市有数百个，而最能体现《印度群岛法》精神的，无疑就是布宜诺斯艾利斯。

今天的布城和世界上所有大城市一样，有完整的道路级别体系。但在19世纪早期，放眼全世界，一座城市的某条街道不可能比其他

图3-1 一马平川的布宜诺斯艾利斯：利伯塔德街、洪卡尔大道和金塔纳大道交会形成的五个街角，摄于1870年。（阿根廷国家档案馆）

街道更宽阔、更漂亮,当时一座城里所有街道都差不多宽度。今天,布城从北向南有了许多宽阔的大街,基本上每隔四个街区就有一条,例如圣菲大道、科尔多瓦大道、科连特斯大道。这样一来,布城街道潜在的单调感就不复存在了,行人走在路上也能明显感受到街道的层级结构。

1827年,阿根廷总统贝纳迪诺·里瓦达维亚最早提出要改进布城的街道体系。但是直到1883年,时任布城市长托尔夸托·德·阿尔韦亚尔才把里瓦达维亚的想法付诸实践。在此前的300年间,布城的街道一成不变,必然单调乏味至极。1832年,年轻的查尔斯·达尔文来到布城,将之描述为"全世界最规整的城市——两条街道的夹角必然是个直角,而平行的街道也必定处处等距。所有街区都是大小相等的正方形,房子全都整齐地建在街区里面"。更糟糕的是,达尔文见到的街道大多光秃秃的,没有树木遮挡也没有人行道。一派死气沉沉的单调之中,唯一能为布城挽回脸面的就是马路还算宽阔。加雷规定,布城的街道宽度必须是11米,这个宽度相比现今巴黎、伦敦和罗马的街道都近乎多出了一倍。

※

1580年6月11日,布宜诺斯艾利斯城正式宣布建立。第一批追随加雷来到布城的定居者一共65人,在当天的奠基仪式上都站在加雷身边。他们的名字,或者至少一家之主(不算家属和仆人)的名字都有案可查。其中绝大多数都是亚松森的居民,即西班牙裔拉美人，也就是说，他们的父母都是生活在美洲的西班牙人；加雷的队伍中还有少量西班牙人。西班牙帝国当时仍然奉行等级森严的社会制度，西班牙人的地位高出西裔拉美人一等，剩下的人在史料里都被标注为"美洲人"，大概因为他们有印第安血统。这65人除了一位名叫安娜·迪亚兹的女性，剩下的清一色都是男性。

加雷的队伍中有个葡萄牙水手，名叫安东尼奥·托马斯，当年曾是门多萨的手下，在定居点废弃前一直在此生活。后来，定居点的居民迁到了亚松森，但是他们对布城的记忆可能会通过子孙流传下来。也有些人愿意40年后重返故地，在定居点的废墟上再建造起一座新的城市。

到1580年第二次建城的时候，一些门多萨时代残存的建筑可能还保留了下来。今天的布城有不少繁华和优雅的行政区，城东北的叫雷蒂罗区。"雷蒂罗"意为"隐修或静修之处"。据说这一区域的历史可以追溯到门多萨时代。当时门多萨有个手下杀了人追悔万分，便在雷蒂罗隐居起来，离定居点3千米远。那里荒无人烟，只有野兽偶尔出没在巴兰卡脚下的河滩。雷蒂罗区的这段传闻虽然真假难辨，但是这一带无疑见证了布城最古老的历史，同时也可能是加雷抵达时定居点留存的唯一遗迹。1608年，这里建起了一座女隐修院，名叫圣塞巴斯蒂安隐修院，位置就在今天的圣马丁广场上。17世纪末奥古斯汀·德·罗伯雷斯买了这里的土地建了一座宅子，后人将此宅称为"雷蒂罗"，或许是为了纪念门多萨时代那个在此隐居的人，或是圣塞巴斯蒂安隐修院，也可能两者兼而有之。今天

第三章　殖民时代（1542—1776）

的雷蒂罗区就得名于罗伯雷斯的这幢宅子。

　　加雷勘定了布城棋盘式的街道和街区，选定了图尔的圣马丁作城市的守护神。从1580年10月起，他便开始分配布城的土地。城市中心距离堡垒最近的土地价值最高，故此每个街区再分成四块，65个追随加雷的定居者每人都能分到一块。除了这四分之一街区的土地，每人还能得到中心城区外的一整个街区用于粮食种植。我们找到了一份原始分配图的副本（见图3-2），这份18世纪制作的副本中每块土地都清晰地标着主人的姓名。最好的地块位于堡垒和五月广场之间，留给了亚松森执政官胡安·托雷斯·德·维拉伊-阿拉贡——他是加雷的岳父，授权加雷重建布宜诺斯艾利斯。加雷自己的土地在维拉伊-阿拉贡的领地旁边，位于今天的里瓦达维亚大街，

图3-2　胡安·德·加雷时期布宜诺斯艾利斯的布局图，图中标注了土地所有者的姓名。此图为18世纪制作的副本。（阿根廷国家档案馆）

在雷孔基斯塔大道和五月二十五日高速公路*之间。几百年后，第一座哥伦布大剧院就建在此处。剧院大厦后来卖给了阿根廷国家银行，现在此处是阿根廷国家银行的第二幢总部大厦。65人中唯一的女性安娜·迪亚兹分到的土地位于佛罗里达街和科连特斯大道的路口。这个位置是现今布城的商业中心，开着一家汉堡王。圣方济各会、圣多明戈会和圣马丁医院也都分到了土地。

加雷分配土地的方式实在欠考虑。即便算上65人的家属和仆从，生活在布城的人也不会超过1000人。可是加雷分给他们的土地太多了，这么少的人口不可能使如此广大的土地尽快繁盛起来。其实直到200多年后的18世纪，布城城区长不过10个街区，宽也只有三四个街区。再后来，人口才开始慢慢往其他区域迁移扩散。当时，从布城最东端走到最西端只要6分钟，而从最北端走到最南端也不过15分钟。即便250年之后，到了达尔文的时代，布城人口和1600年相比已经增长了近40倍，但是加雷划定的街区里仍然有大片区域没有任何建筑，甚至连庄稼都没种。故此，数百年间布城都不像个城市而像个村庄。

如今，布城交错的街道赏心悦目。但几百年前，它们无不泥泞肮脏。每条街道的长度都一样，路边是一排泥坯的平房，房屋质量参差不齐，全无半点装饰。马路上没有人行道，到处都是垃圾，野狗和老鼠成群在街上出没。除了堡垒边上的中心广场，城里没有公众活动的场所也没有绿化，公共建筑则毫无美感可言。城中大约总

---

* 5月25日是阿根廷国庆节。——译者注

会有座教堂鹤立鸡群地耸立在一片残破的房屋中，无论从城市的哪个角落都能看见教堂的尖顶，此外布城也就实在没什么可看的了。加雷本人其实也不确定布城的规划是否成功，他曾表示，"如果目前的位置不合适，只要有必要而且市民代表同意，就可以把城市迁到更合适的地方"。

※

布宜诺斯艾利斯并非为荣耀而建。建立布城的目标是服务于波托西。波托西位于上秘鲁地区，盛产银矿，规模比布城大得多。当时的西班牙帝国领土绵延1.3万千米，从现在的美国俄勒冈州一直到南美最南端的麦哲伦海峡，这还没算上菲律宾群岛和西班牙本土。西班牙帝国庞大得超乎想象，是当时全球疆域最宽广的国度。古罗马帝国鼎盛时期的安东尼王朝，或国土横跨印度和摩洛哥的阿拉伯帝国，疆域的跨度也仅有西班牙帝国的一半。这样看来，布城只是庞大帝国中一个微不足道的小角色。

因西班牙帝国实在过于庞大，故此查理五世把它一分为二，一半是1535年成立的新西班牙总督区，核心在墨西哥的另一半是成立于1542年的秘鲁总督区。秘鲁总督区包括南美洲大部分区域，今天的阿根廷也在其治下。秘鲁总督区最重要的港口非利马莫属。西班牙人十分认同利马的地位，利马执政官更是不遗余力地确保利马港的优势。所以，当时的布宜诺斯艾利斯不是商业中心，地位和实力也远不能和利马抗衡。为了避免布城和利马竞争，西班牙国王关闭了布城的全部海外贸易，也不允许布城发展制造业，布城只能出口牛皮和牛油。西班牙王室认为布城只能成为西班牙商品的市场，于是在这里上演了人类历史上前所未有、十分古怪的一幕：政府不遗余力地打压一座重要城市的经济发展。伦敦大学拉美史研究专家约翰·林奇写道："布宜诺斯艾利斯港无法和西班牙直接贸易，进口商品要从利马远道运输而来，布城只能在帝国的边缘苦苦挣扎。"

布城乏善可陈的态势一直持续了两个世纪。这段历史实在太过无聊。扎巴拉和甘迪亚是早期布城史领域的权威学者，他们撰写了布城1536—1800年间的历史，足有厚厚的两大卷。然而，就连他们俩也感慨（引自第一卷第435页）："18世纪开始了，布宜诺斯艾利斯却依旧波澜不惊，日复一日地重复着单调的生活。没有大事发生，历史延续着平静的节奏，不快也不慢。"其实，说波澜不惊也不完全对：偶有海盗袭击布城，打破城市的平静；过圣马丁节的时候，市政厅旁边（即现在的七月九日大道）有时也会举行斗牛表演。但是，这座城市发展得确实非常缓慢。

因此，从1580年加雷建城起至1776年设立拉普拉塔总督区为止，布宜诺斯艾利斯的地位一直非常低微，从各方面来说，这座城市都毫不起眼。

理论上说来，西班牙王室鼓励人们到布城定居。但是，关闭布宜诺斯艾利斯港的政策不仅吓跑了新移民，连已经生活在这里的波特诺人的生计也颇为艰难。迫于布城居民的压力，1618年国王放宽了贸易限制，每年允许两艘船在西班牙塞维利亚和布城之间往返，但是这两艘船好起来时不准时，坏起来就干脆不出现。1622年，国王下令在科尔多瓦建立海关，情况就更糟糕了。海关设在布城和西部内陆定居点往来的通道上，布城非法生产的商品无法运进内地，更别提波托西了。这种政策使布城在阿根廷1816年独立以前根本无法像利马那样迎来商业精英阶层的崛起，资本市场也更无从发展。再加上辽阔的潘帕斯草原没有森林，布城缺少木柴和其他燃料，规模稍大的工业根本无法在此立足。

官方允许布城发展的产业只有牛皮原料销售和皮革制品生产。直到今天，布城和阿根廷的皮革业仍然非常强大，从业者众多。布城牛皮的数量和质量以及本地匠人加工皮革制品的手艺，都堪称世界一流。潘帕斯草原的皮革制品畅销北美和欧洲，甚至远销俄罗斯。

官方许可而又利润丰厚的行当非奴隶贸易莫属，殖民时代的西班牙及其殖民地大量使用奴隶，但在奴隶贸易的源头非洲势力有限。故此西班牙本身不参与奴隶走私，需要从其他国家买奴隶。贩卖奴隶的国家起初有葡萄牙和法国，英国则后来居上。1701年，法国人得到了布城第一个出售奴隶的官方许可，有效期10年。当时交易奴隶的市场设在城外，在布城南边，也就是今天圣特尔莫区的莱萨马公园，奴隶主要来自刚果和安哥拉。后来，英国人拿走了官方许可，开始在布城拍卖奴隶，生意持续了近100年。这时交易的地点在城市北边，即今天的圣马丁广场。1793年，奴隶市场再次搬到城市南边里亚丘埃洛河边上的巴拉卡斯区。无论奴隶市场迁到哪里，始终都在布城当时的官方边界之外。

奴隶制度的本质固然非常邪恶，但是布城或其他阿根廷城市的黑奴境遇比起其他地方的奴隶（比如波托西银矿的黑奴劳工）要稍好一些。拉普拉塔河沿岸的区域里没有大型工业，所以也就不像北美的英国殖民地那样强制奴隶进行高强度的体力劳动。布城的黑奴大多是家里的仆人，要么就是剃头匠、银匠之类的手艺人。如果遭遇主人虐待，黑奴还可以通过法律途径寻求赔偿。布城的奴隶需求非常巨大，1800年布城四分之一甚至三分之一的人口都有非洲血统。可是到了19世纪末，布城又见不到黑人的影子了。本书后面的章节会详细解释黑人数量的惊人变化。奴隶需求最旺盛的时候，合法的奴隶不够交易，便出现了奴隶黑市，波特诺人也很快就把这套黑市交易的把戏玩儿得得心应手。

西班牙对布城商业执行恶意打压的政策，波特诺人就自然而然地把经商的热情迅速转向走私商品。直到1776年拉普拉塔总督区建立，布城成为首府，走私都是此地最兴旺的生意。距离布城南界2千米的里亚丘埃洛，成了法国、英国、荷兰走私商船的集散地。白银等大量商品依法不得在布城交易，被运上了偷偷停靠在此的走私船。走私活动迅速扩大，几乎人人都参与，甚至耶稣会士和部分本该打击走私的地方官员也卷了进来。

走私生意使一些波特诺人富了起来，但是他们一个子儿都没用在美化城市上。拉普拉塔总督区成立前，布城没有一座公园、一条壮观的街道、一座漂亮的剧院、一座华丽的教堂。1727年，居住在布城的德国耶稣会士迈克尔·海塞写道："布宜诺斯艾利斯虽然叫作城市，但规模比不过德国的村庄……如果只看城市本身，可谓丑陋至极。城里只有三座教堂,我们耶稣会的教堂(即圣依纳爵教堂*)是最差的那个。"

对富裕的波特诺人来说,优雅的私人住宅并非负担不起,但是全城没有一幢美观的住宅能让布城的街景漂亮起来,布城的富人往往把钱都花在住宅内部的装饰和设施上了。1658年,法国旅行家阿卡雷特·杜·比斯开来到布城,对布城的房屋颇为赞赏:"从拉普拉塔一直到秘鲁都不出产石材,所以布城的住宅都是泥制的。民居都是一层的平房,非常宽敞,有宽大的天井,屋后还有巨大的花园,种满了果树,有橙子、柠檬、无花果、苹果和梨子。"上流家庭的住宅看上去和普通市民的房子没啥两样,但是"内部的装饰则极尽精美。墙上悬挂着壁挂、绘画和其他装饰品,屋内布置着精致的家具。生活稍稍优裕一点的人家,吃饭都用银质餐具,家里有许多黑奴充当仆人"。布城住宅的这种状况,在比斯开到访之后又持续了100多年。

布城人能合法开展的产业有限,畜牧业就是其中之一。布宜诺斯艾利斯称得上是牛的天堂,牛群繁殖的速度简直令人难以置信。潘帕斯草原有充沛的牧草又几乎没有牲畜的天敌,牲畜的数量每隔3年就能翻一番。1541年,西班牙人从门多萨定居点迁走时,留下了12匹马,其中5匹是母马。等到加雷1580年回到此地重建布城时,短短的39年间经过了13代繁殖(以每3年为一代),这12匹家马变成了10万匹野马。很快,人们开始在潘帕斯草原养牛,而牛繁殖

---

* 圣依纳爵·罗耀拉是耶稣会的创始人,该教堂即以他命名,也译作圣伊格纳西奥教堂。——译者注

的速度甚至比马还快。

渐渐地，畜牧产品尤其是牛皮和牛革融入了波特诺人的居家生活。起初，人们用牛皮制作门窗，覆盖屋顶。皮革不仅能做成服装穿在身上，在制作椅子和小床这些家具时也都用得到。

比斯开在自己的书中记录了他看到的奇景。他写道："布宜诺斯艾利斯的所有财富就是牲畜。这里的牲畜繁殖极其迅速……潘帕斯草原上一眼望去到处都是密密麻麻的牛马……我看了非常惊讶。而当地人和我交流时，又告诉了我一个他们抵御外敌的办法，就是把数不尽的牛马和其他牲畜都赶到海边。入侵者人数再多，也不可能在畜生群里杀出一条路来，更何况这些牛马发起狂来，敌人就更害怕了。"

从某种意义上说，布城的每个街角都能看出西班牙王室对这个城市是否重视。1800年以前，站在任何一个街角四处望去，入眼都是一片荒凉。不像今天的墨西哥城人和利马人能自豪地炫耀城市中心宏伟的巴洛克式主座教堂，因布城没能受到国王同样的青睐，布城人也就缺少了炫耀的资本。

除几座教堂外，拉普拉塔总督区时期的建筑很少能留存至今，再早的建筑就更别提了。布城现在的市政厅是19世纪80年代才建的，后来在20世纪30年代又经过重新翻修，18世纪及以前的历史遗迹，今天几乎全部消失了。一个原因是波特诺人开始厌倦那时简陋平庸的风格；另一个原因是城市疯狂的扩张，原来的建筑远不能满足新的需求。但在科尔多瓦和门多萨这样的城市，扩张的步伐较为缓和，殖民时代的遗存也就多得多。但总的来说，殖民时代的布城建筑本身没有什么价值，保留不下来也并不令人意外。

布城曾有一座巨大的堡垒，根据加雷的命令建在了河滩（即把城区和拉普拉塔河分隔开来的地带）最窄的地方，在堡垒之上就能俯瞰五月广场（原名中心广场）。加雷为堡垒选了址，但是直到他去世十多年后的1594年方才开工。堡垒的官方名称叫作奥地利的圣约翰巴尔塔萨皇家堡垒，由布城最高行政官费尔南多·德·萨拉特主持修建。当时英国刚刚击败西班牙的无敌舰队，西班牙国王担心英国对布城有什么非分之想，故此下令建造堡垒。

堡垒从建成到1853年被拆毁，始终都是布城最主要的建筑。从水路抵达布城的船只都要先经过堡垒，然后才能停靠进里亚丘埃洛河的码头。因此，布城的访客第一眼看见的就是堡垒单调扁平的屋顶。堡垒起初用炕土筑成，后来用砖头和石头重新修整。堡垒拆毁前不久，照相机问世了，故此幸运地留下了照片。照片上的堡垒是一座两层的平顶建筑，外墙斑驳，形状不规整。巨大的砖墙让人望而生畏，砖墙外还有一圈护城河环绕着五月广场。这护城河里却没有水，只是虚张声势吓唬人而已。堡垒的主入口是一座圆拱穹顶碉堡，整体呈规则的立方体，背靠着奇形怪状的巨大墙体，面前则是宽阔的五月广场。碉堡入口装有吊桥，能横跨于护城河上，使堡垒与外界通行。照片上甚至找不到能减少堡垒粗糙、平庸风格的一丝优雅抑或一丝装饰。似乎在西班牙人眼中，布城这样毫无价值的港口，任何能增加美感和使人舒适的东西都是浪费。

400年前，加雷随手指定了这个地方作为建造堡垒的地点，边上也留出了广场的位置。数百年来，五月广场一直是布城唯一的公共空间。五月广场位于城市中心，建城后很快就成为市民活动和集会的场所。近些年来，碰上新总统当选，布城大主教荣升教皇，或是示威抗议的活动，波特诺人都会从各处涌入五月广场。

布城的其他公共建筑基本上都和堡垒连成一体。著名的西班牙游记作家康科罗克洛于1750年前后曾到过布城，留下一段描写五月广场的文字："广场正在施工，只有通往市政厅的入口装了门……他们正在建造一座宏伟的庙宇（主座教堂），但是我觉得即便教堂建成了，装饰肯定也达不到应有的规格。布城的主教太穷了，其他牧师的境况也都差不多。城市其余的教堂就更平常得不能再平常了。"

殖民时期的布城有时被称作"印第安纳城"，但今天到达布城的游客，若想寻访殖民时期的遗迹恐怕是难上加难了。个别精通历史的市民尚能知道一些殖民时期的情况，而当代普通的波特诺人，要么对这段历史一无所知，要么就拒绝承认那段历史的真相。印第安纳城只出现在市民的集体想象中，是模糊而不真实的梦境，虚无缥缈。甚至有人看来，门多萨和加雷也亦真亦幻，近乎谣言或传闻。

印第安纳城虽然没留下多少遗迹，却是布城确凿的历史。今天的布城尚且找得到殖民时代的些许痕迹，其余的则要透过表面才能间接看到。加雷规划的几大要素今天依旧存在：他在五月广场面对堡垒的一端设计了一座市政厅。现在广场的西北侧矗立着宏伟的主座教堂，教皇方济各曾出任这里的主教。主座教堂浮夸的新古典主义立面影响了整个广场的建筑风格。殖民时代，布城的主教堂就建在这个位置上。广场边的堡垒后来曾作为行政官邸使用。到了19世纪下半叶堡垒拆除后,这地方建起了著名的玫瑰宫,成了阿根廷首相的官邸。

虽然殖民时期的物质遗迹已难以找寻,但那段历史对今天仍有系统性的影响,尤其在道路设施和宗教传统上。如果深入观察,我们就能发现,殖民时期的布城从未远去,它深刻而又顽固地影响着布城的今天。

不用说加雷规划的棋盘式街道,即便在布城最初300年的市域之外,道路也影响着人们的生活。布城现在的道路,在人类在此出现之前也许就已经存在,它们的历史可以追溯到1000年甚至上万年之前。这些道路因地势的自然走向而生,远古时代的游牧部落狩猎采集时,自然要走最便利的地方,故此走得多了便形成了路。加雷时代的布城有几条从城内通往城外(那时的城外已经纳入今天的版图)的主路依旧沿用至今。古代时期的巴豪路*成了今天的拉斯·埃拉斯大道;奥拓路**是现在的圣菲大道;坎普路***现在则成了一条重要的高速公路,即路易斯·德拉皮亚尼高速路。如今,布城有数量众多的公园和广场,可19世纪70年代以前,除了五月广场,布城什么公共空间都没有。前文提到过,殖民时期布城仍有许多空地既没有种庄稼,也没有建房子,今天这些空地变成了许多美丽的广场。

除了道路,布城的宗教设施也一直保存至今。古老的教堂历经翻新和重建,坚韧地延续着。宗教信仰和传统往往代表人类最保守、

---

* 意为"地势低的路",英语为 Low Trail。——译者注
** 意为"地势高的路",英语为 High Trail。——译者注
*** 意为"乡村小路"。——译者注

最根深蒂固的信念，教堂也是城市景观中无法革除的要素。例如，索科罗圣母堂建于1750年，此后一直矗立在洪卡尔大道和苏帕查大道的路口。但是，这座教堂还有更古远的历史：很久从前，拉普拉塔河道（距离此地只有100米）附近辛勤劳作的渔民们在此建起了一个简陋的祭坛，后来才渐渐演变为今天壮丽的索科罗圣母堂。

教堂对城市来说固然重要，但是现代人往往忽视它们。然而，对于过去的人们来说，再简陋的宗教场所都能让进入其中的人感到庄严和神圣。但对于今天视觉冲击刺激下的现代人，很难再有这种感觉。布城的其他地方都单调沉闷，简单实用，但是教堂全都有洁白的外墙、漂亮的钟楼、装饰性的立柱和山形墙，代表着超越更高、更美的追求。波特诺人和世界各地的基督徒一样，礼拜日都要穿戴上最整齐的服饰前往教堂，而布城的教堂则是虔敬之心在建筑上的折射。事实上，潘帕斯草原和拉普拉塔河畔的生活单调至极，而这些漂亮的教堂居然还有些华美的装饰，简直是波特诺人生活中最美丽的东西。

圣依纳爵教堂是布城现存最古老的建筑。这座教堂坐落于阿尔西纳街和玻利瓦尔街的路口，始建于1680年代，是布城现存建筑中唯一一座17世纪的遗存。圣依纳爵教堂受欧洲古典主义风格的影响，同时又有些许自己的风格。当然，如果罗马有这么一座教堂，往来的行人可能根本不会注意，但是在布宜诺斯艾利斯，圣依纳爵教堂就是全城最美的建筑之一。

1685年，在布城的第一座砖厂出现不久，圣依纳爵教堂就扩建了南塔，改建了部分外立面。1710年，德国耶稣会士约翰尼斯·克劳斯重新设计了教堂的其余部分，克劳斯于1714年去世后，改建的工作由意大利建筑设计师乔瓦尼·巴蒂斯塔·普雷莫利和安德烈·布朗基主持完成。他们两人后来设计的拉梅塞德教堂、圣特尔莫教堂和皮拉尔圣母堂都保留至今。加雷的规划里加进了德国和意大利设计师建造的教堂，也预示着布城建筑今后的国际主义路线。到了19世纪和20世纪，整个城市有了越来越多的异国风情。当时布城正快速而疯狂地扩张，建筑需求急剧增长，欧洲各地的建筑师纷至沓来。但是不要忘记，只有经历了许多波澜不惊的岁月之后，布城人才最终走出了一成不变的殖民时代。

第四章

总督区首府（1776—1810）

当英国的北美殖民地掀起独立战争时，布宜诺斯艾利斯出于同样的原因也正酝酿着一场反抗。比起纽约或波士顿人民，波特诺人更有资格为自己鸣不平。如果西班牙国王像英王一样要求布城人交印花税，或者执行《汤森法案》(Townshend Act)*，布城人一定欣然接受。西班牙王室禁止布城人进行任何产品生产，禁止他们向任何人买卖任何东西。布城人唯一的安慰是他们不遵守这条禁令也相对容易。当时大部分布城人还尚未质疑禁令的合理性，但是这条强加在自己头上的法令确实让人觉得令人讨厌。纵使布城人能通过走私赚到丰厚的利润，但是禁令下的布城必然无法发展壮大。

精明的西班牙国王早已预料到北美殖民地人民的不满可能会导致公然反抗，因此王室提前20年就着手平息布城人的怨气。原来的西班牙哈布斯堡王朝占领了美洲大片土地，并且200多年来持续不

---

* 英国在其北美的殖民地增加税收的一系列法案，于1767年提出并经英国议会通过。——译者注

第四章　总督区首府（1776—1810）

断地压榨布城的财富。西班牙王位继承战争*后，波旁王朝获得了继承权，接任的君主是相对开明的卡洛斯三世。

18世纪70年代，卡洛斯三世认识到，西班牙在新大陆的殖民地分为两个总督区运作起来很不灵便，而且当地的总督和官员已经成了"贪腐"的代名词。国王决定采取一系列措施，其中一条就是把现在的两个总督区划分为四个。位于北部的新西班牙总督区再划分出一个新格拉纳达总督区，包括现在的哥伦比亚和委内瑞拉。而位于南部的秘鲁总督区中划出一大片土地，成立拉普拉塔总督区。拉普拉塔总督区包括了现代阿根廷的巴塔哥尼亚（当时荒无人烟，尚未开垦）以北的地区、巴拉圭、乌拉圭和智利的库约地区。拉普拉塔总督区虽然地域广大，心脏却在布宜诺斯艾利斯港，这里是它今后繁荣的引擎。布城因为优越的地理位置和走私活动中建立的便捷交通（虽然是非法的），有史以来首次享有如此重要的地位，并且这一地位还将以法律的形式确立下来。

卡洛斯三世重大调整的背后是地缘政治的紧迫考量。18世纪中叶，法国和英国逐渐崛起，成为强大的欧洲民族国家。在世界范围内，权力的天平已经发生变化。英法之间向来不睦，而西班牙又和法国结盟，所以英国试图通过和葡萄牙结盟来挑战西班牙在南大西洋的海上霸权，而葡萄牙也一直打算从巴西继续向南扩张。为此，1680年，葡萄牙在布城以东50千米的拉普拉塔河对岸建立了

---

*　西班牙王位继承战争（1701—1714），即因西班牙哈布斯堡王朝绝嗣，王位空缺，法国的波旁王朝与奥地利哈布斯堡王朝为争夺西班牙王位而引发的一场欧洲大部分国家参与的大战。——译者注

萨克拉门托殖民地，与布城隔河相望。这样一来，葡萄牙占据了有利的地形，对整个阿根廷东海岸形成了威胁。一夜之间，布城就变得至关重要起来。用拉普拉塔总督区第一任总督佩德罗·安东尼奥·德·塞万略斯的话说，布宜诺斯艾利斯是西班牙"在美洲决定胜局的桥头堡，我们必须想方设法促进其发展。如果我们输了布宜诺斯艾利斯，就输了整个南美洲"。

1776年，英国的北美殖民地宣布独立，拉普拉塔总督区也在同年成立，这并不是个巧合。长久以来，西班牙一直想把主要竞争对手葡萄牙人赶出拉普拉塔河流域。但是，英国是葡萄牙忠实的盟友，拥有无敌的海军，故此西班牙的目标无法实现。谁都没料到风云突变，英国的北美殖民地公然反抗，将英国拖入旷日持久、代价高昂的战争。塞万略斯抓住了这个机会。1776年10月，他率领117艘战船和近万名西班牙士兵越过拉普拉塔河，围攻萨克拉门托。两周后，西班牙攻克萨克拉门托。参与作战的西班牙将士有近1000人留在布城，余下的都返回了西班牙。

除了地缘政治原因，建立拉普拉塔总督区还有经济上的考虑。南美洲的经济形势发生了变化——波托西的白银产量开始下滑，不再能支撑西班牙庞大的开支。同时，西班牙国王终于意识到布宜诺斯艾利斯是南美南部事实上的贸易中心。正如约翰·林奇写道："布宜诺斯艾利斯是欧洲通往南美的最佳路线，比利马便利很多，其他列强觊觎已久，西班牙再不珍惜布城就要吃大亏。波托西衰落之后，英国、葡萄牙和荷兰都对布城虎视眈眈。"

因为西班牙强行规定所有贸易必须途经利马，这种政策导致布

第四章　总督区首府（1776—1810）

城走私成风，西班牙王室既收不到贸易税，走私也屡禁不止。因此塞万略斯决定将波托西的白银直接运至布城，再由此运往西班牙，而不再经过利马或巴拿马。这样一来，塞万略斯一举扭转了南美洲持续了250年的经济模式。1778年《自由贸易法》（*Ley de Libre Comercio*）颁布实施，布城商人终于可以公开做生意、进行农业生产和合法奴隶交易。不久之后，布城就成为阿根廷黑奴贸易的枢纽。到19世纪初，每3个波特诺人中就有1个有非洲血统。布城就像一艘船，停泊了200年没有挪动；现在，大风突然鼓动了船帆，水手们也已准备就绪，船开始移动了！著名拉美史研究专家詹姆斯·R.斯科比写道："国内和国际贸易均大幅增长，政府收入增加，社会和文化生活获得了新生。至此，阿根廷方才真正诞生。"

1750年，布宜诺斯艾利斯人口只有1.2万；1800年人口接近4.5万，一跃成为南美最大的城市之一。走在街上的行人一下子觉得城里的空地少了，人口密度开始提升，空气中隐藏着一丝喧闹和骚动，但尚未像真正的大都市那样熙熙攘攘。同时，阿根廷独立前，布城的市政建设还未改善，看上去仍然像一个小城镇。直到半个多世纪后，法国的风尚传到布城，城市面貌才摆脱了殖民时代的土气，有了明显改善。

布城的变化更多体现在政治和商业上，城市的形态并没有明显改变。最初的几任总督自然有更紧要的政务，无暇顾及布城的美化。西班牙帝国疆域如此广大，他们似乎对殖民地城市是否美观毫不在意。此外，从1776年到1810年这34年的历史中，拉普拉塔总督区共有11任总督，每个人的任期都不太长，故此也没有充裕的时间使布城的景观发生重大改变。从1890年到20世纪20年代，布城日渐步入经济繁荣时期，有了商人阶层，市民也富裕了，但是整体的社会氛围并不崇尚华丽的住宅。布城人似乎尚未意识到，钱居然还可以花在装饰房子上。

布城18世纪的民宅基本都没能留存下来，只有圣马丁街366号的宅子是唯一的例外。这幢宅子位于金融区的中心地带，周围都是20世纪60年代和70年代规模巨大的理性主义建筑。照理说，早在19世纪晚期和20世纪城市快速发展的时候它就该被拆除了。只是因为19世纪下半叶，阿根廷首任总统、德高望重的巴托洛梅·米特雷曾在此居住，此宅方才逃过被损毁一劫。

房子建于1785年，是一幢平顶的平房，19世纪晚期在房屋后部加盖了第二层，但是从街上望不到二层。外立面除了一扇大门和几个窗户有简单的饰边，再无其他装饰。宅子内部中央是一个天井，所有房间都环绕天井而建。这种格局的住宅在伊比利亚半岛甚至罗马都有不少。因为房间都围绕天井设置，像一串连在一起的香肠，穿过一间房才能进入下一间，布城当地人就把这样的宅子称为"香肠屋"。这里最初的主人是个商人，18世纪的外立面和内部结构今天看起来仍然整洁干净，游客们见了往往甚觉惊讶。房子的内饰代表了19世纪布城上层中产家庭的品位，也是那个时代留下的唯一样本。房屋简单朴素，甚至过于简陋，所以这里的访客也不太多。人们简直不相信18世纪的布城富商会在此居住，更别提19世纪的一国首脑了。

今天，这个米特雷总统的故居在一片现代建筑中看起来十分突兀，但是整个18世纪和19世纪的大部分时期，布城全都是这样的住宅，不少房子甚至还没有这座漂亮。"二战"后美国长岛兴建的莱维特镇，就是这种无穷无尽、整齐划一的单调风格，乏味得让人停止思考。布城当年也是如此。

总督夫人府邸建于1782年，比米特雷总统故居更有几分生气。这幢平房坐落于贝尔格拉诺大道和秘鲁街的路口，外立面有三角形的山形墙和装饰阁楼，可以看出颇费了一些心思。1913年，总督夫人府邸被拆除，原地建起了阴森的奥托·沃尔夫大厦。

另外一幢和总督夫人府邸风格类似的房子年代更为久远，只留下了画面粗糙、泛黄的照片。这幢房子建在贝尔格拉诺大道和哥伦布林荫道的街口，在堡垒南边4个街区，离当时的河岸仅几步之遥。它的历史至少可追溯到1754年，是为富商多明戈·德·巴萨维尔瓦索建造的，那时连拉普拉塔总督区都尚未成立。米特雷总统故居的外立面，显然经过精心保存并不断修整，不过容易让人产生误解，以为当年的房子外观都和总统故居一样。而在巴萨维尔瓦索房子的照片拍摄时，这幢房子至少已有100年的历史了。鉴于那时布城发展缓慢，照片上的房子、街景和竣工初期相比，也没什么显著的变化。要说变化，大概18世纪房子初建时街道的路面都由夯土铺成，而19世纪拍摄照片时已经换成鹅卵石的路面了，路上经年堆积的垃圾也终于清运干净。照片上的房子墙体斑驳，石灰脱落的地方露出了砖头。米特雷总统故居建于稍晚的年代，用的是新潮的平顶，当年被视为现代建筑的标志；而巴萨维尔瓦索的房子用的是坡顶，上面铺着形状不规则的瓷砖，这是殖民时代建筑的典型特征。

这幢房子的结构颇有些奇特的地方引人注意。房子的西端是一道装饰华美的门，用在宫殿上都显得过于浮夸，用在这幢平房上更是如此。此门装有三个装饰尖顶，上方有曲线丰富的山形墙，带有些许意大利建筑师博罗米尼*罗马教堂的风格，又混合了伊比利亚的巴洛克甚至洛可可风格的设计，看上去倒也不乏可爱。这道门是由第二任总督胡安·何塞·德·瓦提兹加上的。1779年，他以西班牙国王的名义租下了这幢房子，并把布宜诺斯艾利斯港的海关设在这里。对布城来说，海关是个重要的机构，瓦提兹总督为何不找一处或者建一所更宏伟的建筑，真是令人费解。更奇怪的是，布城海关在这幢房子里运行了几十年，直到1857年才搬进了新建的泰勒海关大楼，新大楼的办公面积足足扩大了100倍。

这道门尽管看起来十分奇怪，意义却非同寻常。据笔者所查，教堂以外的建筑为获得更好的审美效果进行了改建，这是布城历史上的第一次。虽然这次改建规模不大，仅在门上做了些文章，但是开了个好头。总督区的历史不长，只持续到1810年，但是总督们显然意识到了布城的建筑标准亟待提高。

总督区时期，布城只新建了一幢著名建筑，即雷科瓦大拱廊，当时用作室内贸易市场。这座宏伟的建筑于1804年建成，80年后拆除。无论世人如何评价，它已然成为布城总督的象征。对后世来说，雷科瓦大拱廊代表着西班牙殖民时代沉重的封建传统。但在当年，它是进步风尚的代表。总督区时代行将结束时，雷科瓦大拱廊

---

* 弗朗切斯科·博罗米尼（1599—1667），意大利巴洛克艺术风格建筑师，与建筑师乔凡尼·洛伦佐·贝尼尼合作设计的建筑为罗马巴洛克风格建筑的巅峰。——译者注

第四章　总督区首府（1776—1810）

方才竣工，随后不久，波特诺人脱离了西班牙的统治，获得了独立。直到那时，雷科瓦大拱廊都是布城有史以来规模最为宏大的建筑。

雷科瓦大拱廊建成之前，在同样的位置有个露天的市场。布城建立不久，生意人就聚在这里兜售商品。随着城市的发展，市民们渐渐追求更文明的生活方式，因为露天市场喧闹的叫卖打扰了大家的生活。拉普拉塔总督区成立以前，担任布城地方官的就是1778年上任的第二任总督瓦提兹，他提出要建一座规模宏大的市场以取代露天市场，但是没有付诸实施。10年之后，又有人提出要建一座市场，但仍然没能建成。到了1801年，杰奎因·德尔·皮诺出任总督，建设方案才最终形成。建筑师胡安·比提斯·齐格蒙特设计了雷科

图 4-1　雷科瓦大拱廊的东立面，于1804年完工。（阿根廷国家档案馆）

瓦大拱廊。1804 年，横跨五月广场的巨大拱廊终于完工。

今天的布城，购物中心遍布全城，如阿巴斯托购物中心、奥拓·巴勒莫购物中心、太平洋拱廊购物中心等。而雷科瓦大拱廊可谓是这些现代中型购物中心的先驱。这幢建筑有 40 个拱门，每个拱门之下就是一个店铺。20 个店铺朝向堡垒，另外 20 个朝向市政厅。雷科瓦大拱廊风格独特，和欧洲盛行的所有现代建筑流派都没有关系，其设计可称得上西班牙殖民地风格。大拱廊的出现标志着布城第一次出现了真正有设计感的建筑。大拱廊的设计师虽然没有参照法国或意大利的建筑风格，但是他以本地特色成功造出了具有美感、让人难忘的建筑。雷科瓦大拱廊每边 20 个单层的拱顶，风格简洁，形成严整的一排，中心是一座凯旋门，称为比雷耶斯拱门，拱门的顶端装饰着尖顶，和周围的小拱顶形成了鲜明的对比。建筑的整体风格富有特色，带有反古典主义的气息，设计上采用湾式分隔和清爽的弧线，色彩淡雅，风格简洁至极。看惯了殖民时期平庸的泥房子，可以想见布城人初见大拱廊的时候该是多么陶醉啊！

雷科瓦大拱廊保留到 19 世纪 80 年代，留下了一些漂亮的照片。照片固然是珍贵的影像记录，但缺乏情感。大拱廊最理想的影像应该算是卡洛斯·佩列格里尼创作的一幅水彩画了。佩列格里尼是来自法国的流亡者，也是 19 世纪中叶布城有名的画家兼建筑师。他画的是清晨的雷科瓦大拱廊，朝阳正从东边的堡垒和拉普拉塔河升起，散发出柔和的光芒。如果我们沿着德芳斯街向南看，一边是 1818 年完工的新雷科瓦拱廊，另一边稍往南则是圣方济各教堂的双塔。看了这幅画，我们会深刻地意识到，雷科瓦大拱廊带着皇家的威仪成了布城建筑的代表,曾对布城产生了重要的影响。种种迹象表明,虽然当时布宜诺斯艾利斯尚且称不上是一座成熟、美丽的城市,但已然开始朝这个方向转变。

　　一些细微、偶然的变化开始慢慢改变着布城的肌理。早在1772年,勘测员克里斯托瓦尔·巴里恩托斯制作了第一张实用的布城北区地图,包括最具布城特色的雷蒂罗区和雷科莱塔区。这一带原来是流浪汉和隐士聚居的地方,偶尔还有美洲豹出没。后来,士绅阶层渐渐开始在这里修建农庄和一些避暑消夏的去处。巴里恩托斯勘测之后不久,工程师卡多佐开始在这片区域修建道路。这是布城史上第一次大规模的城市扩张。这一带有座皮拉尔圣母堂,边上就是后来的雷科莱塔公墓。教堂有条古老的小路通往城里,赤足的修士行走其间。很快,这条小路拓宽成了长街,再往后就成了今天美丽的金塔纳大道。布城的许多屠宰场原来也设在这一区域,改造过程中悉数迁到了城南的巴拉卡斯区,也就是里亚丘埃洛河的岸边。巴拉卡斯区在100年后才正式成为布城的一部分,但是屠宰场的南迁使这里的经济受到了影响。今天,屠宰场早已不存在了,但是巴拉卡斯区的状况仍然不甚理想。

――――――― ❋ ―――――――

　　西班牙在美洲殖民城市的基本功能就是掠夺当地的自然资源,把财富输送到遥远的西班牙,维持帝国的运转。各地的执政官只负责料理好这些事情,其余的一概漠不关心。除了一个中心广场可供

图 4-2　阿拉米达林荫道，即后来的胡里奥林荫道。照片拍摄于约 1846 年，是布宜诺斯艾利斯最早的照片。（阿根廷国家档案馆）

市民集会或整装上战场之外，城里没有公园、树木、喷泉，就连政府的高官也没有华美的宫殿，普通人家的住宅更不可能有装饰性的屋檐和精致的门环。此一状况，在布宜诺斯艾利斯尤甚。

但布城人仍尽可能地让自己的生活丰富多彩一点。伏尔泰在作品《老实人》(Candide)的第 13 章中，安排主角甘迪德和爱人居内贡一起来到布城。这位大作家教导我们要照料好自己的花园，这正是波特诺人热衷的事，也是他们为了美化生活而唯一能做的事。布城中每家屋后或天井都有花园，园中常常满眼绿色，与此相反，街上则没有树木，也没有公园。到了殖民时代晚期，全城的剧院还寥寥无几，仅有的几所也都是私人兴建的。除此之外，就是港口城市

第四章 总督区首府（1776—1810） 65

自古以来就长盛不衰的娱乐业——妓院和小酒馆，主顾则是在港口短暂停留的水手和商人。

总督区成立后，情况开始有所改变。最重要的措施当属1780年总督瓦提兹下令建造的阿拉米达林荫道。其实早在1761年总督区尚未成立、第一任总督塞万略斯时任布城的执政官时，就提出了这样的方案，只是没能实现。阿拉米达林荫道是两边绿树林立的步行道，那里本来是拉普拉塔河边的低洼泥滩，填河成地后沿河而建，现在这里是莱安德罗·N. 阿莱姆大街，布城的照片，最早的一张就是布省省长胡安·曼努埃尔·德·罗萨斯时代拍摄的这条林荫道。但是拍摄这张照片时，这条林荫路已经建成60多年，自然会出现一些变化。而且这张照片保存的条件不佳，拍摄的时候似乎还是阴天，所以全凭照片的影像就评价阿拉米达林荫道，好像也不太公平。但是，照片上的林荫道看着确实不怎么吸引人。路两边的树林断断续续，没有形成连续的林带，草地看上去斑斑驳驳，路边的座位也很少，根本不够坐。但实际上，阿拉米达林荫道的重大意义在于：它是布城为市民休闲而建造的第一个公共空间，人们可以逃离都市的喧嚣生活，到此寻得片刻悠然。布城终于有了这么个地方，能让各阶层的男男女女漫步其中，看见彼此。故此，阿拉米达林荫道虽然很短，只覆盖了拉瓦勒街和贝隆街之间的3个街区，走完全程只要6分钟，却立即得到了波特诺人的喜爱。这是有史以来第一次把城市空间和拉普拉塔河的景观如此郑重地打造成美景呈现在波特诺人眼前，供他们欣赏。

总督们为缓解布城沉闷的生活，还在远郊的雷蒂罗区建造了一个斗牛场,就在今天的圣马丁广场南边。斗牛场名叫托罗斯斗牛场,建于1801年,比雷科瓦大拱廊早了几年。这块地方原来是英国南海公司几十年来贩卖非洲奴隶的市场,现在有座诗人兼演说家埃斯特万·埃切维里亚的雕像。布城早年有座1791年建成的怀科·蒙塞拉特斗牛场,木质结构,条件简陋,在托罗斯斗牛场建成前刚刚拆除。新建的托罗斯斗牛场规模大得多,虽然条件仍不算好,但座位充裕。这座斗牛场预示了布城今天河床队*和博卡青年队**各据一方,分别拥有忠实的拥趸局面;而波特诺人也形成对立的两方,追随自己支持的球队。

托罗斯斗牛场呈八角形,分为上下两层,各有不同的色调,外形好似一个巨大的鼓。整座斗牛场均为砖块材质,顶部有一排小巧的城垛,隐约带有莫扎勒布***风格。斗牛场能不可思议地容纳1万名男性观众——这么说是因为当时不允许女性观看斗牛。布城当时的人口约为4.5万,其中一半是女性。但是好景不长,1819年阿根廷独立后的第三年,新政府采取措施消除西班牙殖民者的影响,斗牛活动首当其冲遭到政府取缔,托罗斯斗牛场随即被拆除。建造斗牛场的砖块被运到了北边几百千米远的地方,用于建设那里的火炮营。又过了50年,连这个火炮营也消失了。

随着雷科瓦大拱廊、托罗斯斗牛场和阿拉米达林荫道的出现,布城已经发生了非常明显的变化。布宜诺斯艾利斯成为阿根廷的首

---

* 河床队主场纪念碑球场,位于布城北部的贝尔格拉诺区。——译者注
** 博卡青年队主场糖果盒球场,位于布城南部的博卡区。——译者注
*** 莫扎勒布(Mozarab)指9—15世纪摩尔人统治下的西班牙基督教徒,艺术和建筑融合了一定的穆斯林特色。——译者注

都，兴建了上述新设施后理应成为市民的福音，但是这些变化的结果实际上喜忧参半。以前哈布斯堡王朝和早期波旁王朝统治的时候，布城毫不起眼，国王也漠不关心，但至少城里的商人比较自由，地方官员也有较多的自治权。布城的克里奥尔市民已不再是纯正的西班牙人，而是有西班牙血统的后代，一个多世纪以来基本上独立自主地生活着。但是现在，西班牙巨大的官僚体系被强加于他们的城市和贸易中，剥夺了布城人以前享有的权利，他们却只能袖手旁观。此时，人性中埋藏的独立的种子刚刚开始萌芽，经过一代人的酝酿，布城人对西班牙官僚的怨恨就变成了熊熊大火。到了19世纪20年代，波特诺人意识到，他们和西班牙人就像北美殖民地人民和英国人一样，分属不同的国家。尽管目前，布城人尚未对雷蒂罗区的西班牙驻军有明显的敌意，但是西班牙强制驻军，布城人也不可能视而不见。

第五章

独立战争（1806—1829）

从 1580 年加雷建城到 1806 年英国首次入侵，布宜诺斯艾利斯历经 200 多年的岁月沉淀。回首过往，这座城市的历史苍白阴郁、平淡无奇，尤其没有可作谈资的历史人物，故而历史也难以写得出彩。

19 世纪伊始，一切开始变得截然不同。殖民时代的阴郁色调突然之间变成浓烈的颜色，光怪陆离，色彩斑斓。以前布城虽有海盗、土著偶尔来犯，但总体说来日子淡而无味，能说出些故事来的大抵不过是些无名的商贾、官宦之流。19 世纪之初，布城便名人辈出，各有特色。有凶狠暴烈的，有慷慨激昂的，有刚正不阿的，凡此种种，顿觉书之不尽。圣地亚哥·德·利涅尔斯、胡安·拉瓦勒、科内利奥·萨维德拉、贝纳迪诺·里瓦达维亚和何塞·德·圣马丁便是这等英雄。时至今日，他们都是阿根廷人眼里的领袖和伟人。虽然外国人对他们知之甚少，但在阿根廷，尤其是在布城，他们的大名如雷贯耳。

对于布城人来说，这些名字还是重要的地名：布城有千百条街道、公园、广场和行政区都以这些英雄命名。如果熟悉了布城的街道和行政区，再读布城和阿根廷的历史时就会时时欣喜地感慨：原来里瓦达维亚大街和比森特·洛佩兹广场因此得名！

以伟人命名街道，意义不容小觑。普通波特诺人和世界上任何一个城市的行人别无二致，对街名的来由毫无兴趣，也从来不会刻意了解。但是，数百万布城人每天在普埃雷东大道（位于里瓦达维亚大街和利贝尔塔多大道之间）行走，无形中就能让人们记住在普里奥浴血奋战的英雄胡安·马丁·德·普埃雷东。如果我们有一点诗人的气质，脑海中就会浮现出这些志存高远、勇于行动的杰出先贤；经历了古罗马诗人奥维德*笔下的"变形记"；贝卢蒂、阿尔维亚尔和阿尔韦迪等英雄人物，就可以看到和他们同名的街道。这样，即便民众遗忘了英雄的豪言壮举和丰功伟绩，他们也能以这种方式提醒民众勿忘历史。

本书的开篇指出，伟大的城市历史上未必发生过重大的历史事件。比如伦敦和纽约这样伟大的城市，历史上确实发生过大事；对他们影响最大的事件，却往往发生在首都之外，比如在郊外的一场战役。人们经常忽略这一点，即历史变革与城市的街道和公共空间存在着不可分割的联系。巴黎和罗马最能体现这种联系，布宜诺斯艾利斯也不例外。书写布城的历史难免会想起古罗马政治家、演说家西塞罗的名言："步履所涉之地，皆是历史。"当然，罗马史、巴黎史是世界史，而布城史则是阿根廷史，偶尔也是乌拉圭史。但是别忘了，布城就是它自己的宇宙中心。这样说来，

---

* 奥维德（Publius Ovidius Naso），古罗马诗人，与贺拉斯、卡图卢斯和维吉尔齐名。代表作有《变形记》《爱的艺术》《爱情三论》。——译者注

发生在布城的事，和雅典、巴黎或罗马的历史场景相比都毫不逊色。

五月广场见证了布城和阿根廷最重要的历史事件：建城时，胡安·德·加雷在此种下了正义之树；1955年6月16日，总统贝隆的支持者在此惨遭轰炸机的空袭；20世纪80年代初期，"五月广场母亲"* 为了失踪的子女在此抗议。布城的另一要地是圣马丁广场，1807年，英国人第二次入侵布城时便从广场附近经过，开进雷蒂罗火车站。1810年、1946年和2001年的几次骚乱中，布城的许多街道都成为见证历史的战场。

1890年公园革命期间，城内爆发了小规模冲突。恩里克·日耳曼·赫兹描述了当时的场景："拉瓦勒街和利伯塔德街路口西南角的一处房子，原本住着一位绅士马丁内兹，现在房顶上站着第十步兵营的20个小伙子，还有个炮兵……米罗宫附近的比亚蒙特街1248号，塞林铎·卡斯特罗正带着手下25名士兵守在那里……上午9点刚过，科连特斯大道和巴拉那街路口就传来了第一阵枪声。"没有到过这些地方的外国人读了这段文字，肯定对文中地名大惑不解；但若是仔细聆听，就不难体会这些名字中蕴含的诗意和韵律。实际上，19世纪最初25年带给布城的不是城市生活和建筑的改观，而是城市精神的改变。这些年间，布城建了一些房屋，也拆了一些房屋，动荡的时局使得那代人根本无心顾及城市的发展。英国大使伍德拜恩·帕里什写道："旧政府认为，花钱美化城市，得利的是殖民

---

*　20世纪70年代在阿根廷军政府统治下，许多反政府人士遭到迫害或暗杀。为了寻找自己失散的孩子，阿根廷的母亲们组织起来，头戴白色头巾，每逢周四就在五月广场上围成一圈行走，以这种方式引起阿根廷民众和国际社会的关注。——译者注

地居民,这简直是把钱扔进水里。新政府又一贫如洗,除非必要绝不能乱花钱。他们做的工程虽然不多,但是极其漂亮,为共和国政权赢得了口碑。"

从城市生活的角度评价一座城市,我们不能仅考虑街道和建筑,城市远比这二者丰富得多。城市能激发市民强烈的情绪和莫名的情感,市民再将自己的情感与情绪赋予城市,形成宏大的城市精神。1806年,主宰布城的是什么样的精神呢?是对那个狂热时代的回应,是撼动欧洲中心主义秩序的激情。在世界范围内,民主运动和资产阶级的崛起如火如荼。1806年是欧洲的革命年代,也是南美洲的独立运动时期,独立战争为布宜诺斯艾利斯打上了永久的烙印。今天,布城遍布军人的纪念碑,这些英雄大多来自这个时代。他们身着华丽的骑兵制服和米色马裤,佩戴着三叶草肩章,赶走了英国侵略者,战胜了西班牙,为阿根廷赢得了独立。后来,诗人叶芝(Yeats)称这是个"勇者狂热"的时代。现在这些英雄已成为光辉的塑像,安放于花岗岩基座上,矗立在布城繁忙的路口,目光炯炯地巡视着往来的行人与车辆,或者矗立在广场和公园的中心,骑着前蹄扬起的高大骏马。

1806年,随着英国第一次入侵布城,开启了现代阿根廷的历史,也开启了阿根廷独立运动的序幕。10年以后,一个崭新的国家——拉普拉塔联合省诞生了,首都就设在布宜诺斯艾利斯。但是,阿根廷获得独立的过程和美国截然不同。在西班牙的殖民地,尤其是布城,独立之后面对新的形势涌现了大量的演说家和思想家,而不像美国那样提前进行了大量革命的鼓动和宣传。殖民时代的布城，几乎没出过真正的知识分子。《布宜诺斯艾利斯报》(*Gaceta de Buenos Aires*)和《商业邮报》(*Telégrafo Mercantil*)等报纸主要刊登航运信息和欧洲要闻。除了律师，有学问的人都属于天主教会，而教会则效忠西班牙皇室。布城的商人可能会埋怨西班牙政府的干预，虽然满腹怨言，却没有出现"波士顿倾茶事件"，也缺乏反抗和独立的热情，直到机会自己送上门来。

布城的独立之火在千里之外的欧洲点燃。19世纪的最初10年，英国一直对拉普拉塔河口地区虎视眈眈，谋划在此建立自己的殖民地或将西班牙的殖民地据为己有。事实上，早在入侵布城前的100年里，英国就打算在南美发展势力。1713年，英国得到了贩卖黑奴的许可，在雷蒂罗广场开设了奴隶市场，后来逐步成为本地商人主要的生意伙伴。但这时出现了一些不利状况，促使英国采取了更为激进的行动。首先，1783年的《巴黎条约》(*Treaty of Paris*)致使英国痛失北美殖民地，重创其经济。之后拿破仑对英国采取了封锁政策，禁止英国商品进入欧洲市场，英国的处境无疑雪上加霜。于是西班牙瞄准时机，与法国结成联盟。西法联盟向英国宣战，攻打英国的盟友葡萄牙。英国出于军事和经济的双重需要，抓住了这个意外得来的时机出兵布宜诺斯艾利斯。

1806年6月27日清晨，英国海军少将霍姆·里格斯·波帕姆爵士率领2500名士兵包围了布宜诺斯艾利斯，从拉普拉塔河口入侵。加雷建城后的200多年来，布城人从未见过如此强大的敌人，所有身体健全的男性都被强制入伍，还从总督区其他地方调集了奴隶和混血土著人共同抵御外敌。此前，拉普拉塔总督马克思·德·索夫雷蒙特担心英国突袭,多次请求西班牙国王派遣军队增援。西班牙仅送来了武器却并未派出军队。而且英军进攻布城时,总督早就搬空了国库,逃到布城西北70千米外的卢汉镇,和总督一起逃走的还有西班牙官员和富商。依照总督区法律,总督此举并无不妥,却无可挽回地失去了民心。布城人视总督为懦夫甚至是叛国者,也无论如何都不再信任西班牙人。逃亡的日子固然不好过,且追随他的还有本地人对西班牙人日益增加的敌意。

英国人在布城做了多年生意,获利颇丰,深知本地人对西班牙殖民者抱有根深蒂固的怨恨。英国人甚至理所当然地认为他们是布城的解放者,必然受到本地人的欢迎。最初,布城人的态度似乎证实了英国人的期待。英军指挥官威廉·贝雷斯福德将军率领第71军团从里亚丘埃洛河开进布城,开始遇到些轻微抵抗,后来则畅通无阻。英军伴着悠扬的风笛乐声,沿着长街(即今蒙特斯·德·奥卡大道)一直抵达五月广场,占领了堡垒,控制了这座南美洲最大的城市。历史学家伊恩·弗莱彻写道:"英国国旗在布城冉冉升起,堡垒也传来了轰鸣的礼炮。贝雷斯福德将军轻取人口4万的布城,英国将士仅有1人阵亡,12人受伤。"然而,英国人只占领了布城46天。

在此期间,波特诺人对英国人的态度,让人不由联想起1644年英国驱逐荷兰殖民者时,新阿姆斯特丹(即后来的纽约)居民对英国人的态度:只要商人可以正常做生意,哪个国家统治殖民地都无关紧要。总督区对本地人来说是个负担,成立短短30年,尚不足以彻底改变殖民时代压制布城发展的治理模式。相比之下,在英国人控制布城期间,不论军官还是普通士兵,大都驻扎在布城人家中,对待本地人客气有礼。而且英军还突袭了卢汉镇，找回了总督带走的钱财，悉数运回伦敦。伦敦专门举办了盛大的仪式，庆祝这笔财富进入英国国库。英国商人们则喜气洋洋地装运英国商品，准备前往布城销售。即便英国人拿走了布城的财富，计划运来商品赚布城人的钱，此时布城人仍然在英国人举办的舞会上载歌载舞。

但是，有一部分波特诺人很快重新集结起来，准备反攻。英国人有勇武的名声，再加上他们虚张声势，给人以兵力众多的印象，但布城人很快就发现了问题。英国人威廉·加文在日记中写道："一天，有个本地人和我搭讪，问我英军的人数。我虚报了数百人。他反问我，'你们配给的粮食只有这些，这么多人怎么够吃呢？'我回答说刚才算上了伤员和仆役，但是这样的解释苍白无力。我们的兵力，他们已经搞得一清二楚了。"

布城人和英国人的第一场武装冲突规模并不大。由胡安·马丁·德·普埃雷东率领布城武装在普里奥和英军交战，结果惨败而归。普里奥位于五月广场以西20千米，不在布城现在的市域之内。普埃雷东的父亲是来自巴斯克地区的法国人，母亲是爱尔兰裔布城人，雷科莱塔区现在有一条以普埃雷东命名的马路。

不利的局面很快就被打破。53岁的法国人圣地亚哥·德·利涅尔斯在蒙得维的亚征募了几千士兵，稍加训练后率军抵达布城。这支部队主要由黑人和混血印第安人组成，即著名的贵族军团。军团取这个名字并非因为士兵出身高贵，而是为了展示他们捍卫祖国的决心。8月7日，军团在今天圣马丁广场附近的低洼地带登陆，沿着佛罗里达街、圣马丁街和雷孔基斯塔大道向南疾行，抵达中心广场（即今天的五月广场）。军团在广场和英军展开血战，英军占据了雷科瓦大拱廊、市政厅和主座教堂的屋顶等制高点，贵族军团虽然取得了最后的胜利，但伤亡惨重。

贵族军团渐渐占了上风，英军退守堡垒。几个小时后，贝雷斯福德升起了白旗。但是波特诺人显然不懂白旗的含义，越战越勇。第71军团的罗伯特·费尼霍回忆道："我们升起了白旗……但是4000个衣服破烂的野蛮人冲进广场，挥舞大刀，四面开火，要把我们赶尽杀绝。"

最后，等到利涅尔斯亲自到场，混乱局面才得到控制。贝雷斯福德献剑投降，利涅尔斯没有接受对方的佩剑。利涅尔斯的举动堪称骑士精神的典范，简直让人难以置信。他"拥抱了贝雷斯福德，为手下的愚昧无知、大肆杀戮表达了歉意"。利涅尔斯和贝雷斯福德商定了投降的条款，结束了雷孔基斯塔之战，成功收复布城。此战也成为布城历史上流传的一段佳话。胜利之后的布城人虽然意气难平，但将阶下囚遣返英国之前，对待他们也非常尊重。

英国人坚信布城人虽然不喜欢西班牙人，但会喜欢他们，因此一年后，英国人卷土重来。这次英军的指挥官是怀特洛克将军，决战的地点在圣马丁广场附近沿着河岸的陡坡，就是现在的利贝尔塔多大道。此战英军再次惨败，中将惠廷厄姆悲伤地评价道："堂堂英军居然向南美小城的乌合之众投降，历史会记下耻辱，子孙后代也难以接受。难道拉普拉塔河的水就是上帝手边的湮灭之水吗？"

第二次抗击英国入侵的战役史称拉德芳斯之战。布城有两条相连的街道：雷孔基斯塔大道和德芳斯街，从城市最北端一直通到南部的莱萨马公园，就是为了纪念这两场战役。

英国人的两次入侵给布城带来了深远的影响，产生了后来美国历史学家乔纳森·C.布朗所说的"拉美觉醒"。现在，拉美人清楚地意识到，面对外敌侵犯，留在此地与敌人进行殊死搏斗的只有自己，西班牙人早就逃之夭夭躲了起来。经过战火锤炼的布城人，建立了一种新的集体认同，这在以前简直不可想象。因此，英军撤离后，当西班牙人回到布城，想要重建旧日秩序时，布城人已经成立了自己的执政委员会。执政委员会由本地的拉美人组成，留在布城的地方武装力量也大力支持，军人们都精神抖擞，士气昂扬。执政委员会还没收了西班牙人打算送回本土的钱财，准备用在布城当地。本地人开始行使自己刚刚获得的权力。他们对索夫雷蒙特总督的临阵逃脱非常不满，拥戴雷孔基斯塔之战的英雄——圣地亚哥·德·利涅尔斯取而代之。这是拉普拉塔地区甚至是整个西班牙帝国内，本地居民第一次选举了自己的领袖，赶走了国王任命的统治者。

虽然英国人两次入侵都以失败告终，但正如马克·西农所言，"英国人悄悄播下了侵略的种子，此后的100多年间，都深刻地影响着布城"。不可思议的是，拉德芳斯之战后才几个月，英国人就迅速返回了布城，热火朝天地和本地人做起了生意。布城人也不计前嫌，好像双方之间什么都没有发生过。布城人对英国人的热情近乎崇拜。城里很快开了两间茶室，一家名为大不列颠茶室，另一家名为埃斯梅拉达茶园，两者相互竞争，哪个都不甘落后。这期间布城还出现了一些旅馆,其中一家叫作隆德雷斯酒店,有上下两层,在周围的平房中显得鹤立鸡群。隆德雷斯酒店也是布城第一座带有阳台的建筑。

1808年,两艘英国船只来到布宜诺斯艾利斯港,带来一个重大消息:拿破仑攻入了西班牙,囚禁了西班牙国王腓力七世,并任命自己的兄长约瑟夫·波拿巴为国王。而西班牙波旁王室的残余力量逃到了西班牙南部城市塞维利亚,在当地成立了一个政务会,以腓力七世的名义发号施令,并要求波特诺人宣誓效忠政务会。其实当初布城人与英国交战大获全胜后,完全可以宣布独立。但是这一举动在当时看来过于激进,没人轻举妄动。事实上在1810年以前,布城人面对外来的统治者一直都逆来顺受,也没谁想到脱离西班牙宣布独立。现在他们夹在法国新王和西班牙政务会之间左右为难,不知如何是好。公开讨论一番之后,布城人想到了一个绝妙的办法:宣布布城效忠已被废黜的前任国王,不认可篡权者波拿巴的地位,也不承认塞维利亚政务会的权威。布城人认为这是个完美的方案,但是这种虚与委蛇的回答实质上等于宣告布城独立。

此时,布城市民开始张罗着举行公开市政会议,一改往日只有少数权贵才能参加的旧习,允许所有公民参政议政。公开会议于1810年5月22日召开,会议期间有地方武装在市政厅(今仍坐落在五月广场的西边,规模有所缩减)外站岗防卫。此举意图向出席会议的西班牙人示威,当然西班牙人也不会参加会议。当时正值五月,拉普拉塔河一带将要入冬,公开会议举行的那一周的天气都异常糟糕。到了5月25日下午,公开会议的最后一天,会议郑重宣布阿根廷独立时，太阳一下子从西边的云层露出脸来，阳光倾泻而出，照耀着雷科瓦大拱廊和中心广场。阿根廷人都将此视为神迹，"五月太阳"也成为国家的象征，出现在阿根廷国旗之上。

这个全新的主权国家由第一国民大会执掌，主席为科内利奥·萨维德拉，主要成员包括曼努埃尔·贝尔格拉诺、曼努埃尔·阿尔伯蒂、米格尔·德·阿兹库纳那迦和胡安·拉雷亚。这些英雄虽已去世，但以他们名字命名的街道仍然留在今天的布城。

宣布独立容易，但是前拉普拉塔总督区的臣民们只有歼灭残余的保皇势力才能迎来真正的独立。战场从五月广场周围的街道转移到阿根廷广袤的土地、山川和河流上。直到1816年7月9日，独立战争取得了最终胜利。

在独立战争期间，布城时局混乱，社会几度分裂，权力机构接二连三地重组、解散，政府更迭频繁。第一国民大会很快改组为大国民大会，后又被第一次三人执政团和第二次三人执政团取代，最终"最高统帅"走马灯似的轮番登场，比亚蒙特、伦德欧、阿尔瓦雷斯、托马斯和巴尔卡塞等，他们的名字后来都成为布城的路名。

阿根廷独立后，拉丁美洲反抗西班牙殖民统治的斗争又持续了10年，其间时局动荡，暴乱不断。拉普拉塔联合省的各个省份不仅想摆脱西班牙的殖民统治，还想摆脱布宜诺斯艾利斯的控制。联合省的地域包括了今天的玻利维亚、巴拉圭、乌拉圭和智利的部分地区，布城只是首都而已。但在波特诺人看来，自己反抗西班牙理所当然，但是其他省份要想脱离布城的控制获得独立则是大逆不道。最终，大部分省份仍留在联合省内。但是代表各省利益的联邦党人和代表布城利益的统一党人的纷争不断，持续了数十年，有学者认为，两派的矛盾直到今天仍未妥善解决。

※

独立战争使得布宜诺斯艾利斯市民的心态发生了微妙变化。战争局面混乱，城市人口也激增至5万人，这使得波特诺人第一次认为布城成了南美最大的城市。很快他们开始注意自己的行为举止，甚至摆出一副善意而又彬彬有礼的样子。一二十年前谁要是如此说话行事，定会招来众人嘲笑。布城的服务业也首次出现了档次的差异，出现了引领风尚的时髦娱乐业、餐馆和商店。

1812年，普罗贝雄奈剧院开张了。剧院在拉梅塞德教堂对面，位于贝隆街和雷孔基斯塔大道路口，可容纳1600名观众。5年后，胡安·马丁·德·普埃雷东建立了品质剧目社，批准上演的大多是正统得有些无聊的欧洲剧目，如伏尔泰和阿尔菲耶里的戏剧，以提升布城观众的品位。本地编排的剧目只有一个，即反映布城反抗西班牙统治、获得独立的《五月二十五日》。1824年剧院还上演海登、莫扎特和罗西尼的歌剧和音乐会。而不喜欢这些的市民还可以到沃克斯豪尔公园观看马戏或音乐表演。这个公园就在现在的拉瓦勒广场附近。

自1816年起，斗牛被禁，雷蒂罗区的斗牛场成为过时的总督区遗存且被夷为平地。斗鸡、手球和台球这类娱乐倒是热度不减。每周二下午 1 点，市政厅门前还会举办抽奖活动，幸运的赢家可获得 300 比索奖金。每年夏季的二月狂欢节是殖民时代的传统节日。节日期间，下层布城人要是发现有人在午睡时间走上街头，就会往他们身上泼水，偶尔还会用鸡蛋砸他们，甚至有人因此受伤。这个时期布城也兴起了办报的风潮，例如《布宜诺斯艾利斯报》和《论坛报》（*El Tribuno*），还有法文报纸《法国回声报》（*l'Echo Français*）和英文报纸《英国社团报》（*The British Packet*）。每当有人被鸡蛋砸伤，相关的报道就铺天盖地。

这一时期布城没出现什么重要的新建筑，新古典主义逐渐成为建筑风格的主流。布城的新古典风潮有两个起因，其一来自英国的帕拉第奥主义*，其二则来自法国的拿破仑和他的帝国，彼此相互影响。新古典主义旨在从古希腊和古罗马文化中寻求亘古不变的高贵气质，不仅影响了建筑和城市规划，还影响了人们的服饰、语言和举止。

1807 年，时年 20 岁的比森特·洛佩兹-普拉内斯创作了《胜利的阿根廷人》（*El Triunfo Argentino*），这首诗歌成为新古典主义风潮的一座丰碑。洛佩兹-普拉内斯后来成为著名政治家，也是阿根廷国歌的作者。今天，布城有一条比森特·洛佩兹街，还有个漂亮的比森特·洛佩兹广场，广场上有洛佩兹-普拉内斯的雕像。《胜利的阿根廷人》为纪念布城人民取得拉德芳斯之战的胜利而作，颂扬人

---

* 帕拉第奥主义是 1720—1770 年在英国兴起的一场建筑艺术运动，源于 16 世纪威尼斯建筑师安德烈亚·帕拉第奥（1508—1580）。——译者注

民英勇杀敌，击退英国侵略者，是布城最早的文学作品之一。这里我们引用一段，以窥全诗及新古典主义风尚之一斑：

> 啊，天主啊……
> 看看布宜诺斯艾利斯的子民吧，
> 劳工、学者、商人、工匠、孩子，
> 还有黑人和混血儿，
> 团结一心，集结成气势磅礴的军队。
> 天主啊！从耄耋老者，到蹒跚的小孩，
> 您神圣的火焰指引着我们所有民众，
> 集结成一支英勇的军队。

※

独立战争时期的城市建设活动本就不多，建筑基本没有保留下来。但是，五月广场边的布宜诺斯艾利斯主座教堂兴建了全新的外立面，采用典型的新古典主义风格，装有12根巨大立柱，成为阿根廷独立战争时期的建筑丰碑，至今保存完好。布城大主教贝尔格里奥曾主持主座教堂，现在已升任教皇，即教皇方济各。主座教堂的内部建筑则建于1770年。事实上，从17世纪早期开始，虽然历经重建和整修，主座教堂现在的位置上一直都有座教堂。新的外立面建于1822年，设计师是阿根廷籍的法国人普罗斯珀·卡特兰。教堂立面忠实地模仿了巴黎左岸的波旁宫，即法国国民议会所在地。如果参照建筑界的国际通行水准,布城的主座教堂算不得上乘之作。

尽管如此,波特诺人见到主座教堂崭新的外立面时,仍然眼前一亮。波特诺人大多从未出过布城,更别说到法国去逛逛了,所以他们从未见过如此"现代"的建筑。此前,布城的教堂和雷科瓦大拱廊都采用传统风格。此次主座教堂却大不相同,它有庄重的科林斯式立柱和匀称美观的山形墙,丝毫不亚于任何新潮的建筑。可以说,主座教堂既是布城第一座特地效仿欧洲的建筑,也是第一座现代建筑。刚刚扩建的市政厅和1818年完工的新雷科瓦拱廊和原有的建筑没有风格上的差别,也和西班牙帝国的大多数建筑一模一样。

图5-1 布宜诺斯艾利斯主教座堂(普罗斯珀·卡特兰于1822年设计)和五月方碑(弗朗西斯科·卡涅特于1811年设计)。(阿根廷国家档案馆)

相比之下，主座教堂则是太阳底下的"新事物"。

布城第二座新古典主义建筑是1811年建造的五月方碑。五月方碑其实算不上建筑，只是一座1810年五月革命的纪念碑。1936年，七月九日大道和科连特斯大道路口建了一座规模更大的方尖碑。但是，此前的100多年里，五月方碑才是阿根廷民族精神的纪念碑，是布城和阿根廷的焦点，也是阿根廷民族自豪感的源泉和见证。五月方碑高只有12米，虽然名叫Pirámide（即金字塔），但实际上是一座方尖碑。它颜色洁白，和主座教堂的白色立面交相辉映，矗立在当时棕色泥土地面的五月广场上非常显眼。200多年来方碑曾多次移址，现在位于五月广场正中心，就是原来雷科瓦大拱廊比雷耶斯拱门所在的位置。最初的方碑庄重朴实，新古典主义风格浓郁，在简洁朴素的基座上树立着庄重的石碑，碑顶上是个简朴的瓮罐。今天我们见到的五月方碑和最初的设计有所不同。这是因为19世纪中叶，方碑经过改造，细节上带有维多利亚的繁复风格，装饰上有一点道德主义的严肃味道，是当时布城设计师普莱里亚诺·普埃雷东的杰作。方碑碑顶竖立着一尊自由女神雕像。这尊雕像原是老哥伦布大剧院立面上的装饰，由法国人约瑟夫·德博迪奥安放在方碑顶端。当年老哥伦布大剧院就在五月方碑的东南方，拆毁后原址上建起了面对五月广场的阿根廷国家银行总部。

独立战争阶段，贝纳迪诺·里瓦达维亚曾设想改变布宜诺斯艾利斯的城市风貌，不过计划最终没有实现。里瓦达维亚于1826—1827年间执政，不少阿根廷人视之为第一任阿根廷总统。其实里瓦达维亚是拉普拉塔联合省的总统，而严格意义上的阿根廷共和国到

1860年才正式成立。

里瓦达维亚有幅绘于伦敦的非常有名的自画像，颇有安格尔[*]的画风。画中的他面色红润，手指粗壮，身形宽大，一副略显迟钝的样子。弯弯的眉毛之下却是一双又大又黑的眼睛，雄心壮志显露无遗。里瓦达维亚堪称当年南美的思想先驱，深受欧洲启蒙思想熏陶，理念超前。能和他相提并论的大约只有领导1781年上秘鲁暴动的混血领袖图帕克·阿马鲁二世。和里瓦达维亚同时代的名人玻利瓦尔和圣马丁虽然也游历欧洲，但是他们只追求国家政治上的独立，而非精神和智识上的解放。

里瓦达维亚是土生土长的布城人，也是提出"布城梦"的第一人。里瓦达维亚的理想是在拉普拉塔河西岸重建一座欧洲式的布宜诺斯艾利斯，一座文化久远、思想高贵的城市。他的梦想为许多后人继承——胡安·多明戈·萨米恩托、埃斯特万·埃切维里亚和托尔夸托·德·阿尔维亚尔等。他们一起奋斗拼搏，最终将布城变为南美"巴黎"。里瓦达维亚曾经说过，要将布城从西班牙殖民的统治中解放出来。西班牙虽然也属于欧洲，但可不是里瓦达维亚想要的欧洲。

里瓦达维亚在担任总统之前，就已经在文化方面为布城作了巨大的贡献。1820年和1821年，里瓦达维亚先后在巴黎和伦敦担任大使。他的任务是为刚刚独立的阿根廷筹集资金，但没有成功。里瓦达维亚富有远见，千方百计地劝说法国和英国的思想家、科学家

---

[*] 让·奥古斯特·多米尼克·安格尔（1780—1867），法国新古典主义画家、美学理论家和教育家。——译者注

第五章　独立战争（1806—1829）　　85

图 5-2　贝纳迪诺·里瓦达维亚。（阿根廷国家档案馆）

和艺术家集体移居布城，到当地施教，提升人口素质，但收效甚微。只有生物学家艾米·庞普兰德、建筑师普罗斯珀·卡特兰和画家查尔斯·亨利·佩列格里尼来到布城，这已是相当不易。

结束旅居生活返回布城之后，里瓦达维亚在布宜诺斯艾利斯省省长马丁·罗德里格斯手下担任部长。他精力充沛，斗志昂扬，着手创建了布宜诺斯艾利斯大学（简称 UBA）。如今，这所大学已成为南美高校的翘楚。他还创办了戏剧、地质、医学等专门领域的学校。阿根廷自然科学博物馆迁到世纪公园旁的现址已经 80 年了，当年如果没有里瓦达维亚的奔走疾呼，就不会有这座神奇、美妙但又资金短缺的博物馆。里瓦达维亚在布城各处创办学校，扩建了阿根廷国家图书馆。100 多年以后，著名作家豪尔赫·路易斯·博尔赫斯成为该馆馆长。

里瓦达维亚最大的目标还是改造城市本身。1827 年 5 月 9 日，他颁布了一部法律，目的是改造布城的棋盘式格局，打破街道单一、沉闷的面貌，设立新的道路等级体系。在所有措施中，最重要的是"从城北的拉普拉塔街起开辟 4 条街道，每条宽 30 米。第一条是科连特斯大道，第二条是科尔多瓦大道，第三条是圣菲大道，第四条距离五月广场 3 个街区，名叫洪卡尔大道"。而布城南部则规划了贝尔格拉诺大道、独立大道和圣胡安大道。此外这些宽阔的街道还计划铺上石质路面。80 年后，里瓦达维亚的规划终得实施，而他早已与世长辞。

和许多梦想家一样，里瓦达维亚缺乏实现愿景的能力，也缺乏游说民众的政治能力。往往要到半个世纪或更久以后，等到他的梦想大功告成，民众才意识到他多么深谋远虑。他曾经说服国会批准 100 万英镑的贷款来建设公共工程，结果这些工程根本开不了工。后来，那笔巨款全被贪腐的官员侵吞，直到 1904 年才完全偿清。此事可谓里瓦达维亚执行力欠佳的明证。

也许选举产生的领袖都难以驾驭独立运动的洪流，只有像下一章出现的罗萨斯那种独裁者才能控制时局。里瓦达维亚大概是最不适合治理乱世的政治家，上台执政不到一年就下了台，两年之后便流亡欧洲。1834 年，他试图重返故土，但并未如愿，只得再度流亡，于 1845 年在西班牙去世。和同时代的许多爱国者一样，他毕生为祖国的新生奋斗，却带着对祖国的满腹怨恨离世。里瓦达维亚甚至在遗嘱中写明，遗骨永不再回布宜诺斯艾利斯。可是，这最后的愿望也没能实现。今天，在昂赛火车站附近的弥赛莱利广场能看到一座巨大的坟墓，布城虽然纪念遗迹众多，此处也算规模宏大的一座，却凋敝不堪。坟墓四周安装着防盗门，倒影池里的水早已干涸，喷泉也已锈迹斑斑。这一带是布城最为凄凉的地方。在往来此地的匆匆过客和常年游荡在此的瘾君子中，恐怕没有一人知道这座纪念碑为谁而建，也没人知道里瓦达维亚的骨灰就埋在下面。

第六章

罗萨斯（1829—1852）

从古至今，独裁者众。不管品行多么恶劣，掌权时往往大兴土木，待到黄粱梦醒时，身后留下辉煌的宫殿和壮丽的体育场馆，甚至留下整座城市供后人品评幽微月光下的长街、鉴赏烈日光芒下的大道。可是，还有一些暴君，对城市文化即便不公开反对，也是漠不关心，其统治下的城市除了监狱和军营，什么也没有留下。

胡安·曼努埃尔·德·罗萨斯无疑属于后者。1829—1831年及1836—1852年间，罗萨斯两次出任布宜诺斯艾利斯省省长，名义上管辖布宜诺斯艾利斯市和布宜诺斯艾利斯省，实则统治了整个阿根廷。在罗萨斯统治下的近四分之一个世纪中，布城新建的建筑乏善可陈，连同音乐、诗歌、小说和视觉艺术也都凋敝凄凉，没留下什么有影响的作品。虽然这一时期布宜诺斯艾利斯港运行良好，英法商人和外交官大量涌入，但是这种世界主义风气却没渗入文化界。罗萨斯时期阿根廷确实出现了两部伟大的文学作品：萨米恩托的长篇小说《法昆多》和埃斯特万·埃切维里亚的政治讽刺小说《屠场》（*El Matadero*），但作者都是罗萨斯的反对者，作品均创作于流亡期间，强烈地表达了对罗萨斯刻骨的仇恨。

第六章 罗萨斯（1829—1852）

图 6-1 胡安·曼努埃尔·德·罗萨斯。（阿根廷国家档案馆）

罗萨斯虽然没有建造多少物理上的建筑，但毫不夸张地说，他为波特诺人造起了大量心理上的建筑——恐怖的建筑。直到罗萨斯下台，这些恐怖建筑仍然留在布城人心中。罗萨斯志向远大，立志要将族群变得俯首帖耳。他身后的一个世纪里，杀人如麻的暴君层出不穷，而罗萨斯简直算得上是独裁统治的始祖。一条街道要是新铺了路面或安装了照明的设施，就能改变人们走路的方式。民众心里恐怖的高墙也影响人们的抉择：走出家门，还是老老实实拉上窗帘待在家里。罗萨斯统治下的布城成了上演暴力戏码的剧场，恐怖成了训诫、恐吓市民的利器。罗萨斯在拉里奥哈省的盟友胡安·法昆多·基罗加遇刺后，立马逮捕和处决了刺客，并把尸体在市政厅的拱门悬挂了数日示众，以儆效尤。

罗萨斯神秘莫测，在漫漫历史长河中显得格外与众不同。他自己是全国首富，鄙视穷人却又被视为穷人的代言人。和众多独裁者不同，罗萨斯站上权力巅峰之前就完成了财富积累。他的钱财或是继承得来，或是合法赚得，可谓取财有道。他不贪财却深知财富能巩固权力，而谈到权力，起初他也似乎真心不以为意，甚至数度表达放弃权力的意愿。在阿根廷历史上，罗萨斯首度采取经济民族主义政策来对抗英法，收效显著，而后效仿者甚众。1845年夏，阿根廷和英法两国公开宣战，而罗萨斯对待英法大使仍然态度谦恭，甚至不免矫揉造作。此外，罗萨斯对城市建设毫无兴趣，他在巴勒莫建造的圣贝尼托大宅是掌权期间布城建造的唯一重要建筑。

罗萨斯与贝纳迪诺·里瓦达维亚截然不同。里瓦达维亚是理想主义者，内心受到欧洲启蒙思想的激励并努力为之奋斗。而罗萨斯本性就极端保守，对保守主义深信不疑。罗萨斯从内心深处反感里瓦达维亚之流，认为里瓦达维亚既无能力又缺常识，看不到世界其实是个霍布斯式[*]的屠场，无非你争我夺的残酷现实。他痛恨无政府的混乱状态，认定里瓦达维亚之流是1828年乱局的罪魁祸首，最后只能由他罗萨斯出面收拾残局。罗萨斯是个让人敬畏的经世之才，深谙权谋之道。简言之，如果说世间存在真正没有信仰、怀疑一切的人，罗萨斯就是一个。

罗萨斯明白，统治者必须摆出一副有所信仰的模样，为了获得

---

[*] 托马斯·霍布斯（1588—1679），英国政治家、哲学家。他指出国家是一部人造的机器，主张君主专制，利用宗教来管束人民，维护秩序。——译者注

权力和稳固根基，也必须容忍别人的愚蠢。要说他真有什么人生信条的话，在他晚年给友人的信件中有一段话大概算得上："如果连下层的民众都丧失了对法律和秩序的敬畏之心，也不再害怕上帝的惩罚，就只有绝对的权力能让百姓遵从上帝的意志和法律，尊重资本和拥有资本的人。"这番话，罗萨斯想必说得颇为真诚。

要理解罗萨斯的所作所为，就必须先了解统一党和联邦党持续不断的纷争。1862年，布宜诺斯艾利斯加入新建的阿根廷共和国，但无论此前还是此后，统一党和联邦党之争始终困扰着布城和阿根廷政界。正如美国建国初期，出现了联邦党人和杰斐逊支持派的争端：联邦党主张建立高度中央集权的、进步主义的政府，杰斐逊则主张建立准自治联盟。阿根廷的两党冲突在许多方面和美国都相似，只不过阿根廷的联邦党人和美国当年的联邦党人的政治主张恰好相反。

两派不仅政治上有冲突，审美和生活方式也不一样。统一党人热衷阅读拜伦和夏多布里昂*的作品，模仿二人的风格创作诗歌和散文。他们大多持技术统治论，喜爱学习和文化，爱穿欧式服饰，就连胡子都刮成U形，从一边鬓角经过下巴再连到另一边的鬓角，代表Unitarios(统一党)。而联邦党人正好相反。他们都是本土主义者，忠实于古老的本土传统，对外来的思想持怀疑态度。联邦派不信任政治制度，这样的立场促使各省本土政治强人崛起，例如拉里奥哈省的胡安·法昆多·基罗加、圣菲省的伊斯塔尼斯劳·洛佩兹、恩

---

*　夏多布里昂（1768—1848），法国作家和政治家。——译者注

特雷·里奥斯省的何塞·德·乌尔基萨和布宜诺斯艾利斯省的罗萨斯。联邦党人不爱欧式的长礼服，只喜欢穿本地特色的披风，下巴上留着胡子，还把嘴唇上方的胡子弄出各种造型。这些造型，统一党人连想都不敢想。

两派争端不断，无论哪派上台，执政能力都不足以稳定局势，导致阿根廷联邦一度处于无政府状态的边缘。此时，阿根廷和巴西又为争夺拉普拉塔河东岸的土地打了一仗。拉普拉塔河东岸本属拉普拉塔总督区，但是葡萄牙人（即当时的巴西人）从17世纪就觊觎此地，声称此地属于巴西并挑起了战争。阿根廷和巴西的这场战争不得人心，而且到了1827年就陷入僵局，久拖不决。里瓦达维亚递交了辞呈，联邦党人曼努埃尔·多雷戈上台执政，收拾残局。一年以后，英国出面从中调停，阿根廷和巴西签订了《蒙得维的亚条约》(*Treaty of Montevideo*)，双方都作出了妥协，谁也没得到争议的区域，故此都大为不满。而乌拉圭这个新生的国家趁此机会确立了独立的主权。这个结局对于阿根廷来说等于一场惨败。不久之后，整个阿根廷联邦崩溃，各省都开始蠢蠢欲动，统一党人抓住这个时机逮捕并处死了多雷戈。后世的百年历史中，类似的谋杀层出不穷，阿根廷政坛血雨腥风。多雷戈死后，胡安·拉瓦勒当选为省长。他参与谋害了多雷戈，选举的过程也不怎么光彩，10年后，拉瓦勒也像许多政治家一样未得善终。当时罗萨斯已掌权许久，拉瓦勒在北方领导反对罗萨斯的运动，被子弹击中身亡。拉瓦勒的追随者担心如果就地掩埋，遗骨难免会遭到亵渎，于是决定将尸体运往秘鲁。然而途中尸体就开始腐烂，只好煮得只剩骨头。待到多年之后，政治气氛有所缓和，拉瓦勒的遗骨才得以重回布城，埋葬于雷科莱塔国家公墓。

以上所说当然都是后话。此时，联邦党人胡安·何塞·比亚蒙特推翻了拉瓦勒的政权，为罗萨斯上台扫清了道路。罗萨斯的崛起有两个原因，一是他战胜了土著人，声名赫赫；二是他有能力击退进犯的军队，保卫了布城。150多年后的1976年，阿根廷受极端左翼影响，无政府状态持续了多年，民众苦不堪言，故而对军事政变持欢迎的态度。罗萨斯上台前的阿根廷也经历了多年动荡，人民期待出现一位政治强人来收拾混乱的局面。依照阿根廷联邦的法律，罗萨斯不过是布宜诺斯艾利斯省的省长，但布省在整个联邦中地域最大、财富最多、人口也最多，罗萨斯就成了阿根廷实际上的统治者。阿根廷历史上最伟大的将军何塞·德·圣马丁带领人民击退西班牙及其盟友，为国家赢得了自由和独立，故而阿根廷人誉之为"解放者"；而罗萨斯在阿根廷重建了秩序，摆脱了长期无政府的状态，人们（或至少他的盟友）称之为"重建者"。

在统一党和联邦党的纷争中，罗萨斯往往被视作后者的代表，但事实并非完全如此。一般看来，统一党擅长哲学思辨，往往长篇大论地阐释自己的立场。而联邦党不会用哲学术语解释自己的主张。阿根廷的联邦党人都是天生的保守派，热衷保卫自己的土地不被远在布城的中央政府侵占。但令人费解的是，在布宜诺斯艾利斯，针锋相对的两派势力却有一个共同的目标：确保布宜诺斯艾利斯省的领导地位。

———— ✻ ————

　　罗萨斯统治下的布城如被冠以"极权主义发源地"的名声，虽然令人悲哀，恐怕也不算过分。如果罗萨斯的统治还算不上真正的极权主义，也是因为那时单向性的大众传播尚未发明。政治迫害、威权政府和大规模视觉宣传都不是新鲜事，但是罗萨斯的统治还稍有不同。罗萨斯不仅干成了大多数统治者都想干的事：压制反对派，鼓励对自己有利的思想，还通过无穷无尽的宣传统一国民的思想，不允许他们以另外的眼光看待世界。整个布城都充斥着宣传的口号和战歌："阿根廷联邦万岁！"有些口号甚至是恶毒的诅咒："落后的统一党去死吧！"这样的强权统治称得上史无前例却后有来者，在整个20世纪层出不穷，让人不寒而栗。

　　罗萨斯管头管脚，甚至对波特诺人的装束也严加管束。女性必须扎上红发带，因为红色代表阿根廷联邦；男性必须佩戴刻有上述两句标语的徽章，而且必须按照联邦党规定的式样留起胡子。这样的规定执行了近25年。罗萨斯妻子恩卡纳西翁去世时举办了盛大的葬礼，庞大的送葬队伍将遗体从堡垒送至附近的圣方济各教堂。这一幕，好似100多年以后贝隆夫人葬礼的预演。整座布城都挂上了黑色的帷幔，哀悼活动持续了整整2年。罗萨斯还命令全省大大小小的教堂把自己的画像挂在祭坛中央，其实他本人健在，故此这样的命令也颇有几分荒诞。

　　无论极权政体还是威权政体，统治者难免要破坏监督与制衡政府权力的机制。阿根廷的政治制度刻意模仿美国的三权分立，但到

第六章　罗萨斯（1829—1852）

了此时，反对派统一党就成了罗萨斯的目标。罗萨斯还想尽种种办法，通过蓄意破坏或贿赂收买来扫除在司法和立法机关的障碍。在阿根廷历史上，这样的行径罗萨斯是第一个，但远不是最后一个。

要是口号、标语、画像、胡子和送葬的队伍全都没有达到预期的效果，那么就该罗萨斯的秘密警察部队马扎卡出场了。马扎卡是联邦党人民复兴会的武装部门，执行任务的对象是不受罗萨斯思想控制的人，通过恐吓使他们屈服，如果再不成功，下一步就是谋杀。马扎卡堪称东德国家安全部斯塔西、伊朗国家安全情报组织萨瓦克等一系列机构的先行者。"马扎卡"的本意是玉米穗，代表团结和联邦的力量。但在西班牙语里，"马扎卡"也和"更多绞刑"的发音接近，这种谐音联想恐怕正中当权者下怀。

罗萨斯执政期间，布城兴建了许多监狱，例如塞莱诺斯监狱、位于查克布克街的奎帝诺监狱、墨西哥街和德芳斯街路口的复兴监狱等，还有恶名昭著的圣托司·卢卡斯军事总部。总部位于五月广场以西16千米，在今天布城市域之外。罗萨斯政权执行谋杀时大部分都在光天化日之下进行，无须监狱高墙遮挡以掩人耳目；反而是在场的民众吓得不敢直视，只能转移视线佯装无事。马扎卡杀人的方法也有震慑作用。行凶者用刀干净利落地一划，从一侧划到另外一侧，遇害人的喉管立即割开，倒地身亡。西班牙语里有个专门的动词"degollar"（割喉），行凶者则被称为"degollador"。据说统一党人当权时，曾用这种方式迫害联邦党人，但"割喉"其实是潘帕斯草原加乌乔人宰杀牲畜的办法。萨米恩托曾写道："罗萨斯出于屠夫的本性，采用割喉代替枪决，这种加乌乔人杀牛的处决方式能给行凶者带来更多快感。"被害人死后，头颅还常被割下来，钉在几大广场的柱子上示众。

马扎卡的不少行动都暗中进行，但联邦党的非机关报《商报》（Gaceta Mercantil）常常肆无忌惮地公开报道，甚至还出现马扎卡成员的姓名。尽管国会早已成为罗萨斯政权的橡皮图章，俯首听命，马扎卡如果没有挨家挨户搜查的任务，还会跑到国会去恐吓议员。马扎卡的头儿名叫胡利安·冈萨雷斯·所罗门，原来是个街角干货店的老板。其余的成员不论职位高低，大多来自社会底层，有警察、巡夜人、惯犯和不良少年。

罗萨斯本人高度自律，他的恐怖统治也并非不分青红皂白，谋杀也全有特定的对象而且精心策划。恐怖统治主要发生在1839—1842年间，高潮出现于1840年9月23日至10月27日，当时正值法国封锁了布城，罗萨斯政权岌岌可危，布城的气氛甚是诡异，街道全都空空荡荡，只见马扎卡出没。马扎卡全都身披红色披风，头戴尖顶帽子，挥舞着枪支、大刀和棍棒，挨家挨户搜查反对罗萨斯的政治异己。英国大使曼德维尔平日里和罗萨斯关系不错，此时也不堪其扰，忍不住谴责在他家门口"生事的疯狂暴徒"。两年后类似的情况再次发生，曼德维尔再度强烈抗议，马扎卡居然收了手，停止了杀人。

审视和理解罗萨斯的恐怖统治，必须承认其政权严格的纪律性。布城历史上其他统治时期——20世纪50年代的贝隆政权、70年代蒙特内罗斯左派青年组织、1976—1983年间的独裁统治——规模更大而且完全失控，整个局势处于无政府状态，都和罗萨斯执政期间的恐怖统治有本质差别。他们以建立秩序为名，最终却导致秩序崩塌、局面失控的情况，在罗萨斯和马扎卡统治下从未出现过。

罗萨斯执政期间处死的确切人数，我们不得而知。《商报》的统计明确而保守：1829—1843 年间共有 500 人，其中 250 人是各省的异己分子，100 人是造反的土著人，还有 150 人是布城人。而反对派作家里维拉·英杜瑞特认为因恐怖统治被杀的有近 6000 人。但是，历史学家约翰·林奇表示"这个数字可能太高了"。林奇认为，"1829—1853 年由于政治迫害被杀害的，大约在 2000 人左右。这算不上大屠杀，而且被处决的人都经过仔细筛查和甄别。罗萨斯做过精心的测算，以便在被害者所处的圈子里产生必要的震慑效应。如果要问哪个政权通过恐怖的原则实现了有效的治理，非罗萨斯政权莫属。"

对自己的人民实施暴力统治，罗萨斯却从无悔意："这可恶的权力交到我手上并不意味着我不能犯错。为了拯救这个濒死的国家，我必须依照自己的判断，完全自由地行使权力，不受任何限制。"罗萨斯对自己犯下的错误毫不回避，他坦白的态度和冷静的口吻虽然不值得钦佩，但同后来那些同样残酷喋血布城街头却虚荣浮华逃避责任的执政者形成鲜明对比。

※

无论罗萨斯在世还是身后，他的形象总和阿根廷的内陆地区紧密相连，尤其是那些远离布宜诺斯艾利斯的边远省份。其实，罗萨斯是地道的布城人，在 1852 年逃离布城开始流亡之前，他在布城这个光彩熠熠、欧洲风情的首都度过了漫长的岁月。1793 年 3 月 30 日，罗萨斯出生在科伊街 94 号的一所小房子里，这条街位于现在布城的商业中心。有时历史的巧合颇有讽刺意味，科伊街现在名叫萨米恩托大道，而萨米恩托是罗萨斯的死敌，在卡塞罗斯战役中击败了罗萨斯。罗萨斯和恩卡纳西翁成婚后搬到了妻子家里，房子位于蒙塞拉特区玻利瓦尔街和莫雷诺街的路口。据说，罗萨斯常站在角楼的屋檐下观里亚丘埃洛河的风景，看港口来来往往的船只。

后来罗萨斯居住的地方是圣贝尼托大宅，位于现在的巴勒莫区。巴勒莫区得名于一位 17 世纪 90 年代在此居住的西西里商人，虽然现在是布城最大、最繁华的行政区，但在 19 世纪 30 年代罗萨斯买下这一带时只是一片沼泽地。巴勒莫区离五月广场约 5 千米，当时由于雨水淤积，再加上拉普拉塔河经常泛滥，没有通往市里的路。直到 19 世纪晚期，巴勒莫区都算是布城的远郊，只有一些夏日别居和农场，还有一些砖厂，因为烧砖时会散发难闻的气味，故而只能把砖厂建在远离城市的地方。

罗萨斯把自己的豪宅建在巴勒莫区。在他流亡后，大宅完好地保存了近 50 年，故此留下一些精美的照片，后人才有幸一睹它的风采。整座宅院占地 2.5 平方千米，以当时的标准看，规模大得惊人。设计上，宅子和许多当代乡村别墅非常接近。但当代乡村别墅多用木材，而罗萨斯的大宅则以刷白的砖头为材料。大宅由费利佩·塞尼罗萨设计，采用新古典主义风格，单层平顶，于 1838 年完工。宅院正中是座庞大的建筑，四角有四座规模稍小的方厅。所有的建筑

图 6-2　费利佩·塞尼罗萨为胡安·曼努尔·德·罗萨斯设计的大宅,于 1838 年完工。(阿根廷国家档案馆)

都有极其精美的拱廊环绕,这个设计在当时看来非常超前。

大宅不仅是罗萨斯的家,还是布宜诺斯艾利斯省政府所在地(故此,也可说是阿根廷中央政府所在地),300 多名员工在此穿梭忙碌。庄园设计奢华,内设私人动物园,珍奇异兽应有尽有。若是学习古罗马地形测绘的学生到了这里,定会感叹大宅颇有暴君尼禄(Nero)*的奢华之风。宅中还有 3 名小丑,负责插科打诨、嘲笑政敌,为罗萨斯消烦解闷。大宅的一切开销都由罗萨斯自己支付。此宅还

---

*　罗马帝国第五位皇帝。——译者注

对市民开放，布城市民可以漫步豪宅的园林美景之中并享受免费的餐食。罗萨斯如果不在家，则由女儿曼纽里塔代为行使主人的职能。曼纽里塔处事周到得体，就连最仇视罗萨斯的政敌对曼纽里塔都没有半句微词。早在19世纪40年代，罗萨斯的大宅差不多就成了布城的第一座公园。到1852年罗萨斯下台，大宅就改造成了二月三日公园*，直到今天仍是布城最美的公园。

今天，来到二月三日公园的游人，依然能看得到罗萨斯大宅当年的依稀风采。罗萨斯当年爱乘着汽船徜徉在园里的小湖，现在面貌依旧，成了游客喜欢的野餐场所。宅院里的建筑在罗萨斯下台后的近半个世纪里仍然发挥着重要的功能，直到1899年爆破拆毁方才烟消云散，只有利贝尔塔多大道几米远的地方留下六七块红砖而已。据说，法国雕塑家罗丹创作的萨米恩托雕像所处的位置正好是罗萨斯当年的卧室，让人不由感慨造化弄人。

罗萨斯对布城的贡献不多，主要集中在基础设施建设。例如，他下令延长了阿拉米达林荫道。1780年，总督瓦提兹建造了这条位于布城东端的林荫道。道路紧贴着拉普拉塔河边，本来长度仅跨越3个街区，6分钟就能走完全程。罗萨斯将阿拉米达林荫道向北延伸了6千米，直抵他在巴勒莫区的宅院，向南则延伸了1.6千米至圣胡安大道。阿拉米达林荫道是布城当时唯一有行道树的街道，这次改造也是布城历史上第一次规划和营造城北的半野生农场、消暑

---

* 2月3日是罗萨斯战败的日子，该公园现名巴勒莫森林公园。——译者注

别居和泥滩，后来才逐渐形成了现在的诺尔特区。延伸后的阿拉米达林荫道是利贝尔塔多大道的前身，后者是当今布城最重要的街道之一。

1845年，罗萨斯决定要为拉普拉塔河的布城段修筑堤坝。这是他执政期间最重要的工程，也是他延伸阿拉米达林荫道的借口。布城和拉普拉塔河的关系奇特甚至对立，成为布城发展史上反复出现的主题。罗萨斯的河堤筑成前，市民可以直接走到河边。250年间，他们就在河里洗衣服，温暖的夏夜里河里也有不少人嬉水，大家都习以为常，谁都没觉得这有什么问题。罗萨斯要建设河堤，也许是因为控制一切的顽固念头促使他做出这个决定：不仅要控制市民的行为，还要让任性的大自然也俯首帖耳。一张1865年的照片向我们展示了开工20年后整洁漂亮的堤坝。以往狂暴无序的河水首次建起了秩序，甚至还有一丝文明的感觉。过去，布城周围环绕着陡峭的巴兰卡，从高地延伸至河滩。堤坝建成后，从河里运来的淤泥将此处填成了平坦的滨河大道，高出拉普拉塔河水面和沙洲约6米。滨河大道的边上竖起了熟铁护栏，还安装了一排排的缆柱。

※

罗萨斯政权最终还是覆灭了。在波特诺人、阿根廷人和世界人民看来，1845年是罗萨斯的巅峰时期。那一年，英法舰队封锁了布宜诺斯艾利斯港，罗萨斯领导阿根廷人民，在伍艾尔塔·德·奥伯里加多一役击溃了敌军。1846年，罗萨斯以极其高效的工作效率解散了马扎卡，扫清了执政的障碍。

　　罗萨斯执政期间的暴力手段可谓无所不用其极。但讽刺的是，促使布城人开始反对他的事件，远不是最暴力的一桩——1847 年，24 岁的耶稣会士拉迪斯劳·古铁雷斯和 23 岁的卡米拉·奥戈曼相约私奔。奥戈曼出身名门，是雷孔基斯塔之战的英雄、总督圣地亚哥·德·利涅尔斯的孙女，也是罗萨斯的女儿曼纽里塔的好友，经常出入罗萨斯位于巴勒莫的别墅。古铁雷斯是索科罗圣母堂的教区牧师，这座教堂离圣马丁广场不远，今天依然矗立在苏帕查大道和洪卡尔大道的路口。当年这对年轻的情侣私奔到了科连特斯省，在一个边远的小镇戈雅镇安顿了下来，隐姓埋名，还建起了一座小学校，以夫妻的名义过起了日子。然而好景不长，这件事成了巨大的丑闻，二人也终被发现并带回布城，被关押在臭名昭著的圣托司·卢卡斯军事总部。此时，蒙得维的亚和智利圣地亚哥的反对派报纸纷纷大肆渲染，罗萨斯最大的政敌萨米恩托也兴奋异常，将此事视为罗萨斯道德沦丧的证据。历史学家林奇评价道："罗萨斯颜面尽失，个人权威也遭到严重挑战。"曼纽里塔出面试图替这对年轻人说话，但一切都是徒劳，她只能为牢房中的好友送去书籍和钢琴，聊以慰藉。罗萨斯则铁石心肠，不为所动，声称丑闻"危及全社会的道德观念和神圣的宗教规范，自己必须要拿出无可争辩的力量"。当年 8 月 18 日，行刑队枪决了古铁雷斯和身怀六甲的奥戈曼。波特诺人对这对情侣心怀同情，对此事的处置也颇有怨言。同时，几年前的恐怖风潮现在终于平息，布城人也十分担心胆战心惊的日子再度降临，虽然民众都敢怒不敢言，

第六章 罗萨斯（1829—1852）

但罗萨斯从此后便大失民心。

三年半后，罗萨斯的末日终于来临。当时，正值铂金战争爆发，交战的一方是罗萨斯领导的阿根廷联邦，另一方是意图扩张势力的巴西，还有巴西的盟友乌拉圭、谋求分裂的恩特雷·里奥斯省和科连特斯省。在战争爆发之前，罗萨斯犯下了政治生涯中最严重的一次错误：他将一支军队派往恩特雷·里奥斯省并将指挥权交给了省长何塞·德·乌尔基萨。更要命的是，这支军队的装备远好于罗萨斯自己的部队。现在这支军队却调转枪头向罗萨斯进攻。乌尔基萨之所以反对罗萨斯，是因为他看穿了罗萨斯欺骗别人的可笑把戏：罗萨斯一边满口联邦党人的那套说辞，一边坐在布宜诺斯艾利斯向整个阿根廷发号施令，严密地控制着全国。1852年2月3日，两军在卡塞罗斯镇交火，罗萨斯被打得落花流水。卡塞罗斯镇在布城以西，离今天的帕兹将军大道仅几千米。敌军逐渐向巴勒莫的圣贝尼托大宅逼近，罗萨斯只得在英国人的帮助下悄悄逃走，流亡到英格兰的南安普敦。

流亡后，罗萨斯在英国生活了25年，直到1877年去世，享年84岁。他在阿根廷的所有财产都收归国有，故此只能靠朋友接济。此外他也亲自种地，得些微薄的收入贴补生活。在英国期间，他屡次试图重回布城，但均未成功。女儿曼纽里塔追随罗萨斯来到英国，一直尽心照顾他，却因为嫁了他不满意的女婿，罗萨斯为此与曼纽里塔断绝了父女关系。曼纽里塔在英国生活了45年，于1897年去世，享年81岁。

迄今为止，在阿根廷和布宜诺斯艾利斯的历史上，罗萨斯都是最有争议的人物之一。卡塞罗斯之役战败后，罗萨斯丧失了一切权力，统一党人迎来全面胜利。这场胜利的影响持续了近一个世纪，直到1946年胡安·贝隆上台执政。统一党人掌权期间，罗萨斯政权的历史全由政敌写就，评价极其负面。直到今天，人们提到罗萨斯时总是会不由自主地谴责一番。

在阿根廷血腥的历史中，罗萨斯可能是最为保守的统治者。左派人士曾试图为他恢复名誉，1999年，巴勒莫罗萨斯宅院的原址附近竖起了一尊罗萨斯骑马的雕像。但这尊雕像纪念的不是罗萨斯的统治，而是他击溃英法侵略者，取得了伍艾尔塔·德·奥伯里加多战役的胜利。这场胜利意义非凡，连最坚定的统一党人也为之叫好。此外，罗萨斯的雕像安放在萨米恩托大道，与罗丹制作的萨米恩托雕像面对面。最近，布城地铁C线的终点站也命名为"罗萨斯站"，可是前一站却叫埃斯特万·埃切维里亚站。也许，全阿根廷比萨米恩托更仇视罗萨斯的，大概也只有埃切维里亚了。

近年来，阿根廷政坛发生的状况却极为讽刺。自诩进步的贝隆主义派和基什内尔派竟然为阿根廷历史上最为保守的领袖高唱赞歌；为了能建立"美洲土著联盟"（支持土著民族的泛南美洲运动），竟然颂扬罗萨斯，而掩盖他毕生的追求就是将自己的霸权凌驾于全国之上；为了实现经济再分配的目标，坚决捍卫寡头集团利益的全国首富。若罗萨斯的在天之灵见到这一切，不知该作何感想？

第七章

大村庄（1852—1880）

如果将布宜诺斯艾利斯比作一个人，他成年之后，无论身体上还是精神上都未留下童年的痕迹。他似乎把童年的时光忘得一干二净。除了胡安·德·加雷的棋盘式街道以及五月广场的中心地位，布城早期的历史和现今的状况已无多少关联。市政厅依然还在，但是经过大幅修整，规模也缩减不少。剩下的就是几座18世纪的教堂，风格还跟布城格格不入。

罗萨斯的时代一去不返。显而易见，罗萨斯倒台后，甚至短短几个月之后，布城这座伟大的城市就开始觉醒了。毫不夸张地说，统一党建立新政权标志着布城正式开启真正的历史，而此前的一切，不过是序幕而已。

卡塞罗斯战役失败，迫使罗萨斯流亡海外，也结束了地方政治对国家的统治，标志着统一、现代的阿根廷终于出现。但是对布城来说，1852年的卡塞罗斯战役的意义不仅于此，它还是布城历史的分水岭，将布城的历史分为两段：第一段是1580—1852年，第二段从1852年开始直至今天。从此时开始，我们才能看到现代布城的影子——虽然也不过是个雏形而已。

罗萨斯倒台后，人人都明白维持和平实属不易。击败罗萨斯的势力又分为两派：一派是萨米恩托代表的统一党人，向来和罗萨斯立场不同，格格不入；另一派是乌尔基萨代表的联邦党人，他们认为罗萨斯为了布宜诺斯艾利斯的利益背叛了联邦的其他省份。这两派之间也是纷争不断。罗萨斯下台后的两年间，由乌尔基萨代行阿根廷联邦首脑的职责。乌尔基萨是卡塞罗斯战役的赢家，治理国家不可谓不尽职，但他是联邦党人，自然采取联邦党的政策，各省平分了国家的财富。这样一来，布城得到的份额，分给了八竿子打不着的省份，比如遥远且陌生的拉里奥哈省和胡胡伊省。布城市民当然不甘心眼睁睁看着自己的财富被瓜分。

1852 年 9 月 11 日，趁着乌尔基萨出访恩特雷·里奥斯省，波特诺人撕毁了几个月前签下的《联邦条约》，宣布布宜诺斯艾利斯省独立并推选瓦伦汀·阿尔西纳出任省长。故此，除了布省之外，每个省都兴高采烈地批准了《联邦宪法》。乌尔基萨很快采取了反制措施，于 1852 年 12 月 6 日到 1853 年 7 月 12 日对布省实施封锁。布省是全国最大、最富有的省份，联邦也奈何不得。最终双方达成了对布城更有利的协议，联邦解除封锁，波特诺人则保留了独立的地位并控制着港口的收入。

从 1853 年 6 月到 1859 年 10 月的 6 年间，布宜诺斯艾利斯省成了一个独立的主权国家——"布宜诺斯艾利斯国"，但仍保留以前的联邦义务，以确保阿根廷经济整体运行。布宜诺斯艾利斯国声称对潘帕斯草原大部分地区和福克兰群岛（阿根廷称为马尔维纳斯群岛）享有主权。乌尔基萨在布城执政时，布城人对罗萨斯残余势力虽有不满却压制着怒火。乌尔基萨一走,布城人的怒火便加倍爆发了。1854年10月17日,几个曾经效力于罗萨斯秘密警察部队的马扎卡成员被吊死在维多利亚广场*雷科瓦大拱廊的中央拱门上,另有两人在独立广场被执行枪决。

这一阶段,布城和布省最有影响力的政治人物非帕斯特·奥博利戈多莫属。奥博利戈多是布省省长,律师出身,曾是罗萨斯忠诚的盟友。罗萨斯的信徒居然能在统一党人执政期间如鱼得水,这似乎是个悖论,但悖论就这样真实地发生了。本书在此前说过,布城联邦党人的意识形态和生活态度与统一党人有天壤之别,但在确保布城本地收入不外流方面却目标一致。布省过去是阿根廷最有影响力的省份,无论本地的联邦党还是统一党都不希望布城今后的地位下降,沦落到受制于人的地步。这些观念奥博利戈多深以为然而且不遗余力地宣传,其热情无人能及。和罗萨斯不同的是,奥博利戈多是个进步主义者。他推动大量学校恢复教学,其中最著名的当属罗萨斯当权时关闭的阿根廷国立中学。奥博利戈多还大力加强基础设施建设,如引进了煤气灯和室内供水设施。这些进步看似毫不起眼,却意义非凡——它改变了布城市民公共生活和居家生活的方式。

布宜诺斯艾利斯国只维持了短短6年。1859年,乌尔基萨率领的部队在塞佩达战役中战胜了波特诺人,夺回了布城的控制权。布城人和乌尔基萨在弗洛雷斯的圣何塞签订了《弗洛雷斯圣何塞条约》(*Pact of San José de Flores*),同意遵守1853年的《联邦宪法》,

---

* 雷科瓦大拱廊建成后,五月广场被分为两个广场,西边的一个即为维多利亚广场。——译者注

但并未真正融入阿根廷联邦。乌尔基萨的胜利不过昙花一现，1861年，他在帕翁战役中被巴托洛梅·米特雷击溃。在随后进行的大选中，米特雷当选阿根廷共和国首任总统，布省也终于成为阿根廷共和国的一部分。

❋

米特雷的先祖来自希腊（米特雷是"米特雷波罗斯"的缩写），但他家已在布城生活了近百年，故此，米特雷觉得自己是地地道道的布城人。1821年6月26日，米特雷出生在拉瓦勒街和苏帕查大道路口的房子里。那地方现在热闹非凡，有很多电影院和牛排馆。米特雷在圣尼古拉斯·德·巴里教堂受了洗礼，这座教堂现在就在布城地标方尖碑的位置上。

米特雷很早就展现出了文学天赋，而且他足智多谋，日后注定会遭到罗萨斯和联邦党人忌惮。他不到20岁就横渡拉普拉塔河，逃到统一党的大本营蒙得维的亚。他在那里学习了火炮知识并在20年后的帕翁战役中派上了大用场。米特雷在乌拉圭发表了不少诗歌和散文。那个年代，正值法国浪漫主义进入阿根廷，米特雷的诗歌带有典型的浪漫主义色彩，时代特征鲜明。米特雷早期的作品尚显稚嫩，但是已然充满爱国的热情和流亡的痛楚。在阿根廷早期的文学作品中，米特雷对布城的赞美最为情深意切，对布城的爱也最为真挚强烈：

啊，我的故乡！啊，布宜诺斯艾利斯！

你让我魂牵梦萦，停留在记忆里挥之不去，

将我带回从前，在你温暖的怀抱里，

重温那些欢乐的日子。

我曾在拉普拉塔河边沉思，

芬芳的树木为我遮阴，

那些无忧无虑的快乐光阴，

就这么一去不返，

让我时常陷入无尽的回忆。

※

19世纪，从未有人对布城有如此强烈的情感，更别说创作出这样的作品了。

图 7-1 巴托洛梅·米特雷。（阿根廷国家档案馆）

多年来，米特雷漂泊不定，一直流亡于玻利维亚和秘鲁，后来才在智利为自己、妻子和 6 个孩子谋得一处安身之所。流亡途中，米特雷遇到了形形色色的印第安人，他便开始研究印第安语。后来，他在智利的圣地亚哥遇到了业已成名的萨米恩托，开始为统一党的报纸《进步》(*El Progreso*)工作。20 年后，米特雷成为阿根廷总统，为了报答萨米恩托的知遇之恩，任命他为阿根廷驻美国大使。1868 年，萨米恩托成为第二任总统。

卡塞罗斯战役后不久，米特雷回到布城并迅速成为一位领袖人物。1853 年，他参与了抵抗乌尔基萨封锁的战斗，头部受了伤。此后但凡露面他都戴着帽子，就是这次受伤落下了病根。但是，米特雷最多只能算个业余的平民军人，他一直都醉心于陶冶个人情操。他兴趣广泛，是 19 世纪最令人仰慕的天才。流亡途中除了研究各种土著语言，他还抽空翻译了《神曲》(*Divine Comedy*)和《贺拉斯颂歌》(*Odes of Horace*)。他为"解放者"何塞·德·圣马丁撰写了 6 卷本传记，为圣马丁的副官曼努埃尔·贝尔格拉诺撰写了 4 卷本传记，这些传记现在仍然是学生学习阿根廷史的推荐书目。米特雷一生笔耕不辍，创作了大量诗歌，还写了一部小说。他对阿根廷文化事业影响最为深远的贡献，也许要算 1870 年创办的报纸——《民族报》(*La Nación*)。150 年后的今天，《民族报》仍是阿根廷最受赞誉的报纸。

米特雷在圣马丁街 336 号的住所里创作了上述作品，这幢房子离他出生的地方只有几分钟路程，现在已成为米特雷博物馆，以纪念其总统生涯。参观博物馆不仅能了解米特雷本人，而且还可一窥

第七章 大村庄（1852—1880）

19世纪下半叶布城上层资产阶级的生活状况，颇值得一看。米特雷家里有镀金的穿衣镜、大理石壁炉、豪华的四柱床、法式厕所，还有当时的必备品：厚重的橡木书桌和桌球台。当年这幢房子已属比较豪华，可见当时商界和职业精英的偏好。家具陈设虽然尽显19世纪中叶的精致奢华之风，但和光秃秃的木地板显然不相称。如果把米特雷故居的陈设风格和19世纪晚期布城的"镀金时代"对比一下，就会发现鲜明的差异。"镀金时代"虽然有文饰过度的毛病，华而不实甚至颓废堕落，但也算得上一种真正的风格；而米特雷故居则处于过渡的中间阶段，上承殖民时代的简朴，下启法式宫殿的辉煌。相比陈设，米特雷的6万册私人藏书更能让来访者惊叹不已。

米特雷纪念碑是一尊骑马的雕塑，可谓布城最漂亮的纪念碑之一。纪念碑位于绿草如茵的米特雷广场，构思巧妙，设计精心。纪念碑建造于1927年，出自爱德华多·鲁比诺和大卫·卡兰德拉之手，由青铜铸造。雕像的大理石材质底座高6米，在阳光下熠熠生辉，其上竖立着米特雷骑着高头大马的青铜像。纪念碑安放在陡峭的巴兰卡之上，眺望着拉普拉塔河，巴兰卡坡下就是利贝尔塔多大道。在晴朗的日子里，如果坐在阿根廷国家美术馆和阿根廷国家图书馆之间的草地上晒太阳，抬头仰望距离地面12米高的雕像，会产生米特雷就要骑马冲下巴兰卡的错觉。

※

米特雷是坚定的统一党人，一上台就恢复了布城在全国的优势地位。但是布城和阿根廷国家的关系在历史上一直是个复杂而又模糊的问题。从米特雷就任总统开始，到萨米恩托总统（任期为1868—1874年）和尼古拉斯·阿韦亚内达总统（任期为1874—1880年）继任时期，严格说来，布城都不是阿根廷首都，只是阿根廷政府机构所在地。依照法律和协定，布城应由布宜诺斯艾利斯省省长掌管，而阿根廷的总统、立法机关和司法机关不过是客居而已。

从1852年罗萨斯下台到1880年布城正式成为阿根廷首都，布城的地位一直模糊不清，这一阶段布城的建筑也受到了直接影响。许多建筑过于简单朴素，仅使用了20多年，待到布城正式成为首都后便又推倒重建。1880年前的建筑，实际都只是市政大楼的气派和形制，用作国家机构驻地略显寒酸。例如，1865年建成的国会大厦，坐落在五月广场斜对面，由何纳斯·拉吉亚设计，堪称惊世佳作，但后来被拆除。这座大厦的中央立面形似神庙，有三个拱门，门上均有三角形的山形墙，两翼还有拱门、拱卫，整体效果有力而和谐。中间三个拱门设计极为巧妙，别具一格地将学术传统转换为真实的建筑。如此成功的案例，无论在布城还是世界其他地方都十分罕见。

奥博利戈多、米特雷和后来的两任总统执政后，布城历史上第一次出现了较多规模宏大的新建筑。除了国会大厦这样极少的案例外，这些建筑都算不得上乘之作，但这个时期，布城人毕竟开始注重建筑的装饰和美学功能了。近300年来，除了主座教堂的新古典主义立面，布城建筑一代又一代地因循不变。到了此时，方才出现了真正意义上的建筑。这个时期的建筑虽然并不完美，但是彰显着自己的美学宣言，体现着布城人自觉的艺术追求。也有人认为，罗萨斯的统治将布城压抑得太久，此时出现较多具有较好艺术品位的建筑是对罗萨斯政权倒台的回应——艺术的冲动，压抑之后终获自由，故此喷薄而出。

从建筑史看，这个时期布城建筑的风格应为维多利亚式，而非布杂派。虽然"维多利亚"这个标签并不完全合适，但为简便起见，我们姑且用之。维多利亚式建筑是个笼统的概念，包括很多泛西方的特征，从圣彼得堡到都柏林，从波士顿到布宜诺斯艾利斯，分布非常广泛，同时也具有地域特征，生长出许多变体。此时法国刚刚进入"美好年代"，后来大名鼎鼎的布杂派欧式建筑尚处于萌芽阶段，影响仅局限于巴黎，待到19世纪90年代方才进入布宜诺斯艾利斯。罗萨斯政权被推翻后，布城的建筑出现了些许装饰效果，而布杂派建筑则有巨大的体量和气势以及极尽繁复的装饰。布城的维多利亚式建筑艺术品位初成，较为重视立面装饰（而非结构装饰），多采用意大利文艺复兴的建筑方式（而非后来的法国巴洛克风格），由此形成了明显的本地特色。

这一时期布城建筑业的环境和美国正好相反。19世纪中期的美国除了理查德·莫里斯·亨特这样的特例，本土的建筑师尚未有机会留学海外，更别说到巴黎国立美术学院这等名校求学。美国也吸引不到海外的建筑师到美国大显身手、施展他们独特的设计才能。故此，美国建筑基本上全由本土设计师操刀，可谓自成一派。建筑师们只能学习建筑图集，获取些欧洲大陆建筑发展的二手信息，拼凑出自己的设计。除了一小部分建筑尚有艺术气息，当时的美国建筑整体说来略显土气，设计水准也颇为业余。

然而在布城，所有重要建筑的设计师都是外国人，再者就是和母国联系密切的第一代移民，这种状况一直延续到20世纪。只要建筑不是泥土和草秆材质的单层民居，设计师必定是外国人，这似乎成了布城的一个悠久传统。18世纪布城的三大建筑师分别是德国的约翰尼斯·克劳斯、意大利的乔瓦尼·巴蒂斯塔·普雷莫利和安德烈·布朗基。19世纪早期最重要的建筑师是法国人普罗斯珀·卡特兰和皮埃尔·伯努伊。罗萨斯政权倒台后，压抑许久的建筑热情被重新点燃，来自欧洲各地的建筑师纷纷涌向布城，达到了数百人。只要看看下面的名字，就知道建筑师来源有多广泛：亨利克·艾伯格、乔瓦尼·阿纳尔迪、奥拓·冯·阿尼姆和爱德华·泰勒。

这个阶段的布城面貌发生了很大变化，拆毁旧建筑比建造新房子更让人惊叹。帕斯特·奥博利戈多一上台，首先拆除了五月广场上的堡垒。这座堡垒风格庞杂，从建成之初就成为布城的标志。只要堡垒一天不拆除，布城的心脏位置就一直矗立着一个丑陋的庞然大物。若是有人乘船来到布城，第一眼看到的就是这个堡垒。它已成为西班牙殖民统治的象征，代表着沉重的伊比利亚历史。堡垒拆除了，波特诺人定会觉得如释重负。

堡垒拆除后的20年间，五月广场周围的城市空间也发生了巨变。新政权发起的诸多建设项目之一就是1855年开工的哥伦布大剧院——布城第一座真正的歌剧院。现在位于拉瓦勒广场享誉世界的哥伦布大剧院建成于1908年，但布城本地人大多也都不知道那实际上是第二座以"哥伦布大剧院"为名的建筑，和第一座规模相当但装饰更为豪华。第一座哥伦布大剧院位于五月广场边上，玫瑰宫以

图 7-2 第一座哥伦布大剧院（查尔斯·亨利·佩列格里尼设计，1855 年）。（阿根廷国家档案馆）

北，这里原是胡安·德·加雷名下的农田。第一座哥伦布大剧院的设计师是法国人查尔斯·佩列格里尼。佩列格里尼在 30 年前来到布城，和布城的其他建筑师一样，在罗萨斯执政期间靠卖画勉强度日。但他的儿子卡洛斯·佩列格里尼日后成了阿根廷总统，在雷蒂罗区的卡洛斯·佩列格里尼广场中央便矗立着一尊佩列格里尼总统的雕像。在第一座哥伦布大剧院拆除后，1938 年在原址上建设了阿根廷国家银行的第二座总部大厦，设计师为亚历德罗·巴斯蒂罗。

从目前留存的照片看，第一座哥伦布大剧院的设计至少从外观来说水平不高，但依然对同时代的其他建筑产生了影响。这个剧院基本上就是个极其简单无趣的三层盒子，占据了整个街区。一排排的圆顶窗户镶在粗糙的窗台上，还略显随意地增加了壁柱和暗龛。当时，建筑装饰的价值在布城尚属颇有争议的话题，剧院的装饰大约也局限于外立面，内部则非常朴素。这幢建筑后来经历了两次改建，一次是19世纪70年代，另一次是1910年前后，当时已卖给阿根廷国家银行用作银行总部。两次改建充分显示了布城建筑师逐渐增长的信心和品位：装饰品质不断提升，设计师日益关注外立面的美学效果，外立面占用的空间也越来越大。

从装饰和规模看，玫瑰宫比起第一座哥伦布大剧院只能算是略胜一筹。玫瑰宫是阿根廷联邦政府所在地，建于1880年前后，是留存至今的同时代建筑中最有名的一幢，同时也是世界最古老的总

图 7-3　玫瑰宫的中央拱门，由弗朗西斯科·坦布里尼设计。（阿根廷国家档案馆）

统府之一。玫瑰宫颜色奇特，好似泡泡糖的粉红混合了牛血的鲜红。它由两幢已存在的建筑改建而成，一幢位于北面，是1873年开建的政府大厦；另一幢位于南面，是1882年开建的全国邮政总局大厦。两幢大楼分别由建筑师亨利克·艾伯格和卡尔·奥古斯特·基尔伯格设计，二人均来自瑞典，同属一家建筑设计所。两幢大楼都是宫殿建筑，规模、形状和设计风格也几乎完全相同。每幢大厦的中部都有复折式屋顶，两边各有一座侧楼。和同时期其他建筑一样，这两幢大厦都是意大利风格，大量使用了佛罗伦萨式窗户。相比哥伦布大剧院，这两幢建筑都有了一些改进，但是1880年接管它们的联邦政府觉得每一幢都不够宏伟，功能也不全面。故此，联邦政府于1886年聘请胡安·安东尼奥·布斯基亚佐负责改建。布斯基亚佐把邮政总局大厦南翼和南面的侧楼拆得一干二净，然后用一座凯旋门将邮政总局大厦和北面的政府大厦连接起来。玫瑰宫实际上并不对称，原因即在于此。我们不得不由衷地佩服布斯基亚佐：他接手了这桩吃力不讨好的工作，把两幢大厦天衣无缝地整合在了一起。

罗萨斯倒台后，布城大兴土木，最早建成的一批就有新海关大楼（即第四章提到的泰勒海关大楼）。此楼和第一座哥伦布大剧院一样，建成时均是全国第一大建筑，但不久就被规模更大的国家监狱取代。罗萨斯虽然犯下许多罪行，但其执政期间布城的贸易有了大幅增长。布城自1778年总督区成立之初就把海关设在了多明戈·巴萨维尔瓦索的私宅里，直到1857年布城海关搬入新址。布宜诺斯艾利斯港实际上承担着全国的货物吞吐量，随着贸易增长，巴萨维尔瓦索的土坯平房早已不敷使用。帕斯特·奥博利戈多清醒地意识到海关面临的问题，打算在已经部分拆除的堡垒东边再建造一座新的海关大楼，为此还专门举办了一场设计比赛。

最终，爱德华·泰勒的设计方案被选中。泰勒是伦敦人，1824年来到布城，和佩列格里尼一样经历了罗萨斯执政的30年。好在来到布城的英国人越来越多，需要在雷蒂罗区和雷科莱塔区兴建住宅，泰勒就靠为他们设计小型的乡村别墅维持生计。泰勒获奖时已经54岁，曾经籍籍无名的小人物突然出了名，即将操刀建设阿根廷史上最壮丽的建筑。这幢海关大楼后来就被称作泰勒海关大楼。此时布城建筑的审美已经有所改变，每幢像样的公共建筑（例如哥伦布大剧院）总要有些装饰，比如弄些古典主义的花饰和褶边；而这座海关大楼几乎没有装饰，称之为"基础设施"或许比"建筑"更合适。

图 7-4　泰勒海关大楼，1857 年建成。（阿根廷国家档案馆）

第七章　大村庄（1852—1880）

　　泰勒海关大楼呈巨大的半圆形，建成运行了40年后被拆除以建设马德罗港。今天，这座建筑已经消逝了120年，旧址成为哥伦布公园。然而从公园的轮廓依然能够看出海关大楼当年巨大的体量（公园比大楼稍大，轴线也不完全和大楼相同）。从现存的照片看，海关大楼颇有古罗马实用主义建筑的遗风，堪比图拉真市场和奥勒良城墙等古罗马建筑的杰作。同时，大楼的设计也体现了灵光一现的创意：三层半圆形结构外部环绕着上百个拱顶，好似一幢鸽舍，可谓建筑史上的首创；大楼的最东端又叠起了两层楼，构成一个风格独特的拱顶，上面矗立着高高的灯塔，如此设计迎合了当时追求装饰效果的建筑品位。海关大楼还建造了一座海关码头，长度近300米，从灯塔的位置伸入拉普拉塔河里；不久，海关码头北面800米的地方修建了第二座码头，即游客码头；然后，游客码头北面800米的地方又修了第三座码头——圣卡特琳娜码头。

　　泰勒海关大楼和它的三座码头就像是布城伸入拉普拉塔河的触角，可谓前无古人。海关大楼的地基是填河而成的土地。接下来的一个世纪里，布城人不断把拉普拉塔河岸向外推，渐渐远离了市中心。19世纪末建造了马德罗港，1926年建造了新港，20世纪70年代又在南港建了自然保护区。结果，从贝尔格拉诺区到博卡区，从布城的西北端到南端，整个沿岸地带形成一个缓冲区，有些地方宽度达到2千米，将市民和拉普拉塔河水隔离开来。曾经，布城依水而兴，人们依水而居，拉普拉塔河更是布城的标志，而现在布城人离水越来越远了。

　　但是岁月没有善待爱德华·泰勒的建筑，他的心血之作大部分都被拆除了。1860年，海关大楼南侧和西侧建起了泰勒设计的国家财政管理局大楼。这是座平顶的两层砖房，由于地势逐渐下沉，靠近河岸的一头有三层。这幢建筑和海关大楼一样，也是实用主义风格，但是由于设计了一些漫不经心的装饰，例如粗糙巨大的壁柱，窗户上方装饰着过梁，下方则是窄小的阳台，所以整体仍属于传统的古典主义建筑。除了体量庞大，建筑本身没有什么显著特征。布城现在只有一座泰勒的作品存世，位于伊里戈延大街和查克布克街路口、五月广场的西侧。这幢房子外部的装饰类似国家财政管理局大楼，最近才用两种不同的色调粉刷过，悬挂着房产商维内利明亮的招牌，比起那些被拆毁的建筑，它的命运也好不到哪里去。

❋

诺尔特区有不少公园，拉斯·埃拉斯公园是规模颇大、环境优美的一座。公园北侧是拉斯·埃拉斯大道，南侧是洪卡尔大道，东侧是迪亚兹上校大道，西侧是萨尔格埃罗街，面积比纽约华盛顿广场公园大，比伦敦格林公园小。西方国家的大城市有不少反文化人士聚集的地方，夏日周末的拉斯·埃拉斯公园也是如此：有人吹迪吉里杜管[*]，有人玩杂耍，热恋的情侣随处可见，潮湿的空气里夹杂着浓烈的大麻气味。来到巴勒莫区这片时尚地带的访客却不知道这里曾是一座监狱——让人心惊胆寒的阿根廷国家监狱。国家监狱于

---

[*] 澳洲土著人的乐器。——译者注

第七章 大村庄（1852—1880） 121

图 7-5 国家监狱，埃内斯托·庞格设计。（阿根廷国家档案馆）

1876 年竣工，1962 年拆除，建成时是阿根廷最大的监狱，也很可能是当时最大的建筑。这里位于市区的西北方向，远离城市，除了农场和布城富人的夏日别居（富人们平时住在离五月广场几步远的地方）外就是大片大片的荒地。待到 1877 年，方才有布城南部的富人到此定居。

19 世纪初，英国哲学家杰里米·边沁倡导刑罚改革，国家监狱参考了边沁的设计原型。1936 年，美国费城建造了大名鼎鼎的东方州立监狱，布城的国家监狱即以之为蓝本。国家监狱呈圆形，称为"环形监狱"，中央是一座瞭望塔，周围 5 幢牢房呈放射状排列。现在拉斯·埃拉斯公园网球场所在的位置就是原来的瞭望塔；供儿童游戏的沙地和旋转木马区原来是 2 号牢房和 3 号牢房之间的三角形花园。国家监狱的设计师埃内斯托·庞格是德裔阿根廷人,和当时许多阿根廷建筑师一样,有留学法国和德国的经历。今天,庞格家族在阿根廷知识界仍然声名赫赫。

以当代的建筑审美看,国家监狱的石墙、小窗和内部装饰极其简朴,却有功能主义崇尚的优雅。这种优雅并非政府和建筑师有意为之。生性自由而又遵章守法的波特诺人沿着拉斯·埃拉斯大道闲逛时,根本看不到高墙后面的瞭望塔和牢房,也想不到这里竟然是座监狱。当时布城建筑已经开始追求审美效果,至少在正派、体面的布城人看来,一幢建筑的外立面必须有点装饰。故此在监狱外墙朝向拉斯·埃拉斯大道的一面,顶上修建了一排中世纪风格的堞口,每个墙角上还设计了小型角楼。但是当年这里处于城市边缘,残破不堪,人迹罕至,再往外走便是一望无际的潘帕斯草原。

渐渐地,越来越多的波特诺人移居到这一带,到了1962年,这里已经成为布城中上阶层最喜欢的城区之一,因此国家监狱被拆除也就不难理解了。

比起爱德华·泰勒,埃内斯托·庞格的作品幸运得多。国家监狱虽然被夷为平地,但布城另有两处庞格的作品留存至今:一是科尔多瓦大道上的师范学校,于1885年开建;二是坐落于巴拉卡斯区美丽的圣菲利西塔斯教堂,于1876年开建。圣菲利西塔斯教堂建在城南,和城北的国家监狱同年(即1877年)建成,遥相呼应。那年庞格37岁,正是人生的黄金岁月。国家监狱采用严格的功能主义风格,圣菲利西塔斯教堂则追求美感,成为所在街区的明珠。设计者将19世纪70年代风行西方世界的新哥特式风格与自己独特的元素合二为一。教堂正前方的立面主要采用意大利哥特式,主入口两边各有一座钟楼,但和主入口的门厅结构上各自独立。和大多数新哥特式建筑一样,教堂的设计理念是唤起过去的宗教精神,细节却过于追求迷人的效果,虽夺人眼球却未能在形式上完整体现宗教的精神。布城建筑的整体结构大多让人印象深刻,匆匆走过的路人,眼光若不犀利,定能感受到建筑形式带来的震撼力量。圣菲利西塔斯教堂也是如此:它的外部结构独具特色,门厅、中殿和十字形的翼部有鲜明的分隔,体现了设计师卓越的才能和巧妙的构思。

教堂为纪念菲利西塔斯·格雷罗而建。据说菲利西塔斯是当时布城最富有、最美丽的女子,她25岁那年丈夫去世,布城的适婚男子便大献殷勤,竞相追求。后面发生的事记载并不完全清楚,但菲利西塔斯似乎最终选定了自己的如意郎君。可是另一位追求者恩里克·奥坎波听闻此事失望至极,开枪打死了菲利西塔斯后自杀身亡。恩里克·奥坎波是著名作家西尔维纳·奥坎波和维多利亚·奥坎波的伯父。传说每到夜晚,菲利西塔斯的鬼魂就会出现在圣菲利西塔斯教堂,游走在过道和唱诗班的座席之间。

———— ✳ ————

这一时期布城人口急剧增长,引发了很多变革。布城人口更大规模的增长要到1880年以后,但从1850—1870年的20年间,人口已从8.14万增长为17.8万,相比独立时更是增加了3倍。此时,拉丁美洲的其他主要城市,例如巴西的里约热内卢、委内瑞拉的加拉加斯和墨西哥的墨西哥城的人口尚未开始大幅增加。导致本阶段布城人口增长的直接原因是来自欧洲的第一次移民潮。欧洲此时革命和饥荒频发，经济困难，大量欧洲人来到布城，成为一支卓越的力量，支持阿根廷今后半个世纪的发展。而移民潮真正的驱动力量则是阿根廷的经济开始从小规模农牧业转向工业化商品生产。大部分阿根廷本地人不在工厂就业。虽然此时已有部分布城人进入工厂，但工业化带来的劳动力需求过于旺盛，本地人口根本无法满足。

尽管不到20年里布城人口增长了一倍多，但波特诺人仍然挤在五月广场周围狭小的区域里，不愿往城市的西部和北部搬移。此时的布城尚未开始建设楼房，城区还有一些空地，只建起了一些单层住宅，摊大饼似的占满了地势平坦的城区。故此，布城很快就出现了住房短缺的问题，解决的办法是所谓的"康文提洛"廉租房，即把原来供一家使用的住宅分隔成窄小的隔间供人居住。应对住房危机，这个方案无疑不可取。

康文提洛廉租房的出现或许和布城特殊的移民人口结构有关。成千上万的码头工人和农民来到布城，多为意大利和西班牙人。他们一般会在布城的船厂或内陆的农场拼命干上几个月，赚到足够老婆孩子一年生活的钱后就带着收入离开阿根廷回到家乡。还有一些移民拖家带口来到布城，打算在此定居。不论移民属于哪种情况，一般都会在圣特尔莫区和博卡区的康文提洛落脚。"康文提洛"四字的本意是"小修道院"（修道院是convent），和建筑风格或类型无关，主要是对现有建筑进行使用上的改造。我们前面提到的巴托洛梅·米特雷总统的故居，本来仅供总统和家人居住，若是改造成康文提洛就能住下 100 个人，有时一间房里得住 15 人。

❋

不论租一幢房子还是一套公寓，一般说来都有数个房间，分别承担不同的功能。但康文提洛的租客们得到的只是很小的一间房（就像修道院里的小房间），空间仅够睡觉，而厨房和卫生间都是公用的。一个卫生间常有 100 个租客使用，里面臭气熏天，令人作呕。

1871 年，布城黄热病大爆发，移民恶劣的居住环境才得到关注。布城历史上曾出现过传染病流行，如 1852 年和 1858 年，但是 1871 年的瘟疫要严重得多。这场瘟疫横行了 3 个多月，致导致布城损失了 8% 的人口，超过 1.4 万名男性、女性和儿童死亡。此次瘟疫堪称布城致死率最高的历史事件，死亡人数超过了 1806—1807 年的英军入侵和 18 世纪七八十年代的肮脏战争。

1871 年 1 月 27 日，正是阿根廷一年之中酷暑难当的时节，最早的 3 个黄热病例出现在圣特尔莫区玻利瓦尔街 392 号，这一带是布城人口最为集中的地方。整个 2 月黄热病迅速蔓延开来，最终发展为一场瘟疫，不仅在圣特尔莫区传播，还传到了五月广场以北比较富庶的街区。此时，有钱人纷纷逃到雷科莱塔区和巴勒莫区，那里相对安全一些，留在圣特尔莫的差不多只有移民和黑人了。

到了 3 月初，每天有 100 多人死于黄热病；进入 4 月，每天死亡的人数上升至300人，仅4月10日当天就有563人死亡。政府开通了免费火车，将布城集中的人口疏散到乡下。学校停课，政府停止办公，垃圾处理和警察巡视也全部中断。此时这个原本有17.8万人的西半球最大城市，城里只剩下不到3万居民。

解决黄热病肆虐最好的办法就是疏散人口。但是大量移民都没有文化，对政府也极不信任。故此政府疏散人口的计划遭到了移民强烈的抵制，经常需要动用警力。一份索科罗教区卫生委员会的报告记录了疏散人口的场景，我们也得以了解移民居住的环境：

> 12名宪兵和检察员萨尔瓦多雷斯陪同委员塞奎来到前述的康文提洛。那里居住的意大利移民显然知道接下来要发生什么，他们已经占据了有利的地形。男人们都站在了屋顶上，而女人们手上都抱着娃娃，站在院子里和房门口。男人手里握着绳索、酒瓶和石头，气势汹汹，口中骂骂咧咧，以泄心头愤怒，女人们则哭哭啼啼，来来回回踱步，怂恿男人拼命，这无异于火上浇油。

但是不久以后，政府就不再疏散人口，进而采用隔离检疫的措施，派警察对瘟疫流行的区域严防死守，甚至调用了军队，禁止城区南部的居民进入富人聚居的诺尔特区。当时布城医生的数量大约占人口的千分之一，这时也对隔离区的病人不管不问。只有教会尚在照顾病人和穷人，结果四分之一的教士因此丧命。现在的洛斯安第斯公园当年是一大片空地，上千人的尸体被扔进这里的万人坑，草草掩埋。到了后来这块地方也不够用了，政府又在附近找了更大的空地埋葬病死的人，此处后来成为查卡里塔公墓，现在仍是布城最大的公墓。

布城商人马多奎奥·纳瓦罗的日记留下了最有价值的瘟疫记录。他的日记每条不超过三五十字，却言简意赅。他2月7日的日记写道："恐慌开始。"1个月后，3月16日的日记是："有个人，别人都以为他死了，结果竟然从棺材里爬了出来。"3月22日的日记："死亡。恐惧。凄凉。"4月4日："有人自己病得奄奄一息，却还惦记着继承病死者的遗产，还惦记别的尸体身上的财物。"

直到1871年5月，阿根廷吹起了第一阵凉爽的秋风，逃离布城的人才逐渐返回。而此时，瘟疫已经肆虐了近4个月，夺走了超过1.4万人的生命。尽管现在波特诺人对1900年以前的布城史知之甚少，但1871年的黄热病无疑成为市民的集体记忆。圣特尔莫教堂是这场瘟疫最早暴发的地方，100年之后，教堂外立面上镌刻了下面的文字："谨此纪念1871年黄热病瘟疫的受害者，献给在圣特尔莫与病魔英勇战斗的人。"

1871年疫情暴发时，人们对黄热病的病源一无所知。到了1881年，古巴医生卡洛斯·芬利发现黄热病的罪魁祸首是埃及伊蚊。埃及伊蚊主要生活在巴拉圭的热带雨林，偶尔向南蔓延，波及拉普拉塔河地区。但是直到今天，仍有关于布城瘟疫原因的种种传闻。例如，有人说康文提洛廉租房拥挤不堪，导致黄热病疫情严重；也有人说，1864—1870年间，在巴拉圭参加三国同盟战争的士兵返回布城时将瘟疫带了回来并且传染了其他人。如果这两种传言是事实，黄热病就必然是人传人的传染病。但事实上，黄热病只由埃及伊蚊叮咬引起。蚊子能在静止的水中快速繁殖，而圣特尔莫区和博卡区有大量敞开式的下水道，积水甚多。一家报纸曾报道，"黄热病似乎沿着下水道扩散开来"，距离真正的病因只有一步之遥。

1871年的黄热病疫情对布城接下来的历史主要有两大影响。一是富裕的家庭决定离开城市南部和中部，搬到布城北部的诺尔特区。诺尔特区不是正式的行政区，包括雷蒂罗、雷科莱塔、巴勒莫和贝尔格拉诺4个行政区。早年间，这一带都是农田和旷野，还有拉普拉塔河与潘帕斯草原交界地带的沙滩。除了一些宗教团体，如重整修士会（雷科莱塔区即得名于此）便是农场、工厂和堆放牲畜骨头的地方。诺尔特区已属城外，交通不便，住在那里的要么是些穷苦人，要么就是城里的富人。富人在诺尔特区修建了乡村别墅，只有盛夏时节才会住过去避暑。但是瘟疫过后，波特诺人意识到五月广场附近太过拥挤，开始纷纷搬到城市北面。诺尔特区渐渐成为布城居民最集中的区域，而五月广场周边则成了今天布城的商业中心。

但是这并不意味着瘟疫过后圣特尔莫区不再受富人青睐，圣特尔莫区和隔壁的蒙塞拉特区的每栋建筑几乎都是瘟疫过后50年内建造的，其中一些明显是为有钱人设计的。直至20世纪三四十年代圣特尔莫区才开始衰落，经济每况愈下，如今才刚刚开始恢复。

瘟疫的第二个影响是人们迫切要求改善基础设施，建设一座现代化的城市。1852年罗萨斯下台前，布城和其他前现代城市一样，"所见即所得"，没有任何隐蔽设施。所有的建筑都平摊在地面上，几乎没有地下室。城市的排水系统是敞开式的，遇上暴雨就成了奔腾的小河，而不下雨的日子就是干涸的水沟。城里没有水管、煤气管，也没有电线和电话线，蒸汽机刚刚引进。直到19世纪末，布城才修建了较为完善的排水系统。到了帕斯特·奥博利戈多执政的时候，基础设施稍有改进，但是垃圾处理和饮用水管道等和布城建城之初的加雷时期相比仍然没有改进。从加雷到奥博利戈多的这300年，基础设施的种种不足给市民生活添了很多麻烦，甚至颇令人烦恼。即便人口激增和黄热病瘟疫的到来使人们一下子意识到基础设施不足会带来灾难性的后果。人口激增和黄热病实际上并不相关，但是波特诺人认为二者有关联，而且这种信念促使他们马上行动起来。

在瘟疫爆发的10年前，布城人就意识到改善基础设施的必要性，也采取了一些措施，但是效率不高，也无法满足民众的需求。1859年，爱尔兰工程师约翰·科格伦（布城西部的科格伦区即以他命名）设计了给排水一体化系统但未实施。1871年，布城在洛雷亚广场建起了水塔，水塔容量1000立方米，高40米，装饰着铸铁花纹。此时布城人尚未见过水塔，故此往来的市民都颇为疑惑地驻足举目。3年以后，英国工程师J. B. 贝特曼设计了一套给排水系统并于1880年完工，满足了四分之一布城人饮水和排水的需求。1884年，布城爆发了一次霍乱。布城人应对这次霍乱疫情比13年前的黄热病得心应手得多。这时布城第一批垃圾焚化炉也已建成，1875年又建成了第一个垃圾收运网络，要知道过去人们处理垃圾就是往河里或者街上一扔了之。

这一时期布城最大的变化是修建了铁路。1857年8月29日，阿根廷第一列火车"波特诺号"缓缓驶出了拉瓦勒广场上崭新的火车站（车站的位置后来建起了第二座哥伦布大剧院）。火车沿着现在的帕萨杰·迪斯波罗弯道，以每小时 10 千米的速度朝着弗洛雷斯镇驶去。弗洛雷斯当时还是个独立的小镇，位于布城以西 11 千米的地方。接下来的 30 年间，阿根廷铁路由这短短的 11 千米延长至 6000 多千米。很快，拉普拉塔河边就造起了中央火车站，通上了铁路。和布城许多基础设施一样，火车站和铁路均由英国人投资的企业建造。车站由英国建筑师威廉·惠赖特设计，部件均在英国制造，只在布城组装。车站不过是个熟铁、木料和镀锌金属板组成的维多

图 7-6　胡里奥林荫道（即现在的莱安德罗·N. 阿莱姆大街），约 1880 年拍摄。画面右侧为中央车站。（阿根廷国家档案馆）

利亚式棚屋,刷成两种颜色,样子丑陋。没有车站的时候,波特诺人本可以看得到波光粼粼的拉普拉塔河,现在却被车站挡住了视线。1897年,这个"丑八怪"服役40年后被一把火夷为平地,倒也不算件坏事。海关大楼是布城人第一次侵占拉普拉塔河,中央车站便是第二次。拉普拉塔河慢慢远离布城人的生活,一代人之后,便再也听不到洗衣工在浅滩洗衣时的歌声,也看不到夏日里嬉水的孩子了。

火车是布城和外界联系的通道,不能解决市内交通的问题。1870年,布城出现了第一批有轨电车,布城这才有了市内的公共交通。接下来的3年里,布城共有6家公司经营有轨电车,其中最出名的两家,老板分别叫作费德里科·拉克鲁兹和马里亚诺·比林赫斯特。今天布城有两条重要的街道,分别以这两位企业家命名。到了1887年,布城的电车轨道已经超过了160千米,遍布城市各处。有轨电车带来的变化甚至胜过火车。过去,由于必须步行上班,工人只能住在工厂附近。现在,工人可以住到更远的地方。电车也使外围的小镇融入布城,例如贝尔格拉诺、弗洛雷斯和巴拉卡斯等,故此1887年后市域面积呈现快速扩张的态势。有轨电车还给城镇之间的地区带来了人气,涌现了大量新社区,例如维拉·乌尔基萨区、帕特里夏公园区和阿尔马格罗区等行政区。最初,有轨电车主要靠马拉动,价格也比较昂贵。1905年实现电力驱动后,电车票价下降,普通工人也能乘得起电车了。从那时起,住到边远街区的布城人就越来越多了。

19世纪下半叶,得益于基础设施的改进,布城也和其他西方主

图 7-7　从国家财政管理局大楼南眺，新建的铁路将布宜诺斯艾利斯和拉普拉塔河隔开，摄于约 1870 年。（阿根廷国家档案馆）

要城市一样开始使用蒸汽、汽油和电力等新能源，从前工业化阶段进入工业化阶段。1882 年，作家卢西奥·比森特·洛佩兹写了一本名为《大村庄》（*la gran aldea*）的畅销小说，以至于后来人们就用"大村庄"来称呼 19 世纪下半叶的布城。这个称呼表明，尽管布城不断发展，基础设施也正在改进，但旧时代的印记仍然没有革除。这主要是因为新技术和原有的城市空间不能完美无缺地结合起来。例如，铁轨和站台要用栅栏围起来，这样建在河滩上的铁路就把拉普拉塔河和布城隔离开来。列车运行还兴建了火车站、调车场和列车棚等配套设施。此时的布城，仍然没有多少公园和绿化，一眼望去是一派单调的灰墙黄土。此时的许多照片都出现裸露的土地，要

第七章 大村庄（1852—1880）

么板结成一团团的土块，要么被雨淋得泥泞不堪，从新建的二月三日公园到圣马丁广场的阅兵场，再到宪法广场和弥赛莱利广场停放手推车的空地，莫不如此。

总而言之，这时布城还算不上一座美丽的城市。实际上，布城也从来不美，最多算作功能型的城市，有时连功能也不完善。但是，布城即将改变。经过下一代人的努力，布城将要变成全球最大且最可爱的城市之一。罗萨斯政权倒台后兴建的建筑，好似一场彩排，为即将出现的下一代建筑作准备。"大村庄"时期兴建的市政大楼和联邦大楼不少都会被拆除，然后重建。重建的建筑往往和原建筑类似，但是更大、更壮观，比原建筑漂亮得多，也往往不在原址。布城即将迎来人口激增的时期，国会大厦、政府大厦、邮政总局大厦、海关大楼和哥伦布大剧院等也会经历拆除和重建的过程，以满足新一代布城人日益提高的建筑品位。

第八章

南美巴黎（1880—1920）

1876年的圣诞节，一艘从法国来的轮船驶入布宜诺斯艾利斯港，运来了20吨冻肉和蔬菜。经检验，这些食物尽管漂洋过海却依旧可以食用。

这次看似无关紧要的航行促使布城发生了重大变化：短短一代人的时间里，350万移民涌入布城；一条巴黎式大道建成，把布城最繁华的2千米地带一分为二；大道最西端，崭新的国会大厦拔地而起；重建的哥伦布大剧院落成开幕，首演剧目是《阿伊达》（*Aida*），当时著名的歌剧表演艺术家露西亚·克里斯塔尼饰演阿伊达一角，艺惊四座，誉满全球；装修精美的私人府邸一座接着一座出现，一派富丽景象，阿根廷的"镀金时代"也随之而来。

圣诞节来到布城的那艘船名为"弗雷格利菲克号"（意为"冷库"）。这次航行标志着船用制冷技术的成熟，首次证明肉类可以穿越大西洋而保持新鲜美味。船用制冷技术由法国发明家查尔斯·特利尔研制，弗雷格利菲克号的航行就是一次实验。实验的结果震惊了世人，特利尔的技术完全可行。

显然，当年阿根廷和现在一样，最不需要进口的就是肉类，但是弗雷格利菲克号的成功航行代表着潘帕斯草原上多得无法计数的牲畜,在加工成肉类后可以运到欧洲。这项技术后来还用在许多其他商品上。航运制冷技术的出现一举改变了阿根廷的经济结构。此后,阿根廷对劳动力的需求急速增长,地方官员们恨不能贿赂外国人,动员他们移民阿根廷。有了新技术和新移民,阿根廷在短短20多年后便跃升为全球第8大经济强国。

数百年来,布宜诺斯艾利斯省都是畜牧之乡。但是,只有牛皮、牛油和腌牛肉才能出口。特别是腌牛肉,价格低廉,口味不佳,只有奴隶和远洋水手才会食用。但有了特利尔的制冷技术,牛的任何部位都可以出口,经济价值大增。阿根廷的其他商品,先是小麦和大麦,后来还有大豆,也逐渐出口到海外,带来大量财富。牲畜和农产品取代了殖民时代白银的地位,直到今天依旧如此。从这时起,阿根廷发展制造业的动力下降,转而大量进口各种工业品,从火车、火车站到谷物升降机和皮鞋,甚至还有埃尔·格列柯*的艺术品。反正他们现在有了大把钞票,全都买得起。

突如其来的财富是把双刃剑。一方面,官员们终于能重新规划布城,满足对欧洲时尚和上流社会的奢华想象;另一方面,大批欧洲移民涌入,最终改变了城市的格局,进而还将改变布城的精神和文化。

查尔斯·特利尔的轮船造访布城近半个世纪后,1923年,另一位法国人,巴黎景观设计师让·克劳德·弗雷斯蒂埃也来到布城,

---

* 埃尔·格列柯(El Greco,1541—1614),出生于希腊,西班牙文艺复兴时期著名的幻想风格主义画家。——译者注

并对布城50年来的变化发表了看法。弗雷斯蒂埃接受一家本地报纸采访时说道:"身处布宜诺斯艾利斯,我仿佛置身巴黎。若要说这两座城市有何不同,最多也就是一些细枝末节。"也许觉着自己的话太过拘谨,他接着又说道:"巴黎的林荫大道可比不上这里的冬日花园或洛赛德尔玫瑰园(是布城最大公园二月三日公园的园中园)。"当然,弗雷斯蒂埃来到布城为的是招揽业务,故此他将布城和巴黎相提并论未必真心。不过无论他的话是真情还是假意,都表明了一个有趣的事实:布城本是个小有规模但平凡无奇的南美城市,经过了几十年的动荡岁月,到了1923年时已经可以媲美巴黎。将波特诺人居住的城市称为"南美巴黎",已然意味着他们实现了多年来的梦想与愿望,这足以让他们心花怒放了。直至今日,"南美巴黎"还时常为人所提起,布城似乎也担得起这个美誉。而弗雷斯蒂埃设计的南岸大道尤为壮观,说明对他的赞誉名副其实。

  以波特诺人的能力和资源,想要在新世界创造追赶巴黎这样的梦想若算不上前无古人,也是极其罕见,大概只有彼得大帝建造圣彼得堡的壮举方能与之相提并论。阿根廷作家比阿特丽斯·萨尔罗对"南美巴黎"的说法颇不以为然:"巴黎不是布城唯一的原型,大部分公共建筑并非单一的法式风格:外立面受新古典主义、意大利装饰派艺术影响颇多,甚至还有表现主义和现代主义风格。"萨尔罗说得没错,布城建筑确实风格多样,但巴黎的建筑也是如此,萨尔罗没有讲到点子上:阿根廷花费重金并非要重建一座巴黎,而要用极其巴黎的方式,营造巴黎般壮丽的气势,使布城获得和巴黎相仿的精神和地位。19世纪下半叶,诸多首都城市都纷纷效仿奥斯曼男爵规划的巴黎,而得其精髓者如布城可谓绝无仅有。故此,布城之中不少地方即便未能和巴黎某处一模一样,也确实散发着浓浓的巴黎风情,例如五月大道、圣马丁广场,又或是圣特尔莫区卡塞罗斯大街沿线的建筑。

确切说来,无论早年的里瓦达维亚还是后来的布城权贵,都想把布城变为拉美第一座现代城市。而巴黎无疑是集诸多梦想于一身的模范。到访过欧洲各个名城的人们一来到布宜诺斯艾利斯便会有似曾相识的感觉,总觉得布城像是欧洲的哪座城市,又说不清到底是哪里。一见面好似旧相识,再一想又完全不认识。布城带着巴黎的气质,散发着马德里的风情,又不乏米兰的韵味,那种似曾相识的感觉如梦如幻,时而清晰,时而又模糊。即便布城和哪一座欧洲的首都都不像,它的欧洲风情也毋庸置疑。北美、中美和南美再无这样一座城市能有如此欧洲的情绪和节奏。若是到访过其他南美城市,例如利马、圣地亚哥、里约热内卢或亚松森,立即就会领悟出布城的与众不同之处。其他城市都将西班牙或葡萄牙的殖民传统和前哥伦布时代的本土文化融为一体,只有布城,察觉不到一丝土著文化的痕迹,而西班牙的殖民传统也仿佛烟消云散。

布宜诺斯艾利斯是各种建筑风格的竞技场。除了上面提到的法式建筑,哥伦布大剧院和玫瑰宫还受到了意大利文艺复兴风格的影响,由意大利设计师弗朗西斯科·坦布里尼参与设计。胡利安·加西亚·努涅斯设计的加泰罗尼亚别墅与弗朗西斯科·贾诺蒂设计的格梅斯美术馆融合了巴塞罗那新艺术主义(加泰罗尼亚语称为Modernisme"现代主义")元素。为反对权贵们对于法式建筑的偏好，建造塞万提斯国家剧院与波士顿银行时，委托方要求增加一些17世纪西班牙仿银器的装饰风格。塞万提斯国家剧院由阿里亚斯与雷佩托设计，而波士顿银行的两位设计师则来自新英格兰地区，这倒是颇出人意料。宪法广场火车站带有英国建筑风格，还有圣马丁广场对面的英人钟塔，据说受了克里斯托弗·雷恩爵士*设计的尖塔启发。后来的建筑还受到装饰派艺术、国际派风格、后现代主义和解构主义等思潮影响。但是，如果我们闭上双眼想一想布城的建筑，脑海中浮现的仍然是那些伟大的法国巴洛克式和布杂派建筑，它们模糊的光影重叠在一起，构成了我们对布城建筑的印象。

---— ❋ —---

布宜诺斯艾利斯的重生来之不易。本章所涉及的布城历史虽然极其辉煌，却是血腥的杀戮与动乱开场。布城无疑是阿根廷的首都，但是布城和阿根廷的关系常常令人费解，布城成为首都的过程也颇为曲折。如果一个国家无法确定哪个城市应该成为首都，往往因为有两个或者更多城市竞争，每个城市都竭力证明自己是首都的不二之选，否认其他城市的首都地位。这样的例子不胜枚举：美国的纽约与费城，澳大利亚的悉尼与墨尔本，巴西的里约热内卢与圣保罗。但是到了布城这里，情况则截然不同。阿根廷共有14个省，13个都希望布宜诺斯艾利斯成为首都。唯一投出反对票的恰恰是布宜诺

---

* 克里斯托弗·雷恩爵士（1632—1723），英国皇家学会会长，天文学家和著名建筑师。他设计了52座伦敦的教堂，其中很多以优雅的尖塔顶闻名。——译者注

方尖碑,阿尔贝托·布莱比施设计,1936年。(作者摄)

佛罗里达街太平洋拱廊购物中心。(作者摄)

著名的贝埃拉咖啡馆中,陈列着诗人豪尔赫·路易斯·博尔赫斯(左)和作家阿道夫·比奥伊·卡萨雷斯的塑像,费尔南多·普利亚塞创作。(作者摄)

马德罗港区的新住宅和圣地亚哥·卡拉特拉瓦设计的女人桥。(作者摄)

阿拉斯大厦,1957年完工,1995年以前是布宜诺斯艾利斯第一高楼。(作者摄)

普罗勒班大厦,现代建筑的优秀案例,1984年由MSGSSS公司设计。(作者摄)

著名的雷科莱塔公墓。(作者摄)

宪法广场车站大厅,1925年。(作者摄)

著名探戈歌手卡洛斯·加德尔的画像,加德尔的头像在布城随处可见。(作者摄)

涂鸦或街头艺术。(作者摄)

科尔多瓦大道1950号的科连特斯水务大厦,卡尔·尼斯卓马设计,1894年竣工。(作者摄)

世纪之交的布城住宅(卡塞罗斯大街)。(作者摄)

废弃的银行,位于布朗海军上将大道和苏亚雷斯街路口。(作者摄)

圣马丁广场。(作者摄)

布宜诺斯艾利斯大酒店，1910 年。（阿根廷国家档案馆）

斯艾利斯，个中原因和 1827 年里瓦达维亚执政、1852 年乌尔基萨执政时一样。任何联邦制国家一旦建立了全国统一的税收和财政分配体系，总会有些地区纳税少而花钱多，而另外一些地区则不可避免地吃些亏。1880 年的阿根廷，布市和布省正是国家财富和人口聚集的地方。故此，其他省份都想让布城加入联邦，而布城则出于自己的利益，不愿成为首都。

1880 年的阿根廷总统选举有两位候选人。一位是卡洛斯·特赫多尔，时任布宜诺斯艾利斯省省长，反对布城联邦化；另一位是胡利奥·阿根廷诺·罗卡将军。罗卡将军刚刚结束赫赫有名的"沙漠征服"，对布宜诺斯艾利斯省和拉潘帕省的土著进行了种族清洗。从那以后，西班牙裔拉美农牧民再也不受马普切人与阿劳干人侵扰。如今，阿根廷白人众多，土著后裔则远远低于其他拉美国家，罗卡当年的军事活动无疑是最重要的原因。罗卡的清洗行动极端残暴，但也是潘帕斯草原农业发展的先决条件。自那以后农业成了阿根廷重要的财富源泉，至今不变。

罗卡将军最终赢得了选举，但布省和阿根廷其他地区的分歧也显露无遗。特赫多尔仅拿下了布省和科连特斯省，其他的省份都投了罗卡将军的票。特赫多尔对这样的局面早有预见，他组建了埃尔蒂罗国家自卫队，宣称自卫队是个临时的娱乐性军事活动，很快就吸引了 2000 多名小伙子加入，他们都来自布城的上流社会，渴望能佩戴着来复枪，神气地到处转转。特赫多尔还试图通过走私枪支来武装自己的队伍。国会要求布城官员阻止他，但本地的官员却不愿干预。此事直接导致两派冲突爆发。国会只好撤出布城，退到布城西北方向 10 千米外的贝尔格拉诺镇。贝尔格拉诺现在是布城最美的城区之一，当年还是一个独立的小镇。参议院、众议院和最高法院均搬入镇上的一座仿古典神庙风格的建筑。这幢建筑由胡安·安东尼奥·布斯基亚佐设计，位于胡拉门托大道和古巴街路口，现在是萨米恩托博物馆。

此时，罗卡领导的国民军已包围布城，激烈的战斗在城外打响，战场位于巴拉卡斯镇和帕特里夏公园。同贝尔格拉诺镇、弗洛雷斯镇一样，这些地方要到1887年才成为布城的行政区。特赫多尔很快败下阵来，1880年9月21日，国会在贝尔格拉诺正式通过了《第1029号国家法案》（*Ley Nacional 1029*），自此布宜诺斯艾利斯市终于实现联邦化，不再受布省管辖。布城和阿根廷关系的棘手问题终于彻底解决，这座历史上一直主导阿根廷发展的城市正式成为首都。

对布城来说，《第1029号国家法案》意义深远，影响也立竿见影。本书前一章提到布城模糊的地位使得19世纪六七十年代的建筑多少带着一点羞怯、焦虑、矮小和土气的味道。现在布城成了一国之都，建筑也必须有国都的气派。不少完工没有多少年的建筑需要改建（例如玫瑰宫），还有的则要完全推倒重建（例如国会大厦）。

布城好比是一条小小的金鱼。金鱼一般长不过4厘米，养在7升容量的圆形鱼缸里；但是如果把一条金鱼放养在湖里，就会长成45厘米长，而且身体的各个部分，从鱼鳃到鱼尾，从运动速度到食量都会随之增长。

布城只是一省首府时，城内的名流、当选的官员和房产商人都不愿意把时间、金钱和精力浪费在更雄伟气派的建筑上。即便他们这样做了，到头来也会竹篮打水一场空，因为省会城市缺乏支撑宏大建筑的气势和能量。本地的权贵们自然造得起高楼大厦，但若是造好的高楼里空空荡荡，冷冷清清，也不过就是个摆设。1880年以前，布城的一切，从建筑的规模和风格到歌剧演员的水平和格局都相当有限。也许在阿根廷已然最好，甚至在南美洲也算得上一流，但是拿欧洲的标准来衡量便上不得台面。而诺尔特区的权贵们最看重的就是欧洲标准。《第1029号国家法案》就好像合适的气候条件，法案一通过，布城也立即变幻了风云，突然之间就有了皇家的威仪。任何一座南美城市，包括鼎盛时期的波托西和利马都没有这种气派。

从南美省会城市转变为世界之都，《第1029号国家法案》只是所有法律框架的一部分。在接下来的7年内，布城只占据了拉普拉塔河西岸的一小片土地，东西宽不过3千米，南北长也只有5千米。这片区域之外是一望无垠的潘帕斯草原，但草原上已有人类活动，不是原生的自然状态。布城内几条横贯东西的街道（例如里瓦达维亚大街、圣菲大道和拉斯·埃拉斯大道）此时已经延伸至城外，城外的乡下虽然人口并不稠密，但也有农场、教堂、砖厂和屠宰场。城西8—10千米的地方已然形成几个独立的小镇，例如贝尔格拉诺镇、弗洛雷斯镇、巴拉卡斯镇，还有圣米格尔镇的部分区域。这些市镇都属布省管辖，相互之间隔着几千米宽的农田或是尚未开垦的潘帕斯草原，好似沙漠里星星点点的绿洲一般。

经过漫长的争论之后，联邦政府最终决定，布城分别向西、西北和西南三个方向延伸 13 千米，将分布在市域之外的小镇纳入版图，扩张后的布城形似一把扇子。这件事说起来容易做起来难。布省正对失去布城耿耿于怀，此时绝不愿意再放弃这些城镇，额外拿出 150 平方千米土地送给联邦政府。1882 年，布省的新首府拉普拉塔市建立，作为对布省的补偿和安抚，联邦政府规划了严整的街道，并建造了光彩熠熠的布杂派宫殿，但是这远不能平息布省的怨气。不过这一回，联邦政府最终达到了目的，布城把边界扩展到了五月广场之外 16 千米远，西边以帕兹将军大道为界。帕兹将军大道是一条规模庞大的高速公路，整条道路呈多边形而非常见的弧形，直到 1941 年方才竣工。

※

布城的变革很大程度上是统一党执政的结果，而统一党政府的成员要么是布省的权贵，要么和这些权贵结成联盟。权贵们的牧场和庄园遍布潘帕斯草原，连生活在牧场庄园的牧民、农民都得依附他们。1810 年推翻西班牙殖民统治，让西班牙裔的本地商人掌握了权力；1852 年的卡塞罗斯战役确立了统一党的优势地位；1880 年的变革则巩固了这些大地主权贵们的权力和声望，形成了阿根廷历史上的"80 一代"。安乔雷纳斯、奥兹圭内加斯、奥杜萨斯和乌佐斯，这些响亮的名字命名了布城街道甚至整个行政区，直到今天仍能让布城人浮想联翩。显然，这些权贵平时并未生活在他们的牧场和庄园，他们的眼睛都是盯着欧洲的城里人。无论从意识形态还是情感来看，权贵们都"崇英媚法"，可同时也极度爱国。他们本可以搬到巴黎生活，却宁愿留下来以他们的新思想和新品位重塑一个布宜诺斯艾利斯。

权贵们改造布城的精神让人想起《疯狂纽约》(*Delirious New York*)中描写的几十年后的曼哈顿。该书作者荷兰建筑师雷姆·库哈斯认为，纽约的房产商和建筑师们建造帝国大厦、克莱斯勒大厦和洛克菲勒中心时并非理性地追求建筑的实用价值，更多是要以建筑压倒对手，吸引世人的目光。曼哈顿的摩天大楼主要是装饰派艺术风格，布城的房产商和建筑师在一定程度上也有相互比拼的心态，但令"80一代"心仪的却是更早的布杂派风格。今天布城最夺人眼球的高楼大厦大多都是布杂派建筑。可以说，布杂派建筑是这座城市的名片。布城的权贵们醉心于古典建筑的花饰与垂果、檐角的装饰、叶形的柱头、威严的门道和带有细槽的壁柱，即便算不上执念，也已经到了颇为好笑的程度。

布杂派建筑崇尚复古主义，但并不完全追随法国建筑传统。布城这一时期的建筑同时受到意大利文艺复兴式、都铎式、西班牙殖民风格和哥特式等建筑潮流的影响。繁复冗余和扭捏作态是当时布城建筑的代名词，而19世纪布杂派建筑艺术的精髓——理性设计原则，即空间的布局追求实际效用而非装饰效果，对于"镀金时代"布城的建筑师及其雇主来说远非头等重要。他们追求的就是要在布城重现欧洲，具体说来是要重现巴黎，至于花多大代价全然不必顾惜。建筑的外观、装饰和气派才是头等大事，能产生超越形式的宏大气势和异国情调才是头等大事。

图 8-1　动物园里的一处亭台，摄于约 1904 年。（阿根廷国家档案馆）

那个年代，就连布城的妓院（至少是高档妓院）都建得气势恢宏，一派法兰西第二帝国或法兰西第三共和国的巴黎风情。阿道夫·巴蒂兹是当时布城警察局的副警监，1908 年，他在一篇文章中写道："妓女的房子富丽堂皇，地板上铺着上等的地毯，地毯的边缘镶着浅蓝、红色和紫色的锦缎。房子环境舒适，陈设着钢琴，还有布置得体的房间。简而言之，招待体面人所需的东西一应俱全。"

布杂派建筑的情调和各种复古的变体在布城比比皆是，足见布城人对此痴迷。布城规模宏大的动物园更是典型的例子。1874 年，萨米恩托总统下令建造动物园，园区的土地原先是胡安·曼努埃尔·德·罗萨斯的产业。今天动物园的大部分建筑都由园长克莱门特·奥耐利委托建造。奥耐利自 1904 年起担任园长，直至 1924 年辞世。他本人来自罗马，在园中建起了所谓的维斯塔神庙*，现在成了动物园的图书馆。他还建造了一座仿古的提图斯凯旋门，仿的就是罗马城中心古罗马广场边上的那一座。湖中的人工岛上还有一处仿建的拜占庭遗迹，也是在奥耐利主持下修建的。在其影响下，维尔吉利奥·瑟斯塔利把大象馆设计成一座印度庙宇，斑马馆有浓浓的摩洛哥风情，亚热带雨林展示馆则是典型的威尼斯哥特式建筑。

复古风潮表现最为突出的要数雷科莱塔国家公墓了。雷科莱塔公墓是布城的第一景点，自20世纪初建成起陆续安放了许多纪念碑。公墓规划严整，坟墓的排列也遵循着棋盘式的格局，以至于许多作家都说过，雷科莱塔公墓简直成了布城**。现在，这座公墓也成为布城最亮眼的风景之一。

雷科莱塔公墓原先叫作北方公墓，1821年建立时位于布城北郊。公墓的土地本属于重整修士会，修士所属的皮拉尔圣母堂就在公墓隔壁。1810年西班牙的殖民统治被推翻后，修会的土地被收归国有。素来坚定反对教会干政的里瓦达维亚下令在其址建设公墓。公墓由普罗斯珀·卡特兰设计，就是设计主座教堂新古典主义立面的那位建筑师。60年后，胡安·安东尼奥·布斯基亚佐对公墓进行了二次设计。据说，雷科莱塔公墓以巴黎贝尔·拉雪兹神父公墓为蓝本，占地5万平方米，有近5000座墓室，埋葬了阿根廷历史上不少名人，如萨米恩托、米特雷、罗萨斯和贝隆夫人等。贝隆总统则埋葬在西边5千米远的查卡里塔公墓，规模比雷科莱塔公墓更大，也更加平

---

* 罗马神话中负责健康和维斯塔圣火的女神。——译者注
** 此处意指雷科莱塔公墓的规划布局和布城一致，像个缩小版的布城。——译者注

民化。

18世纪，皮拉内西*以蚀刻版画再现了古罗马亚壁古道两边的墓碑。但凡见过皮拉内西作品的人，看到雷科莱塔公墓内如此密集的墓群定然也极为惊叹。公墓是逝者的城市，里面有大道和小街，划分成严整街区，墓室和墓碑风格各异，从布杂派到包豪斯，各种建筑流派都可见到。但是这里也像布城一样，整体还是布杂派主导，同时带有浓郁的希腊风情。墓地上一排又一排的墓室或装饰着圆顶或装饰着立柱，不少还有哭泣的维多利亚天使雕像，还有镌刻在黄铜铭牌上的墓志铭，颂扬着逝者的功绩。

雷科莱塔公墓的奇特之处，或者说布城的奇特之处在于墓地和城市能如此完美地融合在一起。把公墓建成一个充满活力和快乐的地方，这在世界各大墓地中也是一大奇景。雷科莱塔公墓的南墙和东墙外有不下15个露天酒吧和餐馆，其间还夹杂着一些旅馆。从客房的窗口望下去，墓地的美景一览无余。但这还算不得墓地的最佳景观。公墓边上是雷科莱塔村庄影城，影城4楼有家麦当劳餐厅，站在餐厅的露台上，整个公墓尽收眼底，这里才是观赏公墓最佳的位置。

布杂派对复古主义的追求，尤其是对巴黎风情的热爱深入波特诺人生活的方方面面。就连五月大道两侧的咖啡馆、饭店、台球厅，还有佛罗里达街上巨型的百货公司，例如盖特＆查韦斯商场也不例外。这一阶段，布城的权贵们竞相建造自己的私人公馆，如伊拉苏

---

*　乔凡尼·巴蒂斯塔·皮拉内西（Giovanni Battista Piranesi, 1720—1778），意大利雕刻家和建筑师，以蚀刻和雕刻现代罗马以及古代遗迹而成名。——译者注

公馆、帕兹公馆和格里莫尔迪公馆都纷纷落成。布城也在这一片众声喧哗之中得以重建。

要想理解权贵们如何改造了布城，必须先了解他们为自己建造的府邸。显然，权贵们首要的目标是通过奢华的私人府邸展示自己的财力和品位，既让公众赞叹不已，又让其他权贵刮目相看。但是，也不能排除他们尚有一些公共意识。用美丽的法式建筑装点城市，往来的市民自然能有美的享受；他们看着自己的城市和国家变得前所未有的漂亮气派，心中的自豪也会油然而生。要营造宏伟的公馆，第一样要"采购"的便是建筑师。建筑师最好是法国的，如果没有，意大利的也不错；若是连意大利的设计师也聘不到，那就

图8-2 奥提兹-巴斯瓦尔多公馆（现已拆毁）。照片背景为圣马丁广场，摄于约1910年。（阿根廷国家档案馆）

只能退而求其次去聘请英国人了。公馆内的主楼层即二楼（欧洲把这层叫一楼，美国叫二楼）必须精心打造：客厅的天花板要至少有 6 米高，让每位来客都为之震撼；配置豪华的餐厅、舞厅、会客室和前厅；可以考虑安装一套保龄球道，桌球室则是必不可少的；对了，这一层还少不了一架巨大的钢琴。公馆较为私密的部分不仅要有豪华的卧室套房，还要设置佣人的宿舍。公馆还需要安装一些机械系统，包括电梯、供电线路、电话和热水系统。总之，只要巴黎、伦敦和纽约出现了最新的玩意儿，这里也统统都要装上。

"美好年代"里，这种豪华公馆有 100 多个，基本集中在布城

图 8-3 奥提兹-巴斯瓦尔多公馆的台球厅建成于 1909 年，现已拆毁。（阿根廷国家档案馆）

最为富有的小圈子，比如雷蒂罗区的豪宅都集中在圣马丁广场周围，其中有两幢保留至今，分别是圣马丁公馆和帕兹公馆，在广场两侧遥遥相对；而在雷科莱塔区阿尔韦亚尔大道从塞里托街到卡亚俄大道之间的路段，两侧的豪宅一幢连着一幢；巴勒莫区的豪宅都集中在利贝尔塔多大道及公园区附近，其中不少都留存至今。

在所有这些豪宅里，圣马丁公馆的规模虽然不是最大的，但无疑是最壮观的。这座公馆坐落于阿雷纳雷斯街和埃斯梅拉达街路口，建于 1905 年。公馆的主人是梅赛德斯·卡斯泰拉诺斯·德·安乔雷纳斯，由亚历德罗·克里斯托弗森设计。克里斯托弗森是布城"镀金时代"最有名的建筑师，主顾也最多。公馆有一座主楼和两座侧楼，都采用了复折式屋顶，屋顶上有装饰性的圆窗，楼体装饰着成对的巨柱式壁柱。三栋楼体环绕着一个中央庭院，庭院的铸铁大门业已成为布城的标志之一。现在这座公馆是阿根廷外交部驻地。

权贵对奢华建筑的偏好很快波及中产阶层住宅的建筑风格。而中产阶层住宅遍及全城，这使得布城总体上呈现出浓郁的巴黎风情。这些住宅区的建设大多遵循了法国住宅建设的先例，但是也都进行了改动。奥斯曼男爵设计的巴黎住宅到了布城就只保留了外观，房屋内部的楼梯并未采用。巴黎的此类建筑出现于 19 世纪 60 年代，那时电梯尚属稀罕物，而且造价高昂。而布城的住宅楼比巴黎晚了 50 年，彼时电梯已是寻常物。所以楼造得越高，楼梯的价值就越小（开放式电梯是这些老建筑的亮点。可惜其他国家将之视作火灾隐患，现在都禁止使用）。设计细节上的差异还包括一楼（按美国的算法则是二楼）和其他各层的层高没有差别，而且每层都有阳台。

阳台大概是因为布城盛产铸铁，差一点的社区也可以大量使用，铸铁部件简直成了布城建筑的又一个独特标志。

布城和巴黎的住宅区还有一个显著的区别：在巴黎，往往整个街区都由一个房产商开发、一位建筑师总体设计，因此总体风格一致。但是这样大规模的地产开发在布城十分罕见。圣特尔莫区德芳斯街和塞里托街路口倒是有个街区风格统一，典雅优美，颇为引人注目；其余的住宅区，几乎每幢楼都是不同的房产商和不同的设计师，看上去比较零散。

布城和巴黎各有各的特色，也各有各的问题。巴黎的住宅建筑，因有统一的规划，成了全球建筑风格最为和谐的城市，整个街区和社区都是一种风格、一个高度，也会让人觉得呆板乏味。布城则正好相反，一个街区之内就有各种不同的风格，这样既会多姿多彩，也显得喧嚣无序。有时一幢两层的布杂派建筑边上紧贴着一幢20世纪70年代建造的20层高的理性主义建筑，这种压迫感让人很不舒服。同时，房屋高低错落也导致大量建筑侧墙——整面没有窗户的白墙或灰墙——裸露在人们的视野里。本地人甚至还发明了一个词——"米迪亚耐拉斯"，特指裸露的建筑侧墙。2011年，阿根廷还以此为名拍了一部电影*，反映年轻波特诺人在城市生活中的焦虑情绪。侧墙也已成为布城建筑的一个典型标志。

布城最壮观的法式住宅楼当属埃斯特伽穆大楼。这座大楼建成于1929年，坐落于雷蒂罗区洪卡尔大道与埃斯梅拉达街路口，楼

---

* 电影中文译作《在人海中遇见你》，也译作《侧墙》，是个布城版"向左走，向右走"故事。——译者注

体极长，一直延伸到巴萨维尔瓦索街。大楼的开发商是来自巴斯克地区的法国人亚历德罗·埃斯特伽穆，建筑即以其命名，设计师是爱德华多·索泽与奥古斯特·于吉耶。埃斯特伽穆大楼是当时布城第一大巴黎风格的公寓楼，且独具特色，和当时其他建筑都不一样。布城那时大多数巴黎式公寓楼的规模都比较小，占地一般不超过四分之一或二分之一街区，楼高不超过6层；埃斯特伽穆大楼却差不多占满了整个街区，算上顶层的"佣人房"一共有9层。只有巴勒莫区乌加特切街3050号的洛斯帕托斯公寓大厦。能在体量上与之媲美，但是建筑细节的豪华程度远不及埃斯特伽穆大楼。埃斯特伽穆大楼建在巴兰卡之上，巴兰卡脚下就是拉普拉塔河边的沙洲。大楼的设计者没有系统运用古典柱式，反而通过特别的古典建筑细节营造出引人注目的整体效果：粗琢的墙基；巨柱式壁柱和科林斯立柱并用；楼体在三个不同的地方突兀地配了三座弧形的山形墙。埃斯特伽穆大楼采用的宫殿建筑的元素很好地迎合了权贵的期待。整栋大楼最气派的就是朝向阿罗约街的大门：这两扇6米高的铸铁大门足以和附近圣马丁公馆的大门媲美，成为布城的著名景观之一。

如果说，布城的巨头们通过建造各自的私宅进而在整体上重新塑造了他们的城市。那么，在他们眼里，一个美好的城市应该拥有什么呢？显然，这样的城市应该配置现代社会最先进的基础设施。1900年时，这类基础设施包括：供水系统、城际铁路交通、市内有

轨电车和地铁、平坦明亮的道路、高效的警察体系和卫生系统。这些都是美好城市的必要条件，但是还尚不足以成就一座城市。美好城市的标准不能仅满足基本的生活需要，还要让市民拥有富足丰裕的生活，不能整日为目标奔波，还应享受适度的闲暇。生活在"美好年代"的布城权贵们正兢兢业业、充满热忱地管理着他们的城市。他们认为美好城市的标准还应包括以下设施：有许多广场；有一座美丽的大公园，能媲美纽约中央公园、伦敦海德公园和巴黎布洛涅森林公园；有一座剧院；有一座竞技场，上流社会能身着从欧洲买来的华服，坐着马车聚集此地，参加精彩的盛会；有动物园和植物园；有一条河边的林荫步道；有座艺术博物馆；还要一座自然历史博物馆。此外，美好的城市还得有对角大街。巴黎就有不少对角大街，所以布城也必须有。

纵观历史，每个伟大的城市背后都有一个孤独的身影，通常是高高在上的君主，拼命把自己的意愿强加给他的城市，直到这座城市按照他的设想发展。这个人，在罗马是希克斯图斯五世，在巴黎是奥斯曼男爵，在纽约是罗伯特·摩西，在布宜诺斯艾利斯便是托尔夸托·德·阿尔韦亚尔。阿尔韦亚尔为我们今天看到的布城打下了坚固基础，更重要的是，为我们今天看到的布城描绘了蓝图。阿尔韦亚尔完全按照自己的意图和判断行事，但是他本人也是权贵集团的一员，故此能理解这一阶层的意愿并力图满足他们的利益和需要，从而赢得信任。1883年，阿尔韦亚尔由新总统罗卡亲自指定出任布城市长一职，直到1887年结束任期。

如今谈起托尔夸托·德·阿尔韦亚尔，尚且记得他的人都会称他

图8-4 托尔夸托·德·阿尔韦亚尔。（阿根廷国家档案馆）

为贵族。阿根廷人用贵族头衔"唐·托尔夸托"称呼他也并非毫无原因，他非常富有。1884年，他聘请建筑师胡安·安东尼奥·布斯基亚佐设计了布城最豪华的私人府邸。这座巴黎风格的豪宅简直完美无缺，在接下来的半个世纪里一直占据着塞里托街和洪卡尔大道路口。

※

担任市长时期的照片里，阿尔韦亚尔（全名为托尔夸托·安东尼奥·德·阿尔韦亚尔-萨恩斯·德·拉·金塔尼利亚）60岁出头，看起来很有权势，让人肃然起敬。他的领口浆得笔挺，唇上的胡子留得挺长，面容消瘦，眼睛不大却黑亮有神，显得一本正经、诚实正直，像维多利亚时代的官员。所有对阿尔韦亚尔的记载都说他是个可敬、可畏的人，不太容易亲近。据说他常在市里巡视，亲自监督工人们劳作，安排工人倒班；他手里总是拿着一根长警棍，时常顺手赶一下骡子。诸如此类的传闻实在不少。

阿尔韦亚尔家祖上是富裕的地主，也经营进口葡萄酒的业务，他的父亲卡洛斯·玛利亚·德·阿尔韦亚尔将军是伊图萨因戈战役的英雄，也是阿根廷共和国早期的重要领袖。所以阿尔韦亚尔一上任就把布城最美丽的街道命名为阿尔韦亚尔大道以纪念父亲。这条道路本来叫作五月林荫道，连着布宜诺斯艾利斯港，罗萨斯执政期间将其延长到了巴勒莫区。后来这条街道又改称利贝尔塔多大道。如今，阿尔韦亚尔大道是布城最优美的街道之一，沿街有几家布城最高档的宾馆，如阿尔韦亚尔皇宫酒店和凯悦酒店，有19世纪末最美的宫殿建筑，还有一些新建的公寓住宅区。

担任市长之前，阿尔韦亚尔对公众生活并不上心，但他对城市生活比起同时代的波特诺人要懂得更多，思考也更深刻。阿尔韦亚尔曾到访过欧洲许多国家的首都，亲历过奥斯曼男爵轰轰烈烈的城市改造。1883年，接到罗卡总统任命后，他立刻行动起来，掀起了规模宏大的布城改造运动。待改造完成时，阿尔韦亚尔已逝世多年。

在现实社会中，民众常受多种思潮影响，对很多公共事务毫不关心，公众人物也难以将自己的意志强加给民众，尤其像阿根廷这样自由民主的国家。当时布城的中产阶层迅速扩大，部分民众开始觉醒。正是因为迎合了权贵和中产阶层的迫切要求，阿尔韦亚尔庞大的巴黎化改造才可能实现。

阿尔韦亚尔的改造并没有像奥斯曼男爵改造巴黎或摩西改

第八章　南美巴黎（1880—1920）

图 8-5　雷科莱塔林荫道边的人工洞穴，摄于约 1890 年。（阿根廷国家档案馆）

造纽约那么艰辛。他不必在人口高度密集的城市空间里闪转腾挪，甚至采取冷酷无情的强制手段。当然也有市民干扰改造，满腹怨言，布城议会甚至一度要罢免他，多亏罗卡总统出面力挺，他的计划才得以继续推行。但是总体而言，反对阿尔韦亚尔的人势力并不强大，而且也没有团结在一起，因此没造成太大困难。从另一个角度我们也可以说，阿尔韦亚尔的成就高过奥斯曼男爵，因为在奥斯曼男爵改造前，巴黎已经有许多文艺复兴和巴洛克时代留下来的宏伟建筑，已然是个美丽的城市，而阿尔韦亚尔可没有这样的资本。盖维斯·屋大维·奥古斯都曾自豪地说："我得到的罗马是座砖城，而我留下的，是一座大理石城。"

阿尔韦亚尔也完全可以说，他将一座不起眼的南美城市改造成了雄伟的"欧洲"之都。

阿尔韦亚尔首先着手改造布城的街道，这项工程实际上耗时几代人方才完成。其实早在1827年，里瓦达维亚就提出了这个主张并制订了具体计划，阿尔韦亚尔实施的基本上就是里瓦达维亚的设想。改造主要是拓宽布城的几条主要街道，形成层级化的道路体系。这些顶级的宽阔大路包括东西向的圣菲大道、科尔多瓦大道及科连特斯大道，以及南北向的卡亚俄大道及普埃雷东大道。直到今天这些都是布城的主干道，主导和影响着波特诺人的生活。阿尔韦亚尔还规划了一条巨大的林荫道，即后来的七月九日大道。七月九日大道于20世纪30年代方才开建，1980年竣工，堪称世界最宽的道路。阿尔韦亚尔主张绿化城市，修建和改造市民广场和公园，建设和改造了圣马丁广场、拉瓦勒广场和萨米恩托的二月三日公园等。1832年查尔斯·达尔文将布城描述为"全球最规整的城市"并非夸赞之词。经过阿尔韦亚尔的努力，布城棋盘式的街道格局得以精细地保留，往日的单调无趣却已消失。

拆除雷科瓦大拱廊也是阿尔韦亚尔最早开展的工作。雷科瓦大拱廊是一条横贯五月广场的单层建筑，简直就是布城的心脏和灵魂。1883年5月25日是布城脱离西班牙殖民统治、宣布独立的纪念日，阿尔韦亚尔在夜深人静之时动工拆除了雷科瓦大拱廊。待到第二天天亮，雷科瓦大拱廊已经无法修复。面对既成的事实，任何反对意见都是徒劳。阿尔韦亚尔还用同样的办法偷偷拆除了市政厅的北半部，目的是为修建五月大道让路。市政厅是殖民时期的建筑，同时代的建筑当时已存世不多，阿尔韦亚尔的这种方式，后来罗伯特·摩西改造纽约时也曾用过。

拆除雷科瓦大拱廊既有象征意义，也有现实意义。阿尔韦亚尔认为拆除雷科瓦大拱廊已刻不容缓。布宜诺斯艾利斯现在已经成为国家的首都，城市的面貌要与地位相匹配，殖民时代的痕迹必须清除掉。这是前人早就想做但没有做成的事而已。此时，查尔斯·佩列格里尼已在五月广场边上造起了第一座哥伦布大剧院，亨利克·艾伯格、卡尔·奥古斯特·基尔伯格与弗朗西斯科·坦布里尼正在改造玫瑰宫。试想在五月广场周围的一派欧洲风情之中，突

图8-6　19世纪之交的五月大道，照片中没有出现女性，工人也穿戴着中产阶级的服饰。（阿根廷国家档案馆）

兀地立着这座低档的、充斥着小商贩们大声叫卖声的市场有多么不协调。更糟糕的是，雷科瓦大拱廊的西班牙风格很容易让人联想起那个落后邪恶的殖民政权。所以拆除雷科瓦大拱廊、重建五月广场，布城就能获得一个全新的公共空间。相比法国巴黎的协和广场、威尼斯的圣马可广场和马德里的马约尔广场，五月广场即便说不上更加壮观，至少规模上毫不逊色。

然而，拆除雷科瓦大拱廊和改造五月广场只是阿尔韦亚尔宏大计划的一小步。雷科瓦大拱廊被拆除后，布城史上最为壮观的城市建设即将拉开序幕。布城将要仿照美国国会大厦建造一幢规模巨大的国会大厦，修筑一条2千米长的五月大道，将国会大厦和总统官邸玫瑰宫连接起来。

五月大道的修建是阿尔韦亚尔城市改造运动的巨大突破，布城的面貌也为之一新。在此之前胡安·德·加雷建城时划定的布城范围已经历经300年未变，五月大道是这个区域里第一条新修的道路。它穿过了里瓦达维亚大街和伊里戈延大街包围起来的街区，连接到五月广场2千米以外矗立着的阿根廷国会大厦。这样一来，在阿尔韦亚尔的大胆突破下，布城的政治机构不再完全环绕在五月广场周围，阿根廷的立法机构和行政机构分列五月大道两端遥遥对视，且各有一个规模宏大的广场。这一调整也可视作国家权力结构的变化在物理空间和地理格局上的体现。阿根廷的第三个权力机构即司法机关，设在拉瓦勒广场边的最高法院大厦内。该建筑由诺伯特·梅拉特设计，和五月广场、玫瑰宫相距约1.6千米，与诺尔特对角大街相连。

1885—1894年修建期间，五月大道被布城民众戏称为"官司大道"，因为大道占了许多人的产业，业主们心生怨恨，对拆迁赔偿又不满意，纷纷起诉政府。但今天走在绿树成荫的大道上，往昔的纠纷早已烟消云散。大道由布斯基亚佐设计，宽30米，建成时是布城当时最宽的道路。请注意，五月大道的宽度和巴黎最新、最壮观的道路相比也分毫不差。就是在巴黎，也找不出一条胜过五月大道的道路。甚至相比香榭丽舍大街、巴士底歌剧院大街、奥斯曼大道、皇家大道，无论气派还是美感，五月大道都毫不逊色。布城还效法巴黎的做法，规定五月大道两边的建筑必须同等高度，且不得超过24米。这条规则虽然后世偶有打破，但总体来说执行得相当严格。今天，五月大道的景观依然和谐一致，这在当代布城实属罕见。

接着，阿尔韦亚尔又开始了最高法院大厦和新哥伦布大剧院（取代五月广场边上的老剧院）的建设。两者都在拉瓦勒广场边上，隔广场相对。然而，阿尔韦亚尔本人并未活到工程完工。不久，莱安德罗·N.阿莱姆大街边上的国家邮政总局也开建了。接着，他又制定了科连特斯水务大厦的建设方案，这幢大厦在国会大厦北边。他还研究了港口扩建的问题，彼时，港口是布城和阿根廷经济繁荣的关键，也是阿尔韦亚尔实现城市理想的经济后盾。更难能可贵的是，阿尔韦亚尔的改造计划并不局限于高楼大厦，也不只是重要道路的拓宽。他在全城遍植树木，铺设路面，改善照明，这些举措都改善了所有布城人的生活。

1887年，阿尔韦亚尔结束了4年任期，卸下了肩头的工作，重访欧洲诸国首都——那些带给他灵感的地方。回到布城后，他本已应允再次出任市长,却于1890年12月8日突然离世。阿尔韦亚尔有10个孩子,其中卡洛斯日后步其父后尘,出任布城市长,而马塞洛则当选为阿根廷总统,于1922—1928年间执政。现在,雷科莱塔国家公墓边上有座以阿尔韦亚尔命名的大广场,广场中央也有座气派的阿尔韦亚尔纪念碑。阿尔韦亚尔几乎凭一己之力,为布城带来了难以计数的改变,受了他许多恩惠的布城人却差不多完全忘了他。事实上阿尔韦亚尔值得被更多人铭记,正如圣保罗大教堂里,教堂设计者克里斯托弗·雷恩爵士的墓碑上镌刻着一句话:"如果要寻找雷恩爵士的纪念碑,请看四周。"这句话用在阿尔韦亚尔身上并不为过。站在布城向四周望去,阿尔韦亚尔的杰作无处不在。这座城市里的一切,即便有些不是阿尔韦亚尔工作的直接成果,也是后人沿着他的足迹继续前进而取得的成果。

———— ❋ ————

矗立于五月大道西端的国会大厦是阿尔韦亚尔城市变革计划的典范之一。国会大厦位于里瓦达维亚大街和伊里戈延大街之间,在卡亚俄大道与恩特雷·里奥斯大道交界处(里瓦达维亚大道是布城的南北分界线,每条南北走向的街道在里瓦达维亚大道的北边和南边并使用不同的路名)。新国会大厦以美国国会大厦为蓝本,但也和美国国会大厦一样酝酿了许久方才动工。这幢大厦规划于1882年,1896年开工(此时阿尔韦亚尔已去世6年),9年后才举办了官方竣工仪式,但此时大厦还有许多工程没有完成。大厦的设计阶段引

第八章　南美巴黎（1880—1920）

来各路建筑师激烈竞争，最终出生于意大利的维托里奥·米阿诺竞标成功。

　　设计阿根廷国会大厦时，美国国会大厦已建成半个世纪，而且两国的文化环境也极为不同。美国国会大厦严格遵循了古典主义的比例配置，给人无与伦比的平衡美感。但是阿根廷国会大厦带着一些古怪的感觉，在当年的政府机构建筑中实属罕见。它的外观与美国国会大厦十分相似，也是宫殿和圆顶罗马神庙的结合，底部有基座，通过带有廊柱的侧翼和两边的侧楼相连。但是，美国国会大厦庄严的比例到了阿根廷国会大厦这里就被不自然地拉长了，尤以穹顶最为明显。不协调的比例产生了不安定感，而穹顶上的尖刺细节、

图 8-7　国会大厦，1906 年由托里奥·米阿诺设计。（阿根廷国家档案馆）

穹顶前的战马、战车雕像（在穹顶和神庙顶部起过渡作用）以及侧楼顶上的雕塑大大强化了这种不安定感。

这个时期布城建设了大量宫殿式建筑，国会大厦只是其中规模较大的一个。布城的宫殿建筑尤其注重对称，中间的主体结构两边有一模一样的侧翼与一模一样的侧楼相连。这种严格的对称在学校建筑中尤其明显。例如卡亚俄大道上的"多明戈·福斯蒂诺·萨米恩托"第九师范学校，设计师是卡洛·莫拉；科尔多瓦大道与胡宁街路口的布宜诺斯艾利斯大学经济系大楼，设计师是基诺·阿洛伊西；还有同一条街上的第一师范学校，设计师是埃内斯托·庞格，同时他也是阿根廷国家监狱的设计者。所有这些建筑正好应验了一句俗语——"没有国王的宫殿"，以此形容波特诺人和阿根廷共和国对宫殿建筑的痴迷可谓恰到好处。

本城最豪华的宫殿式建筑要数布城三条铁路干线上的火车站：萨米恩托线（即西线）上的昂赛车站、罗卡线（即南线）上的宪法广场车站、米特雷线（即北线）上的雷蒂罗车站。这些车站的设计有统一的模板，它们和巴黎北站、巴黎东站、伦敦的帕丁顿站和滑铁卢站一样，像一个布杂派的巨大婚礼蛋糕安放在车站所在的广场上。这些车站的设计也都受到古罗马卡拉卡拉浴场或戴克里先浴场的启发。铁轨建在宫殿建筑后面，从街上无法看到，铁轨上面罩着由铁格栅撑起来的玻璃棚。

单从外观来看，三座车站里最美、最和谐的是北面的雷蒂罗站。这座车站立面装饰典雅，华丽的门廊形成一条弧线，微微凸向对面的圣马丁广场。车站始建于1909年，1915年竣工。虽然采用典型的法国风格，但设计师却是英国建筑师尤斯塔斯·L.康德、罗杰·康德和西德尼·G.福利特。车站实际上在英国制造，部件一件一件运到布城再组装起来，采用当时流行的粗琢立面，复折式屋顶边上安装的栏杆形似花边，同时运用了单一或成对的多立克式立柱。这座车站既可以说是一幢阿根廷建筑，也可以说是一幢英国建筑，时间上和埃德温·卢伊腾斯爵士在新德里创作的新古典主义建筑，以及雷金纳德·布洛姆菲尔德爵士对伦敦摄政街的改建都属于同一时期。

今天，雷蒂罗车站虽然已经破旧，但一切依然华丽。每天有数万人从此处进进出出，鲜有人注意到它日渐消退的美丽，但昔日的辉煌依旧清晰可辨：百年之久的铜烛台，做工精细的大吊灯，售票窗口上的马略尔卡陶釉泛着绿松石色的光芒，窗口里有残破的木制售票台以及生锈的铜栏杆。这座车站是规格最高及甚为理想的公共建筑。同一时代，权贵们建造的私人府邸和俱乐部再豪华也比不上这座车站。雷蒂罗站用微微呈拱形的入口迎接着所有来来往往的波特诺人，不分阶级，不论收入。车站南厅豪华的餐馆依旧还在，只是盆栽的棕榈和雪白的亚麻桌布都已消失，顾客也不再是旧日的显贵。科林斯立柱撑起的中庭依旧明亮迷人，不难想象雷蒂罗车站往日的辉煌。

宪法广场车站坐落在城市的南部。这座车站经历了几次改扩建，各部分的建筑风格不尽相同，看上去不像雷蒂罗车站那样风格和谐。车站最为人熟知的是建于1887年的北立面，由伦敦帕尔、斯特朗&帕尔公司建造。此立面据称以法国迈松斯-拉菲特的巴洛克城堡为原型，但是风格稍显粗壮笨拙，倒像是约克、曼彻斯特这类英国城市晚期的维多利亚式建筑。车站内部建成的时间更晚，一个高18米、长120米的筒形拱顶顶上装饰着花格镶板，整体效果非常震撼。纽约中央车站的拱顶在细节上也许更胜一筹，但是没有宪法广场车站的有气势。法国新古典主义建筑大师克劳德-尼古拉斯·勒杜和埃蒂安-路易·布雷若是看到这座大厅，心中不知又要点燃何种疯狂的建筑梦想。

布城众多的宫殿式建筑中最奇特而又最讨喜的一座就是科连特斯水务大厦了。该建筑由瑞典建筑师卡尔·尼斯卓马设计，1894年建成。当时布城的许多基础设施项目都由英国资本兴建，水务大厦也一样，由英国人开办的布宜诺斯艾利斯给排水有限公司出资建造。布城原本在国会大厦附近的拉雷亚广场上有座水塔，只是样子非常丑陋。水务大厦建成后，那座水塔便被拆除了。大厦呈正方形，占据了整个街区，四周分别是科尔多瓦大道、比亚蒙特街、阿亚库乔街和里奥班巴街。大厦的立面铺着许多色彩艳丽的瓷砖，由伦敦朗伯斯区的皇家道尔顿公司生产，至今仍如刚出厂那般光亮如新。瓷砖的排列形成了一种矫饰主义风格特征，让人不禁想到法国的枫丹白露宫。水务大厦的粗琢墙面、复折式屋顶、山墙以及许多其他细节也和枫丹白露宫有些许相似。大厦建成时，阿根廷民众爱国主义热情高涨，楼体的陶制装饰也采用了阿根廷各省的纹章盾牌和省花作为纹样，做工十分精细。

有趣的是，水务大厦外表光鲜，但它实际上只是一个泵站。这座供水设施的宫殿在壮观的外墙下，内部安装着12个巨大的水箱。

由于用水需求不断增长，水务大厦无论在输水功能还是储水能力上都很快就跟不上布城的发展了。今天，大厦只有很小的一部分用作当地公共事务的办公室，里面建有全球最棒的水务博物馆。

奇怪的是，布城到 1900 年时居然没有建起和地位相配的博物馆群，只有零星的中小型博物馆，尽管那时在经济上已完全负担得起。伦敦的克伦威尔街上并立着维多利亚与艾伯特博物馆和自然历史博物馆。纽约的大都会艺术博物馆和美国自然历史博物馆，隔着中央公园遥相呼应。而布城却没有一座在规模或声望上能与伦敦和纽约媲美的博物馆。当然，布城历史上也多次有人提出要建设高水平的博物馆，但都没能实现。若参观者期望不高，米特雷广场对面的阿根廷国家美术馆颇值得参观，但和纽约的大都会艺术博物馆、华盛顿的美国国家美术馆、伦敦的英国国家美术馆比起来，藏品数量不及百分之一。阿根廷国家美术馆建筑风格朴素，19 世纪 60 年代是一座净水厂，20 世纪 30 年代由亚历德罗·巴斯蒂罗改造成博物馆。阿根廷自然科学博物馆坐落在世纪公园北侧，单从建筑的角度看，还不如布城几所高中的校舍漂亮。

※

布城的街景有个很少有人注意的特别之处：每个街区的四角都被截去了。这样的匠心使布城产生了特别的美感。西班牙语有个专门的术语是 chaflan（街角建筑的截角面），但是当地人叫作 ochava（截角面），这个词或许是从 octava（即数字 8）演变来的，也许是因为被截去的部分占建筑一角的八分之一吧。这个小小的变化使布城的街景发生了惊人的改变,对布城人的居住和生活也产生了不少影响。

放眼全世界,所有采用棋盘式格局的城市,街角都设计成标准的直角。除了有些沉闷呆板外这样做也没什么不好。但是在布城,每个路口都有4个截角面,或是商店,或是餐馆,或是住宅,五彩斑斓,争奇斗艳,竞相吸引路人的注意,成为上演城市万象的小剧场。这样一来,每个路口都成为一个好去处,充满种种乐趣和意味。布城千千万万个路口都有如此风情,整体的效果就非常独特,全世界也找不出第二个。虽然巴黎和巴塞罗那也有不少带有截角面的街区,但不似布城这样遍及全城所有路口。

这一设计的初衷并不明确。有些历史学家认为这种设计可追溯到殖民时代,街角的截面专为开店所留。还有一个比较可信的说法:1821年里瓦达维亚曾颁布一条法律,要求布城的街角建筑都设计成截角面以保护行人。显然,在路灯普及之前,布城的街区有巨大的安全隐患,即行凶抢劫者躲藏在街角,伺机偷袭不加防备的行人。但是这条法律似乎没有全面落实,19世纪80年代以前的建筑中好些没有截角面。而现在,布城只有20余幢街角建筑没有截角面,大部分都在圣特尔莫区和蒙塞拉特区。

———— ✽ ————

本章介绍的所有布城建筑都背负着一个贵族梦想。若是往坏处想，可以看成是粗鄙的"暴发户"心态作祟，或者也可评价为"装腔作势"。这么理解布城人的初衷当然不无不可，但也会比较片面。布城的豪华宫殿建筑常被批评者称为"蠢货"，不过偶尔也有一些建筑确实算得上是蠢货。出资建造这些建筑的布城精英和布杂派建筑发源地巴黎的精英相比，没有任何区别。"暴发户"这个词本身就是用来描述法兰西第二帝国的整个官方文化，更别说那些竭力效仿巴黎的欧洲城市，伦敦、纽约和华盛顿，冠以"暴发户"三字形容毫无不妥。布城权贵真诚而又坚定地追求自己的目标不得不让人钦佩，这样的文化心态本就无可厚非。波特诺中产阶级也有同样的追求，就连阿尔韦亚尔大道上居住的牧民公寓楼都带有明显的布杂派色彩。随着时间的流逝，对美好生活的追求波及布城的各个阶层。美国拉美史学者詹姆斯·斯科比曾写道："除非正在干最脏、最累的体力活，波特诺男人都统一了着装规范，白衬衫（领子必须上过浆，或是配上赛璐珞衬衫领）、深色领带、礼帽和深色西装。"工人们到了上班的地点再换上工作服，下班时就把工作服脱下来。所以在布城街头根本"看不出做店员的女孩和总统的孙女有什么区别，银行职员和国防部部长的儿子，看上去也别无二致"。

短短数年后，大批欧洲移民涌入，形成了第一次和第二次移民潮，工人阶级壮大了好几倍。在人口学上，移民潮是阿根廷历史上最重要的事件，在布城来说尤其如此，因为布城是移民抵达阿根廷的第一站，而且许多移民都会留在这里生活。

权贵们可不是哪里的移民都想要，他们想要欧洲人，最好是北欧人。法国移民阿莱霍·佩雷积极倡导阿根廷吸收移民，1870年他给萨米恩托的信中写道:"我们需要的移民要能工作,能造房子,能开荒种地,能抵御沙漠侵蚀。那不勒斯来的移民可不行,他们只会在布城街头卖橘子……甚至法国移民也不成。只有欧洲北方人才是阿根廷需要的移民。"抱着这样的期待,权贵们迎来的大约只有失望,因为大多数移民都来自南欧。

在阿尔韦亚尔任市长期间,随着移民开始增加,布城的地方官员才渐渐有了扩大城市规模的想法。他们规划的城市不仅要有美丽的宫殿式建筑、绿树成荫的大街,面积也要大大增加,人口要达到数百万。这样的城市布城的官员都未曾见过,当时也只有伦敦和巴黎符合。而在阿尔韦亚尔刚上任之时,压根未曾料到布城会发展得如此之快。

和美国一样,阿根廷也是个移民国家。随手翻开一份布城报纸或本地黄页,上面的名字五花八门,有意大利的、德国的、法国的、英国的、西班牙的、巴斯克的……布城本来就是个港口城市,故此街头也常出现大量外国人。但是这和19世纪80年代开始的移民潮相比,真是小巫见大巫了。这一时期,美国接收了2000万移民,而阿根廷接收了350万移民。考虑到阿根廷的人口基数,这个移民数量是相当惊人的,1880年阿根廷本地人口(大部分是西班牙殖民者的后裔)只有250万,也就是说阿根廷接纳的移民比本地人还多。到20世纪40年代中期,这波移民潮方才基本平息,此时阿根廷已经接收了150万西班牙移民、140万意大利移民,还有60万其他国家移民。所有这些移民都向往着"移民美洲发大财",这也是当时的一句俗语。

第八章　南美巴黎（1880—1920）

19世纪80年代以前布城的人口结构比较单一，绝大多数都是白人及其后裔，特别是西班牙人后裔，当然也有其他国家的移民在这里过上了富足体面的生活。布城城区里生活的人在肤色、饮食、服饰和语言上都没有明显差异。从那时开始，移民在布城各处扎下根来。西班牙移民都在蒙塞拉特区和圣尼古拉斯区落脚；意大利移民则更喜欢圣胡安·伊万格丽斯塔和巴尔瓦内拉区南部；犹太人喜欢在巴尔瓦内拉区的东部、南部和北部扎堆，并没有被同化，现在形成了一个庞大的哈西德派犹太社区。布城犹太人是现今世界上第七大犹太社区。这些移民聚居的区域对布城人来说是新生事物。

18世纪晚期，布城有不少黑奴及其后代，一度占到人口的三分之一。19世纪上半叶在布城还到处能见到黑人，就和今天的里约热内卢一样。但是黑人显然不太受欢迎，到了19世纪下半叶数量大幅减少。1880年后，新移民大量进入布宜诺斯艾利斯时黑人基本上全都消失了。美国历史学家乔治·里德·安德鲁写道："布宜诺斯艾利斯黑人逐渐减少乃至最终消失是阿根廷历史上最惊人的事件，也是世界人口史上最奇特的现象之一。"阿根廷的黑人在全国范围内虽然都不怎么受人欢迎，但是也没有遭到系统性的迫害，这和遭受了罗卡将军"沙漠征服"的印第安人有根本差别。目前我们能确定的是，黑人的消失改变了布城的面貌。现在布城能见到的黑人大多都是来自美国和巴西的观光客。

在第一次移民潮大约20年后，移民的生活逐渐安定下来。他们大多在港口和五月广场附近工作。1905年后，有轨电车开始真正用电力驱动，这样的技术进步再加上城市发展和政府推动，布城才得以扩张到普埃雷东大道以西。此前，大多数移民都生活在条件恶劣的康文提洛廉租房中，有时一间房要分隔成15个小间出租。大部分康文提洛都在圣特尔莫区和圣尼古拉斯区，但移民最多的则是离港口最近的博卡区。

同布城到处散发着高贵精致的巴黎风情的建筑相比，博卡区好似无产阶级的反讽。今天的博卡居民大多来自阿根廷内陆地区，或是巴拉圭、玻利维亚移民。但在100年前，这里住的几乎都是意大利人，尤以热那亚人居多。1882年，布城爆发了一场旷日持久的大罢工，生活在博卡区的新移民居然宣布正式脱离阿根廷，成为独立的国家并且升起了热那亚的旗帜。不久罗卡总统就赶到现场，亲手扯下了所谓的"国旗"，这场骚乱也就平息了。

今天的博卡区已经成为游客聚集的地方，每天不分昼夜，熙熙攘攘，到处都是探戈表演、纪念品店和宰人的牛排馆。但是，100年前布城其他地方不多见的无产阶层喜欢的东西，这里依然还能找得到，尤其是卡米尼托小道一带。卡米尼托小道原是一条小河，干涸之后建上了铁路。现在铁轨依然还在，但在1954年之后就废弃了。博卡区最有意思的地方是，这里的建筑依然保持着1900年的样子。一般来说，想要在布城找一幢木头房子得往城外走很远的路。但是在博卡区，到处都是铁板屋顶的木头房子，简陋得好像每幢都是新手建造的。房子上层往往以肱梁支撑，与下层以不可思议的角度叠在一起，有时凸出一块，有时凹进一条。这些房子最引人注目的地方就是拼图一般明亮斑斓的色彩，有时一面墙上就刷了5种颜色。这种粉刷墙壁的传统可以追溯到19世纪，当时这里居住的工人大多在里亚丘埃洛河上的码头工作，偷偷将船只保养剩下的油漆带回家刷房子。码头用剩的油漆往往不够刷一面墙，更别说一整栋房子了，所以只能有什么颜色就用什么颜色，惊人的效果就这么诞生了。

※

大量移民涌入，导致布城人口两代之间激增了10倍。1887年后，城市的面积也急剧增加，随之而来的自然是基础设施的巨额投入。这一时期有很多建设项目，规模最大的一是港口扩建，二是建设地铁。

1913年12月1日布城开通了第一条地铁。奇怪的是，即便如此，布城人仍不能完全确定他们是否真的需要这种造价高昂、工程浩大的交通方式。今天，地铁系统是布城重要且高效的市内交通工具，但线路规划得不是很合理，4条东西走向的地铁都从五月广场出发，呈扇形向城西延伸，而南北方向交通则十分不便。在1930年B线建成以前，整整16年间，布城的地铁只在五月广场到国会大厦之间运行，最多往国会大厦西边稍微延伸一点，全长不过2.5千米。建造A线的理由是有轨电车负担过重，但现在已无从得知那时有轨电车的运力是否真的不能满足市民需求，能推测到的建设地铁原因很可能是出于攀比——巴黎、伦敦和纽约都建了地铁，布宜诺斯艾利斯也必须建。

布城当年许多基础设施都由英国人出资兴建，地铁A线也不例外，由英阿电车公司修建。布城的地铁可算不上漂亮，没有莫斯科地铁华丽的洛可可式吊灯和涡卷装饰，没有伦敦银禧延长线炫目的后现代风格，也没有巴黎地铁14号线的现代歌剧风格。目前运行的6条地铁线大部分都建于20世纪50年代至20世纪70年代，即便在当时，布城地铁也缺乏新鲜感和想象力，只有最早的A线算个例外。A线是唯一建在"美好年代"的地铁，全线风格统一，原汁原味地保留了100年前的设计。地铁内的装饰可谓汲取了简约风格的精髓：奶油色光面瓷砖配以深蓝或洋红镶边，十分有生气。这种自信的设计仿佛一张来自1913年的名帖或是邀请函，将人的思绪带回那个遥远的年代。

A线最优秀的部分是地铁车厢。这些车厢于1913年投入使用，直至2013年停运，整整运行了1个世纪，退役前是全球最古老的现役地铁车组。出色的运行纪录一直保持到最后停运：平均每运行10万千米出现19次机械故障，可谓世界地铁最低故障率之一。这些车厢在比利时布鲁日市设计制造，被称为"布鲁日型"。在漫长的岁月里，车厢的金属外壳已经重新油漆过多次，有不少还布满了涂鸦作品。内部的木质装饰和木条座椅日益陈旧却基本保存完好。车厢顶棚和侧板均是镀锌钢材质。拱形的车窗上有一根皮带，拉动皮带时车窗即可沿木质窗框上下移动。这个装置颇有阿根廷特色。车顶的灯座上有一圈叶形镶边，车厢内的金属扶杆顶端有端庄的圆形花饰，除此之外，车厢内再无别的装饰。门口的镜子最能体现岁月的变迁：镜子上的水银已经剥落了几十年，早已斑驳不堪，只能照出模糊的人影。

比起短短一段地铁，改造港口的项目才是当务之急，毕竟布城和阿根廷的财富大部分来自港口。现在布城有三座港口，其中两个

第八章　南美巴黎（1880—1920）

尚在正常运行。第一个港口在南部的博卡区和巴拉卡斯区，目前尚在使用。三个里面最有名的是第二个港口——马德罗港，位于五月广场以东，沿着老布城的南北轴线北至雷蒂罗区，南至博卡区。虽然半个世纪前马德罗港就已停用，但绝大多数市民和游客心目中的主港区仍然是马德罗港。马德罗港近年来成功转型为高端餐饮和豪华摩天大楼的聚集地。最后一个港口是北部的新港，位于雷蒂罗区以北，现在说到布宜诺斯艾利斯港，指的就是新港。

大多数布城人心里都觉得马德罗港才是布城的港口。詹姆斯·斯科比曾写道："如果不把码头和港口建在五月广场前面，波特诺人简直想不出还能建在哪里。" 19 世纪最后的 30 年里，布城为此曾爆发过一场激烈的争论：大家都认同布城迫切需要一座新港，但是对于建在哪里意见不一。况且这个时期出现的汽轮，体积比老式的轮船大得多，吃水深得多，已无法在布城靠岸了。面对这些问题，人们提出了很多解决方案，其中最出色的有两个，分别是路易斯·A. 韦尔戈的方案和爱德华多·马德罗的方案。韦尔戈打算把新港建在南边博卡区的里亚丘埃洛河口，而马德罗打算把新港建在布城东面，与当时的城区平行。显然马德罗方案最终被采纳，这才有了马德罗港。但是马德罗方案在通过前韦尔戈已经做了不少工作，所以博卡那座较小的港口也进行了改建和扩建。

同时，兴建港口这么大的事不可能没有政治因素的博弈。布城保守的传统势力倾向于在南部建港，故而支持韦尔戈的博卡方案；而亲欧洲的权贵势力和提供建港资金的伦敦银行都支持马德罗的方案，主张沿着布城的南北轴线再建新港，这样也自然强化了五月广场的核心地位。这场争论持续了近20年，马德罗最终得到了伦敦银行家特别是巴林兄弟的支持，再加上权贵们想把新港建在总统府东面，这样就能更好地控制港口。这些决定性的因素使得马德罗方案最终被选中。巴兰卡和拉普拉塔河之间的沙洲已经静静地躺了几十万年，此时为了建设新港挖出了4个巨大的船坞，南北两边都造起了码头。

不久以后，布城东岸的形状和面貌逐渐发生了改变。站在五月广场或哥伦布林荫道上再也看不到远处的拉普拉塔河水在正午的阳光下泛起粼粼波光，取而代之的是一排排4层红砖仓库，让人产生置身伦敦的感觉。毕竟整个港区全由伦敦的霍克伍德父子公司设计建造。仓库之外是一排又一排的谷物升降机，足足有1.6千米长，像一列列笨重的巨人。马德罗港于1889年开建，9年后完工，此时马德罗业已离世。令人惋惜的是，也许由于港口的设计有内在缺陷，也许由于进出布城的轮船数量翻了番，新建的马德罗港很快就不敷使用，此后便逐渐衰落，到了20世纪60年代，正式宣布闭港。近年来，港区的商业改造也在进行中。但从城市规划的角度来看，马德罗港造价不菲，工程浩大，生硬地将布城居民和拉普拉塔河阻隔开来显然是个错误，而且可能是布城历史上最严重的错误。

1917年前后，布城决定改造港口最东端填河得来的土地，将其变成中产市民的休闲场所。这里首先要修一座美丽的小公园，依旧采用布杂派风格，这就是普拉斯·奥创堤公园。在公园建成几年后，巴黎景观设计师让·克劳德·弗雷斯蒂埃设计了一条与公园相连的景观大道——南岸大道，大道于1924年竣工。

南岸大道沿河修筑，长约 3 千米，连接拉普拉塔河与破旧不堪的港口。路面全由粗琢石灰岩石铺就，路边有 12 级台阶，走下台阶便是拉普拉塔河水。大道沿途都是立柱撑起来的绿廊，安装着带有弧度的扶手，间或还有几座雕塑，如罗拉·莫拉设计的海妖喷泉至今仍在河畔。过去拉普拉塔河边都是沙坑、泥沼和岩石遍布的浅滩，300 年前，布城早期的居民常到附近来洗澡。到了 19 世纪，河岸两边是哥伦布林荫道，海关大楼的 3 座码头延伸进河里。但是南岸大道把河岸向外足足推进了 1 千米，推到了比海关大楼码头还远的地方。

南岸大道建成后，数以万计的市民蜂拥至此，他们不仅在大道

图 8-8　南岸大道的浴场，摄于约 1945 年。（阿根廷国家档案馆）

漫步，还在河里游泳。南岸大道美丽的粗琢路面和古典风格的装饰固然引人入胜，但是凉爽的河水在炎热的夏季里更有魅力，各个阶层、各个区域的市民都到此游泳，这个传统一直延续到20世纪70年代。不久，南岸大道边就建起了大量休闲和娱乐设施，比如卖热狗和三明治的各种小摊和装修精致的啤酒屋。啤酒屋大多是布杂派风格，由克罗地亚人安德烈斯·卡勒耐设计，其中最著名的一幢叫慕尼黑啤酒屋，但现在已经改建成了一座艺术博物馆。如今这一带已经少有游客，博物馆也门可罗雀。

———— ❊ ————

几百年来，波特诺人的城市生活乃至全球各地的城市生活都发生了巨大的改变，南岸大道只是这场变革的一小部分。19世纪中叶以前，城市生活里根本没有休闲、娱乐和消遣的概念。1670年前后，法国园林名家勒诺特尔*重新设计了杜乐丽花园，巴黎市民竞相赶来欣赏美景，杜乐丽花园也成了最早的公共休闲场所之一。但是，类似的场所和设施一直都非常匮乏，直到19世纪中叶中产阶层和工人阶层日益壮大，开始有了更多的闲暇时光，情况才有所改变。

正如奥斯曼男爵改建巴黎时增加了大量休闲娱乐设施，布城的权贵们也决心效仿。显然，除了南岸大道的亲水设施，布城还需要建设多个公园、动物园、植物园、赛马场，以及许多带旋转木马的

---

* 安德烈·勒诺特尔（André Le Nôtre，1613—1700），路易十四的首席园林师，设计了路易十四的凡尔赛宫，代表法国古典园林的最高水平。——译者注

游乐场，才能使城市生活丰富起来。

即便经历了许多浮浮沉沉，今天的布城仍有大量美丽的公园，大部分都建于1900年前后。令人惊讶的是，除了哥伦布林荫道外，布城在19世纪中叶尚没有一座公园。而哥伦布林荫道也只有窄窄的一条绿化带位于远郊，除了散散步也没有别的用处。然而从19世纪中叶到世纪末，短短几十年间，布城的公园能有如此迅速蓬勃的发展，不可谓不惊人。

全球的大都市都有各种类型的公园，布城也不例外。规模小的如圣马丁广场和比森特·洛佩兹广场，且与周围的街区融为一体。市民在广场的草坪上或坐或躺，度过许多愉快的休闲时光。规模大的则有世纪公园、洛斯安第斯公园和拉斯·埃拉斯公园，不仅供附近的居民休憩、健身，本身也是旅游景点，还时常举办现场音乐会和艺术展览等活动。

布城还有一些规模特别大的公园，如萨米恩托公园、布朗海军上将公园，尤其是二月三日公园。与小公园截然不同，它们大到让游客迷路，真正是"一园一世界"。在公园内，游客完全沉浸于自然之中，像是着了魔一般，觉得自己像是永远离开了城市的尘埃和喧嚣。置身园中仿佛来到了英国浪漫主义诗人华兹华斯笔下的大自然——"一切尽在其中"。

布城的大部分公园都和一个名字密不可分：卡洛斯·泰恩斯。"泰恩斯"并不是1个人，而是4个人：法国移民胡莱斯·查尔斯·泰恩斯、他的儿子、孙子和重孙子。他们一家对布城的公园贡献相当卓越，其中最年轻的那位泰恩斯先生还是一位农学家。这里我们需要了解的是最年长的那两代人。自1889年老泰恩斯抵达布城到1946年小泰恩斯退休，半个世纪里父子俩掌管着布城几乎所有的公园。阿尔韦亚尔任市长期间，景观设计师尤金·柯蒂斯已经做了一些城市绿化的工作，但和泰恩斯父子的贡献相比简直不值一提。1891年，老泰恩斯出任布城的公园步道总监，负责建设了80余个绿化项目，包括公园、绿道、公共花园和私人花园。可以说，他是布城的弗雷德里克·劳·奥姆斯特德和让-查尔斯·阿尔方德，前者是纽约中央公园的设计师，后者规划了奥斯曼男爵时代巴黎的大多数公园，而且还是老泰恩斯的导师。阿韦亚内达公园、世纪公园、查克布克公园、莱萨马公园和洛斯安第斯公园都是老泰恩斯设计的，以上不过是按首字母顺序随便列举了几个。老泰恩斯倡导绿化，在布城种下了几十万棵树木，同时建设了布城植物园，植物园位于拉斯·埃拉斯大道和圣菲大道之间，直到现在仍是阿根廷植物研究最著名的地方。老泰恩斯一家在这个植物园里居住了几十年，他常穿着工装裤，手拿锄头，在园里进行各种各样的园艺实验。

老泰恩斯最杰出的作品无疑是二月三日公园，市民们现在称之为巴勒莫森林公园。这座公园在规模、气质和功能上和纽约中央公园最为接近，但它营造的世外桃源之感觉又颇像法国的布洛涅森林公园。在纽约中央公园南区，能看到周围一排排的摩天大楼；同样在二月三日公园，游人们还能听到雷蒂罗车站开出的火车呼啸而行。公园所在的地方原是胡安·曼努埃尔·德·罗萨斯的私人府邸。公园得名于1852年2月3日的卡塞罗斯战役。1879年，由萨米恩托总统下令改建为公园。公园建成之时，布城人口不过8万人，相比之下，公园规模过于宏大，位置又偏僻，交通不便，当时看来并无十分必要。可是到了19世纪70年代中期，布城人口已经翻了一番，不少布城人也移居到城市北部，即今天公园所在的巴勒莫区。

像二月三日公园这样出众的公园都好似会讲故事。游人走入公园便会被一层一层的景致吸引，顺着设计者规划的思路和路线一步一景。公园最热闹的地方是一个巨大的湖泊，游人可以泛舟湖上。此处还有一座有名的洛赛德尔玫瑰园，从湖上一座闪闪发光的白色小桥便可过去。公园里还有不少面积极大的草坪，多栋维多利亚晚期风格的砖楼，其中一栋现在是当代艺术博物馆。

布城有闲阶层的另一个好去处是巴勒莫赛马场。马场的赛道长1.6千米，以巴黎珑骧赛马场和英国阿斯科特赛马场为蓝本而建，却建在了最北端的市区内。这里原是拉普拉塔河的沼泽河滩，经填埋

图8-9 赛马场的上流社会，摄于约1904年，引自《脸与面具》(Caras y Caretas)周刊。（阿根廷国家档案馆）

成了土地，1854年建成了赛马场，20世纪初期再次改建成了今天所见的样子。今天，除了巴勒莫区和贝尔格拉诺区的富人，一般市民和游客并不知道这座马场，更不会来到这里。其实，这里的布杂派建筑最多、最美，保存也最完好，还有许多高档餐厅、茶座，更别说精彩的马赛了。

法国建筑师路易斯·福尔·杜贾里克设计了巴勒莫赛马场的大部分建筑，包括1908年建起的主楼。主楼的侧翼采用了较为精细的粗琢立面，中部为拱形结构，上层有5个以爱奥尼亚式立柱间隔的高窗，窗顶装饰着华丽的涡卷和纹章图案。1912年修建的小型侧厅是名为巴黎咖啡馆的茶室，侧厅的风格并不突兀，外形酷似坦比哀多礼拜堂，以爱奥尼亚立柱支撑，入口两侧各有一根嵌入式立柱，平坦的屋顶饰以锯齿状飞檐并安装着一圈整齐的栏杆。赛马场的建筑完美地诠释了布杂派建筑艺术的优雅与克制，布城布杂派建筑虽多，但能出其右者寥寥。杜贾里克通过这组建筑成功地突破了布城19世纪古典主义建筑简单模仿装饰效果的藩篱，直抵布杂派建筑的巴洛克源头，成为布城"美好年代"所有建筑师中的第一人。

※

1910年是布城历史上最为辉煌的一年，甚至可说是阿根廷历史上最辉煌的一年。1810年阿根廷宣布脱离西班牙独立，至此整整100年。这一年，布城人将迎来充满自豪喜悦的狂欢，庆祝活动将持续12个月，也将细细检视和总结这100年来的历史——这恐怕是最令人满意和愉快的总结了。1810年，西班牙王国已是欧洲最落后的国家，而阿根廷不过是西班牙帝国边远落后的前哨，刚独立时连自己的国土都未曾勘测开垦。但是100年后，阿根廷已是世界第8大经济体，位列意大利之后，加拿大和澳大利亚之前。

100年来，布城的人口一共增长了40倍。自1869年萨米恩托总统进行了第1次人口普查后，布城从17.8万人已增长到170万人，成为拉丁美洲最大的城市，也是世界级城市之一。通过出口肉类和粮食，布城的经济比人口增长得还快。布城的快速发展赢得了世界瞩目。1910年的百年庆典标志着布城和它代表的阿根廷，正式亮相世界舞台，也标志着布城已成为为数不多的世界顶级城市，除了历史没么悠久，其他方面足以和巴黎、伦敦、罗马媲美。同一时期内扩张如此迅速的城市大概只有纽约了。

布城不仅经济发展神速，文化领域也不断突破。1908年，百年庆典两年前，拉瓦勒广场上的新哥伦布大剧院落成启用。大剧院结合了巴黎加尼叶歌剧院与意大利米兰的斯卡拉歌剧院的特点，是一幢豪华的意大利文艺复兴式建筑。此时正是歌剧的黄金时代，大剧院吸引了不少著名的歌剧演唱家献艺，其中就有大名鼎鼎的卡鲁索和夏里亚平。这个时期，风靡巴黎的探戈也在布城悄然兴起，当时是相当边缘化的艺术。探戈是拉普拉塔河流域第一个征服世界的文化发明，下一章我们将详细介绍。

这个时期，各种餐馆和咖啡馆也兴盛起来。五月大道上的托尔托尼咖啡馆、里瓦达维亚大街与卡亚俄大道路口的莫利诺咖啡馆里几乎每日都高朋满座，顾客里还有不少外国人。盖特&查韦斯商场等百货商场矗立在巴托洛梅·米特雷大街和佛罗里达街路口。这地方此时已经成为全球最热闹的商业中心之一。《脸与面具》这样的以调侃社会名流为主题的周刊也已出现，人人都觉得自己居住的地方就是宇宙的中心。

正是在这样的氛围下，当时全世界的名人都来到布城参加1910年的盛典，例如乔治·克列孟梭*、阿纳托尔·法朗士**、伊莎多拉·邓肯***以及获得诺贝尔物理学奖的伽利尔摩·马可尼****。布城北部直到今天仍然是全城最漂亮的地方，这一时期更是汇聚了全球瞩目的广场和纪念碑：法兰西广场、意大利广场、德国广场和英人钟塔（位于雷蒂罗广场，是英国为布城百年庆典所建）。

和巴黎、维也纳一样，布城街头遍布雕塑，坐像、立像、骑马像不一而足，其中的优秀作品大多为百年庆典所建，或是庆典过后不久建起来的。西班牙纪念碑雄伟高大，由西班牙赠送，设计师是奥古斯汀·克罗尔，位于萨米恩托大道和利贝尔塔多大道路口。纪念碑的大理石基座高18米，四周雕刻着一列凌乱扭曲的肉体，基座顶上高高站着象征阿根廷共和国的女神，方圆几千米之外都能望见。同期建起的其他雕塑还有许多，例如科内利奥·萨维德拉像，

---

* 乔治·克列孟梭（Georges Clemenceau，1841—1929），法国政治家、新闻记者、法兰西第三共和国总理，法国近代史上少数几个极负盛名的政治家之一。——译者注
** 阿纳托尔·法朗士（Anatole France，1844—1924），法国作家，文学评论家，社会活动家。——译者注
*** 伊莎多拉·邓肯（Isadora Duncan，1878—1927），美国舞蹈家，现代舞的创始人。——译者注
**** 伽利尔摩·马可尼（Guglielmo Marconi，1874—1937），意大利无线电工程师，企业家，实用无线电报通信的创始人。——译者注

位于科尔多瓦大道和卡亚俄大道路口,由古斯塔夫·埃伯莱设计;米格尔·德·阿兹库纳那迦雕像,位于第一国民大会广场,由查尔斯·科迪尔设计,堪称布城最精美的雕像;克里斯多弗·哥伦布纪念碑,位于哥伦布公园,由阿纳尔多·佐奇设计。

布城最宏伟的纪念碑终究未能建成。阿尔韦亚尔和他的继任者们一直觉得五月大道一端连着国会大厦,一端连着玫瑰宫,中间还少了点什么。1811年建造的五月方碑虽然是经典的新古典主义风格,但毕竟体量太小,在本地权贵们看来配不上布城如今的地位和气派。1887年,阿尔韦亚尔倡议建一座更大的纪念碑取代五月方碑也获得了批准,却未能实施。1890年爆发了金融危机,资金短缺不具备建设条件,待到百年庆典来临之际,建设计划又重新提上日程。1909年,意大利建筑师盖太诺·莫雷蒂和雕塑家路易吉·布里佐赖拉的设计方案在竞争者中脱颖而出,成功中标。这座纪念碑若是建成将会成为世界级的奇迹,足以媲美巴黎的埃菲尔铁塔、威尼斯的圣马可钟楼、里约热内卢的耶稣基督雕像。依据现存史料可以大致勾勒出雕塑的样子:巨型卡拉拉大理石柱,好似底部化满蜡油的蜡烛;基座上有几组独立的雕塑群;巨柱顶上则是一尊阿根廷女神骑马像,高高矗立于城市上空。但是不久后第一次世界大战爆发,紧接着又是一连串的经济危机和政治危机,这座纪念碑终究未能动工。

百年庆典的一大盛事便是举办1910年百年庆典国际博览会。博览会从5月一直延续到9月,许多国家都来参展,骄傲地展示国家的特产和风俗。展区设在布城北部的诺尔特区,绵延5千米,从圣马丁广场的艺术博物馆到动物园西边的农业馆,再到动物园正西方的交通与科学馆。展区所占的面积只是当时布城北部的一角，但已经超过巴托洛梅·米特雷执政时整个布城的面积，由此可看到这些年布城发生了多么大的变化。博览会由何塞·菲格罗亚·阿尔科塔总统宣布开幕，展示了种种新奇的事物，例如阿根廷的第一个加油站、阿根廷第一位飞行员霍尔赫·纽贝里的气球之旅等。不论在当时还是现在，农业都是阿根廷重要的经济支柱，也是举办博览会的一大动力，所以阿根廷人人都对农业展区兴趣非凡。

布城权贵对布杂派建筑的狂热在百年庆典国际博览会上达到巅峰。博览会的展馆并非真正的建筑，在使用的几个月里临时搭建，所以常常就是几根金属支架撑起一面剧院幕布。交通馆的入口是个巨大的未来风格球体，两侧是巨大的拱顶，还有不规则的尖塔装饰。布宜诺斯艾利斯省的展馆，从远处看上去则颇似迪士尼城堡；巴拉圭馆则形似教堂中庭，两边各有一条通道，再加上环形的线条，可谓19世纪末颓废气质的典范。

阿根廷农业协会今天仍然是布城主要的会议中心。除了农业协会展区的几幢漂亮展馆，百年庆典国际博览会上千奇百怪的展馆绝大多数都未保留下来，会展、邮政和电报馆是个例外。这幢建筑由比耐特莫帕斯和豪雷圭设计，椭圆形的建筑由成对的立柱环绕，颜色淡雅，山墙上架着的玻璃屋顶顶部是个精美的观景台，整体建筑风格介于法国巴洛克和维也纳分离派之间。

这幢建筑虽然保留到了今天，但已经废弃，波特诺人知道的寥寥无几，见过的就更少了。布城当地有家胡波超市，类似美国沃尔玛或塔吉特超市。胡波超市的卸货区有一条窄窄的小道，小道的另

图 8-10　百年庆典国际博览会上,伊莎贝拉·德·波旁公主(右)和一头母牛合影,摄于 1910 年。(阿根廷国家档案馆)

一头就是当年的会展、邮政和电报馆。如果有爱冒险的游客或是学建筑的学生找到这里,就会发现建筑的外墙虽然老化褪色,惨遭破坏,但仍透出庄重之气。建筑内部的玻璃天花板已经塌陷,地板腐烂得露出了地基,从楼板到屋梁破破烂烂,满目疮痍。爱奥尼亚立柱的涡卷里竟然长出了杂草。展馆废弃迄今已有 100 多年,成了野猫和小鸟的乐园。

一幢建筑的命运可以让我们从"80 一代"鼎盛时期的高歌猛进、辉煌炫目中看到奥斯卡·王尔德《道林·格雷的画像》(*Picture of Dorian Gray*)中描述的命运反转。当波特诺权贵和平民蜂拥参观百年庆典国际博览会,赞叹阿尔韦亚尔大道上的宫殿式建筑和五月大

图 8-11　百年庆典国际博览会的会展、邮政和电报馆，摄于 1910 年。（阿根廷国家档案馆）

道上的国会大厦时，也许都梦想着这座城市将更加蒸蒸日上，永无止境。谁也不曾料到，之后布城很快就遭遇了经济动荡，命运即将反转，随后的 50 多年间政变频繁，甚至长时间处于无政府状态。布城人都憧憬的伟大时代刚刚起步，殊不知这时已是命运的巅峰。

第九章

大众的城市（1920—1946）

布宜诺斯艾利斯在1880—1920年的黄金时代追逐的是巴黎梦；而下一段历史追逐的则是纽约梦。巴黎梦的目标是在拉普拉塔河西岸复制古典主义的旧世界，而纽约梦则意味着现代社会的狂野和迷乱。换言之，圣特尔莫的探戈和月神公园的爵士将淹没哥伦布大剧院庄重的《唐豪瑟》（*Tannhäuser*），赛车场和足球场将抗衡欧洲贵族气质的赛马场。大众传媒和大众运动的时代到来了，1916年当选总统的伊波利托·伊里戈延倡导平民民粹主义，向高高在上的权贵们宣战，布杂派宫殿建筑的边上也冒出了装饰派和现代派的摩天大厦。

在《脸与面具》这样的周刊里，除了戴着礼帽的富豪外，开始出现新的面孔：心术不正的侃爷、妓女和骗子等。这样的人当然什么年代都会有，但是第一次大模大样地出现在公众媒体上在布城还是头一遭。过去，拉普拉塔河流域的西班牙语就和西班牙本土有些差异，现在布城方言又从新移民那里吸收了大量俚语和黑话。

黄金时代过后，布城即将迎来自己的白银时代。虽然两个时代有巨大差异，文化却很难截然分开。这两个时期代表了两种世界观：

前者是权贵的布杂派宫殿和英式的严谨高效，后者则是博卡区的民粹主义和"科连特斯大道"*的声色犬马。今天我们见到的布城既是两种世界观合流的产物，也是两种世界观冲突的结果。

白银时代布城主要的变化由指数级的人口增长带来。黄金时代由布城本地的西班牙后裔打造，其间当然少不了英国和法国艺术家、技术专家的帮助，这两股力量共同奋斗力图在南美大陆重建一个欧洲。但是到了白银时代，"欧洲"自己跑到布城来了——数以百万计的欧洲人来到了拉普拉塔河流域。诚然，四五十年以前，欧洲移民就已经开始涌入布城，但是现在，他们已经形成一股强大的力量，发出自己的声音。移民带来的"欧洲"是西西里人的欧洲、那不勒斯人的欧洲、西班牙加利西亚农民的欧洲、俄罗斯穷困犹太人的欧洲。这与布城权贵们向往的欧洲大不相同。但白银时代的波特诺文化就是这样的欧洲打造的。托尔夸托·德·阿尔韦亚尔时代的布城大约只有20万人口；伊里戈延总统执政的时代，短短30年里人口增加了近8倍。每天，不同的族群都在日常生活中相互碰撞，布城街头不仅听得到西班牙语，还遍地意大利语，甚至法语、德语、俄语、叙利亚阿拉伯语也听得到。布城街头巷尾的书店为了迎合新移民的口味卖起了各语种的书刊，报亭也出售本地出版的各种外语日报，其中两份是19世纪中叶创办的外文报纸——《布宜诺斯艾利斯先驱报》(*Buenos Aires Herald*)和《阿根廷日报》(*Argentinisches Tageblatt*)，到现在都还买得到。如今，雷科莱塔区的慕尼黑餐馆、

---

* 科连特斯大道是布宜诺斯艾利斯夜生活的代名词。——译者注

第九章　大众的城市（1920—1946）

巴勒莫区的赫尔曼斯餐馆、最高法院大厦附近的雪绒花德国餐厅卖的食物和任何一家阿根廷牛排馆已经没有显著差别，但是墙上依然挂着鹿头装饰和巴伐利亚人的照片，照片里的人身穿民族特色的皮质短裤，说明这些餐馆都是由德国移民开办的。

1910年阿根廷脱离西班牙殖民统治100周年，当年的百年庆典令全世界都关注了布宜诺斯艾利斯。现在，布城成了巨大的磁石，吸引着世界各地的人。有人来这里寻求享乐，有人来寻求学术和事业发展的机遇，还有人来到此地是为了逃避政治迫害。西班牙内战期间，时局动荡不安，奥特加-加塞特、胡安·拉蒙·希梅内斯、拉斐尔·阿尔伯蒂和费德里科·加西亚·洛尔卡都纷纷来到布城，寻求政治庇护和新生活的希望。各色著名人物也到访布城，诸如阿尔伯特·爱因斯坦、勒·柯布西耶*和亚里士多德·奥纳西斯**。他们来到布城时有的业已成名，有的则像奥纳西斯一样正在寻找发财的机会。可以说，在百年庆典之前，除了1832年达尔文到访，生活在北半球的名人几乎从未访问过布城。现在，他们一个接着一个来到布宜诺斯艾利斯，对布城产生了深远的影响。

这时，布城首次出现了艺术圈和文学圈。布城和纽约的发展在许多方面都步调一致，但在文学艺术上却远远落后于美国，这一点颇耐人寻味。19世纪纽约没有几个出名的画家，但是那少数的几个毕竟也很重要。最关键的是，纽约有完整的艺术圈子，包括画廊、

---

*　勒·柯布西耶（Le Corbusier，1887—1965），20世纪最著名的法国建筑大师、城市规划家和作家，是现代建筑运动的激进分子。——译者注
**　亚里士多德·苏格拉底·奥纳西斯（Aristotle Onassis，1906—1975），希腊船王，年轻时来到阿根廷，在此积累了第一笔财富。——译者注

艺术展、批评家和学者。简言之，纽约艺术界已经自成体系。但是，布城还基本不具备这些条件。20世纪20年代前，布城所有成功的艺术家都是外国人。20年代后情况才有所转变，本地艺术家开始崭露头角，例如安东尼奥·贝尔尼、利诺·埃内亚·斯普里姆伯格、贝尼托·金格拉·马丁等。其中马丁创作了很多表现博卡区港口生活画作，描绘了博卡区鼎盛时期的辉煌成就，使怀旧的布城市民找到了往日的荣光。这些画作具有浓郁的表现主义风格，也许在国外鲜为人知，在布城却备受推崇。

19世纪布城出现了一些出色的本土作家，只是那时的作家没有形成流派，更别说发起一场文学运动。直到20世纪20年代，布城的文学圈才形成两个针锋相对的文学流派：佛罗里达派与博埃多派。佛罗里达派作家经常在佛罗里达街468号的里士满咖啡馆（2011年关门，原址开了家服装店）聚会，故此得名，代表作家有著名的豪尔赫·路易斯·博尔赫斯、列莱奥波尔多·马雷查尔、维多利亚·奥坎波等，他们注重吸收欧洲文学传统，擅长超现实主义写作风格。博埃多派则在博埃多大道沿线的咖啡馆聚会。博埃多大道位于博埃多区，这里是工人阶级聚居的区域，离佛罗里达街有5千米。博埃多派最有名的作家当推罗伯托·阿尔特，作品带有真实的生活气息，风格硬朗，很接地气。其实这两个流派都不是正式的文学组织，且没有明确的界限，不少作家兼属两派。

这个时期布城出现了新的娱乐形式，转而又引发了新的生活形态。有些变化，比如人口激增是布城特有的现象，但还有很多现象则更具普遍性，比如电影院的兴起。拉瓦勒街从佛罗里达街到卡洛斯·佩列格里尼街沿线的4个街区正处于布城的商业中心，离著名的方尖碑也不远。这里一下子出现了十几家电影院，装饰粗俗，眼花缭乱，主要招揽普通民众的生意。这一带本是布城最早的铁路线，从拉普拉塔河边出发经过此地抵达拉瓦勒广场，再继续一路向西。现在这一带都建起了电影院，连电影院的名字也都特别气派，与建筑风格相互呼应，如卢克索影城、不朽影城、巴黎影城和大使影城。就像纽约的时报广场、伦敦的莱斯特广场和巴黎的香榭丽舍大道一样，这里逐渐发展成布城的娱乐中心。

尽管阿根廷还涌现了不少本土电影明星，但真正的时代英雄却当属体育明星。拳击手路易斯·安吉尔·弗波被誉为这个时代最伟大的阿根廷运动员。1923年9月14日，弗波与美国职业拳手杰克·登普西在曼哈顿马球场的比赛堪称经典。俄亥俄州画家乔治·贝洛斯以比赛场景为题材创作了一幅代表作品，为这场比赛留下了永恒的记忆。弗波逝世后埋葬于雷科莱塔国家公墓，墓体富丽堂皇，入口处有一尊弗波的等身铜像，身着裸露胸肌的拳击服。

这个时期，足球（也就是美国人常说的英式足球）成了全城乃至全国热衷的运动。布城有两只球队——河床队成立于1901年，博卡青年队则成立于1905年。这项运动来自英国，但在本地人看来足球就是一项阿根廷运动。两队各有忠实而狂热的拥趸，偶尔还会爆发球迷间的冲突。河床队队服为红色和白色，博卡青年队队服则是蓝色和金色，比赛时期满城都是队服的颜色。两队都有各自的球场。河床队的球场于1938年启用，而博卡青年队的体育场名叫糖果盒球场，于两年后即 1940 年启用。不像美国同时代雄伟壮观的棒球场，这两座球场在建筑上可以说是毫无特点。

———— ✼ ————

想要惹恼一个波特诺人，只要对他说探戈真正的发源地也许是乌拉圭首都蒙得维的亚，他定然火冒三丈，同你争执不休。探戈到底起源何处，是个不解之谜，但是波特诺人对探戈的重视，众所周知。探戈是波特诺人的骄傲，在阿根廷文化，特别是布城文化发展中地位关键。就连从未到过阿根廷、甚至对阿根廷一无所知的人，也一定知道探戈就是阿根廷舞蹈。连阿根廷总统的专机（相当于美国总统的"空军一号"都叫作"探戈一号"）。夏日里，布城商业中心的街头到处可见年轻舞者的表演周围围满了人群。男士梳着大背头，身着左特西装，女士穿着紧身黑裙，脚踩一双细高跟鞋，随着经典的舞曲翩翩起舞。探戈舞曲是布城的背景音乐：出租车、酒吧里飘荡着钢琴与班多钮（一种手风琴）动人的节奏和男高音歌唱家柔和的颤音。布城还有不少专卖探戈舞曲的唱片店，那里的店员对探戈的了解极其精深全面，热情地向顾客介绍。欧洲的游客一年中总要抽出几周时间，放下工作专程来到布宜诺斯艾利斯，全心感受探戈的魅力。这种体验和满足除了布城，在其他城市可真找不到。

纵观历史，布城的文化根基都源自别处，除了何塞·埃尔南德斯 1879 年的伟大诗作《马丁·菲耶罗》(Martin Fierro) 这样极少的案例。但探戈截然不同，无论探戈真正出自何处，全世界都认同它属于布城。在几百万布城人的推动下，探戈蓬勃发展，享有世界盛誉。虽然阿根廷乃至全世界都跳探戈，唯有在布城，探戈才和大街小巷的酒吧饭馆融为一体。探戈流行于移民聚居的博卡区，意大利热那亚和西班牙毕尔巴鄂的移民后代刚刚融入本地生活，新的移民又源源涌入，故此吸收了丰富的舞蹈元素。探戈本质上属于都市，在博卡区的妓院、舞厅和码头慢慢流行开来，带着波特诺下层社会的玩世不恭和狡黠，还有一丝不顾一切。

探戈音乐最出色的代言人非男高音歌唱家卡洛斯·加德尔莫属。20世纪20年代他的歌声就已征服世界，和贝隆夫人、豪尔赫·路易斯·博尔赫斯一样，成功地成为布城的名片。加德尔的长相有着鲜明的阿根廷特色，头像在布城随处可见，比如咖啡馆的墙壁、商店的遮阳棚，甚至是街头的涂鸦。雷科莱塔国家公墓和圣特尔莫区的多雷戈广场附近，总能看到模仿加德尔的街头艺人，他们西装笔挺，头戴加德尔标志性的软呢帽。来到博卡区的卡米尼托小道的游客总能在小店里看到各式加德尔的雕像纪念品，耳边回响的也是他热情柔和、富有特点的噪音。加德尔不仅是全能的探戈歌手，还是当年时代精神的化身：他是大众流行文化的代言人，又带着几分底层社会的风流；同时他好像出生在法国（虽然和探戈的起源一样争议颇多），所以还和旧欧洲有些渊源。1935年，44岁的加德尔正值盛年，却因飞机失事离世，整个拉丁美洲都悲恸不已，布城尤甚。如此悲痛的全民哀悼，在布城350年的历史中前所未见。

※

　　移民潮不仅改变了布城的文化，也极大地改变了布城的物理空间。布城传统意义上的城区仅限于五月广场向北、向南、向西各3千米之内的区域。1887年，贝尔格拉诺镇和弗洛雷斯镇并入布城。这一年里布城的面积扩大了8倍，但人口只增加了6万。这就意味着，布城的老城区和新边界之间的大片土地要么无人定居，要么只有零星人口居住。然而到了"二战"前，这片新增的土地全都住满了人。如今的布城，有些地方确实人口更密集些，但是所有的街区看上去都是大城市的样子。纽约还有法洛克卫或是斯塔顿岛外围这样的区域，即便算不上农村也是十足的远郊。

　　1916年伊里戈延当选总统，距1946年贝隆上台的30年间，布城完成了城市化进程。推动城市化的因素主要有4个：房产投机、工业扩张、人口自然增长和市内交通改善。

　　上述4个因素中，最为关键的是市内交通的发展。如果没有便利的交通，在五月广场附近上班的人绝不肯搬到贝尔格拉诺居住，因为单靠走路，每天上班通勤就要4小时。1886年，《阿根廷新闻报》（*La Prensa*）上有篇文章写道："一条偏僻的道路铺上路面，或者开通一条有轨电车，周边的人气很快就会旺起来。"电车和地铁沿线很快就形成了新的居民区，就好像庄稼总是沿着灌溉渠生长一般。萨米恩托线开通后，弗洛雷斯镇以西迅速形成了弗洛雷斯塔区和利涅尔斯区；沿着太平洋线和布宜诺斯艾利斯-罗萨里奥线，形成了维拉·克雷斯波、维拉·马尔科姆、维拉·查卡里塔等好几个聚

第九章　大众的城市（1920—1946）

居区；而中北线沿途则兴起了维拉·阿尔韦亚尔、维拉·努涅斯和维拉·萨维德拉等居民区。据美国拉美史学者詹姆斯·斯科比统计，1904年，布城中西部城区人口为10.6万人，到了1914年，一下子跃升至45.6万人，而此时布城总人口为175.5万人。同一时期内，布城中西部城区的住宅总量从1.6万幢增加至5.8万幢。

新兴社区中有些属于慢慢自发形成，有些则是地产商投机的结果。地产商的目标客户是中产和上层中产人群。例如维拉·阿尔韦亚尔的中心地带（即现在小巴勒莫区的公园区）和维拉·德沃托的核心地带，都是1900年前后开发的地产项目，由阿尔韦亚尔最推崇的建筑师胡安·安东尼奥·布斯基亚佐设计。帕克查斯区也是通过地产开发形成的，现在是布城最小的行政区。帕克查斯区和公园区还有个特别之处，即他们都没有采用布城传统的棋盘式格局，而采用了弧形街道，构成了布城这张大棋盘中零星的点缀。

还有一些居民区的形成和工业发展有关。布城北部一直备受富人青睐，早在18世纪晚期，就有有钱人在这一带建造避暑的别居。1871年黄热病瘟疫过后，大量上层市民搬到了城北的诺尔特区。北部原有的屠宰场和砖厂全部搬迁到里亚丘埃洛河边的城市南缘。布城南部地势低洼，容易遭受水淹，所以不受市民欢迎。而房地产的逻辑就是越便宜的地方越没人要，形成恶性循环。一两代人后，布城开始出现重工业之时，大量工厂就建在南区，故此这里越发不适合居住，只有最底层的布城人才会把家安在这里。整个布城南部都没有几幢漂亮房子，100多年来一直是布城最穷困的区域，全城最大的贫民窟维拉25区也在这里。

建筑是社会变迁最明显的物质表现。本时期的建筑风格和前一时期相比，有延续也有变化。前一章我们讨论了布城的布杂派建筑，本章则要讨论早期现代建筑——装饰派和早期理性主义建筑。不过在同一场景下，布杂派和现代主义并存的现象也并不少见。这一时期除了大量现代派建筑，布城还建成了两幢宏伟壮观的巴黎式建筑，分别是1929年的埃斯特伽穆大楼和1932年的阿尔韦亚尔皇宫酒店。而布城最有古典风情的两幢建筑，是希腊神庙式的布宜诺斯艾利斯大学法学院大楼和贝隆夫人基金会大厦，分别建于1949年和1951年。

从权贵们喜爱的布杂派古典建筑过渡到现代派建筑的过程中，新艺术主义建筑和各阶段的装饰派建筑的作用甚为重要。布城的新艺术主义建筑和加泰罗尼亚现代主义建筑非常接近，最早出现的格梅斯美术馆便是这种风格的范例。格梅斯美术馆坐落在商业街区的佛罗里达街，1915年12月15日落成，由意大利建筑师弗朗西斯科·贾诺蒂设计。美术馆由两栋板状大楼构成，通过天桥相连，外观颇为奇特也略显笨拙。美术馆顶端是个风格华丽的灯笼形结构，但是现在已被四周高大建筑环绕遮挡，根本无法看见。20世纪70年代，美术馆又建起一座金属材质的副楼，全无半点风格可言而且挡住了主楼。唯有美术馆开在圣马丁街上的后门，反倒可以看出点美术馆昔日的辉煌。

格梅斯美术馆高约76米，一度是布城甚至整个拉美最高的建

第九章 大众的城市（1920—1946） 197

图9-1 巴罗洛大厦，位于五月大道1370号，1923年由马里奥·帕朗蒂设计。（阿根廷国家档案馆）

筑，故此也是波特诺人的骄傲。美术馆最美的地方是底层的画廊。画廊的设计受到巴黎薇薇安拱廊街和伦敦伯灵顿拱廊街的启发。新艺术主义建筑受自然形式影响颇深，抽象成精细的几何线条与形状，格梅斯美术馆也不例外。这幢建筑的新艺术元素随处可见，包括穹顶和支撑它的穹隅。穹顶是一朵熟铁打造的巨型花朵，直径达6米，四周镶缀着水晶玻璃做的花瓣。

格梅斯美术馆建成后一直是布城最高的建筑，直到1923年五月大道上建起了一座新办公楼——巴罗洛大厦。巴罗洛大厦的设计师是意大利人马里奥·帕朗蒂，此人堪称布城史上最有意思的建筑师。

帕朗蒂还在蒙得维的亚建了一座萨尔沃大厦（Palacio Salvo）。这两幢大厦都是对古典建筑的另类诠释，融合了设计师对建筑形式的独到直觉。巴罗洛大厦和萨尔沃大厦的立面上都有奇特的球形装饰。帕朗蒂大概以为这样的装饰很漂亮，其实难看得很。但是说来也怪，所有的装饰放在一起形成了强大的魅力。除了建筑大师勒·柯布西耶，大概人人都会爱上帕朗蒂的作品。

帕朗蒂热爱祖国意大利，也自然崇拜意大利诗人但丁。巴罗洛大厦充满了向但丁诗作致敬的设计细节，且后人又添油加醋地附会杜撰一番。例如大厦高100米整，而《神曲》（Devine Comedy）也有100章；大厦三段式的结构布局对应着但丁设想的宇宙：地狱、炼狱和天堂三个部分。帕朗蒂视巴罗洛大厦为艺术作品，每个细节都独具匠心，从电灯到电梯箱，甚至大堂的地面都设计成共济会的标志性图案。此外大堂还装饰了肋架拱顶和一组精心挑选的拉丁语铭文，有非常明显的意大利风格。大堂夹层的墙上有些稍带巴洛克风格的凸起支撑着一排栏杆。可以说整幢大厦的品位糟糕至极却又令人愉悦。帕朗蒂设计的罗卡塔格利亚塔大厦（位于圣菲大道和卡亚俄大道路口的公寓楼）和他位于巴勒莫公园区的私人住宅都延续了这种毫无节制的夸张风格。

科连特斯大道3247号的阿巴斯托市场，建成年代稍晚，代表了装饰派建筑鼎盛时期的风格。此地原有一座功能类似但规模稍小的建筑，部分拆除后扩建成阿巴斯托市场，原有建筑的大部分则幸运地得以保留。为了完善布城的街道体系，早在1827年里瓦达维亚就提出要拓宽一些主干道，到了19世纪80年代，这项工程由阿尔韦

图9-2 阿巴斯托市场，现为阿巴斯托购物中心，位于科连特斯大道3247号。戴尔皮尼、苏西奇和贝斯1936年设计。（阿根廷国家档案馆）

亚尔启动。1935年，借科连特斯大道拓宽的机会，阿巴斯托市场又新增了部分建筑。

老阿巴斯托市场始建于1889年。当时布城飞速扩张，形成了许多居民区，每个主要聚居区都修建了市场来销售肉类和瓜果蔬菜，老阿巴斯托市场就是其中一个。现在保存最好的一个市场是圣特尔莫市场，它采用大量精致的铁格栅，既有理性主义萌芽时期（理性主义是现代派建筑的前身）的味道，又有老一代人喜爱的严整和华丽风格。老阿巴斯托市场的设计也采用了类似的风格，大部分最早的建筑仍保留在拉瓦勒街旁。1936年，沿科连特斯大道建起了规模更大的副楼，由斯洛文尼亚建筑师维克多·苏西奇设计。这座建筑有5座巨大的拱廊，花岗岩贴面，外表庄严稳重，耸立在科连特斯大道上。阿巴斯托市场1984年停业关门，14年后重新开张，现在

图9-3 卡瓦纳大厦，1936年由桑切斯、拉哥斯和德拉托雷设计。（阿根廷国家档案馆）

成了一家全新的高端购物中心。

如果说阿巴斯托市场代表了布城装饰派建筑的巅峰，那圣马丁广场的卡瓦纳大厦则上承装饰派建筑，下启战后进入全盛时期的现代派建筑。卡瓦纳大厦和阿巴斯托市场同年建成，以31层、2倍于格梅斯美术馆的高度直到今天仍为布城人所称道。卡瓦纳大厦也是布城第一批钢筋混凝土建筑，外立面特地不加任何装饰。其实早在1934年，科连特斯大道上就建了两座大厦——科米加大厦与萨菲卡大厦也同样采用理性主义风格，但是规模比卡瓦纳大厦小了一半。卡瓦纳大厦主体的设计较为传统，遵循了严格的对称原则，5座高塔逐层退台，并排列成一条直线的凹窗贯通整个楼体，这使硬实的墙体风格柔和不少。设计卡瓦纳大厦的是三位设计师桑切斯、拉哥斯和德拉托雷开办的公司，他们还一起设计了利贝尔塔多大道上的阿根廷汽车俱乐部以及金融区的布宜诺斯艾利斯省银行总部，两者也采用了类似卡瓦纳大厦的风格。

※

布城这一时期最著名的建筑并非高楼大厦，而是一座纪念碑——方尖碑。方尖碑业已成为布宜诺斯艾利斯的地标，可谓是布城的埃菲尔铁塔、大本钟和华盛顿纪念碑。它矗立于七月九日大道和科连特斯大道的路口中心，高67米，虽然比上述地标建筑矮一些，但方圆几千米内都非常显眼。更重要的是，方尖碑和布城的气质高度融合，在往来的行人看来一点也不突兀。碑体的设计极为简约，颜色纯白，毫无布杂派的繁复装饰，堪称现代艺术的典范。如果不知道它建成的年份，说它是19世纪任何年代的作品也并无不可。方尖碑的设计师阿尔贝托·布莱比施是波兰裔阿根廷人，他还设计了科连特斯大道上的雷克斯大剧院，剧院就在方尖碑东边，隔着几个街区。

方尖碑富有象征意义。它建成的日子正好是佩德罗·德·门多萨建立"顺风圣母"定居点400周年的纪念日，且正位于圣尼古拉斯·德·巴里教堂原址。这里也是1812年独立后阿根廷第一面旗帜升起的地方。这座纪念碑原本有多个方案，其中一个是建造伊波利托·伊里戈延的巨型雕像。伊里戈延曾两度当选阿根廷总统，当时刚刚去世。但是伊里戈延方案没有通过，最终建起来的是方尖碑。方尖碑建造的过程也很神奇，1936年2月3日这天是布城第一个定居点建立400周年的纪念日，国会通过了建设方尖碑的提案，3月30日工程开工，仅用31天就竣工了。现在，方尖碑成了人人喜爱的地标建筑和布城的标志，但是很少有人知道它曾经差点被拆除。1939年6月，方尖碑建成才3年，布宜诺斯艾利斯市议会认为它面目丑陋，不受市民喜爱，以23票对3票的结果形成了拆除方尖碑的决议。最后关头由市长阿图罗·乔耶尼歇插手干预才挽救了这座建筑。

※

若问布城本时期什么地方变化最大，非方尖碑所在的七月九日大道莫属，本地人都自豪地将之称为"世界最宽道路"。1816年7月9日，阿根廷人民击溃了西班牙殖民者，最终赢得了真正意义上的独立，七月九日大道即以此为名。七月九日大道宽128米，占据了胡安·德·加雷划定的一整个街区。大道东边以卡洛斯·佩列格里尼街和尼伯纳多·伊里戈延街为界，西边以塞里托街和利马街为界；总长约5千米，北至利贝尔塔多大道，南至卡塞罗斯大街。这一范围内的土地于1934—1980年间陆续拆迁腾空，耗时近半个世纪。

从某种意义上看，七月九日大道毫无价值。从拆迁前的照片看，大道原来所在的位置和布城任何一条南北走向的街道都没有明显差异：宏伟的巴黎式建筑、几座教堂、大量的店铺和住宅。但是现在，所有这一切都消失了，就像罗伯特·摩西建造纽约跨布朗克斯高速公路时所拆除的数万栋住宅。为了建设这条并不起眼的大道，却拆迁了沿途长达5千米的一连串街区，拆迁规模毫不逊色。

大道最初的修建方案与我们今日所见完全不同。1890年，当时的市长弗朗西斯科·席伯提议修建一条和五月大道等长、等宽（五月大道宽30米）的道路。当时，布城尚未出现汽车，到1912年修建方案通过时，情况仍然没有明显变化。如果按这个方案建造，七月九日大道能较为合理地融入布城的棋盘式布局（类似的情况还有卡亚俄大道、普埃雷东大道和迪亚兹上校大道），而不是像现在这样完全破坏了原有的街区格局。

这条大道本该建成另一条五月大道，从而成为布城最美的道路——5千米长的道路两边布满迷人的布杂派建筑。但是事实上，七月九日大道成了一条粗暴的分界线，将布城一分为二。从莱安德罗·N.阿莱姆大街到卡亚俄大道东西方向绵延2.5千米的中心城区，中间插入七月九日大道后完全改变了波特诺人看待和体验布城的方式。七月九日大道宽达20个车道，即便年轻人加快脚步也难以在两个红灯的间隔时间（即两分钟内）内横穿马路。1937年，大道第一阶段完工，当即就颠覆了布城以前的逻辑。之前，从阿莱姆大街到卡亚俄大道，甚至更西面的区域全都连成一片，现在大道将城区割裂成东西两半，尽管今天大多数本地人已经习以为常，反倒是外来的游客对大道极为不解。人与城市之间的关系，正如丘吉尔的那句名言："我们塑造建筑，然后，建筑塑造我们。"七月九日大道，不过是一个鲜活的案例而已。

七月九日大道还有一些别扭的现象，例如，在大道上望出去便是哥伦布大剧院，但只能看到剧院的后门和后墙。这是因为剧院建造时七月九日大道还未建设，剧院背对的是另外一条街。另一个别扭的地方是拉瓦勒街在塞里托街和利伯塔德街之间形成了一个尖锐的夹角，这是因为原来的规划是将拉瓦勒广场和五月广场连接起来，这段路本来是诺尔特对角大街的一部分。

但是，七月九日大道也有设计得不错的地方：道边点缀了精心设计的角豆树景观，还有两条巨大的中心花园带可供市民漫步。和大道交叉的每条道路（从北到南一共约有30条）都有路口相通，所以大道能够融入市民的日常生活，这一点受到部分波特诺人喜爱。但无论如何，建设七月九日大道都是布城历史上最大的错误，至少当代人看来，高速公路穿过大城市的历史中心，肯定不是个好主意。

这一时期破坏加雷棋盘式布局的不止七月九日大道。正如罗马和巴黎有不少中世纪留下的街道，弯弯绕绕且毫不实用，所以才会有君主一声令下大规模改建城市道路。布城截然不同，城市和街道的规划已然非常合理，而且道路也很宽阔，除了南北向、东西向各拓宽几条重要的街道以满足景观和实用需要，实际并无重新规划道路的必要。但是波特诺人想要更恢宏的城市，虽然不计后果地大动干戈不能带来任何好处。比如五月大道的建设就没有任何实际的需求，布城人不过是凭着一股美学冲动和爱国热情，建造了一个展示布杂派新建筑的橱窗而已。但是布城要成为南美巴黎，仅有一条景观大道还远远不够。去过巴黎的人都知道，从凯旋门和民族广场延伸出来的对角大街乃是巴黎奇景之一，而且大大便利了交通。故此，布城也必须有自己的对角大街，至于这些大道起什么作用，权贵们也并不十分在意。

在这种心态的驱动下，1907年国会草率地批准了两条对角大街——诺尔特对角大街和苏尔对角大街的建设计划。该计划从五月广场出发，分别向西北方向和西南方向穿越几个街区，并不像巴黎的对角大街绵延几千米。这两条大街的实用价值有限，最多只能展示布城的雄心壮志，而且代价是拆迁大量现存的建筑，让人免不了怀疑这样兴师动众是否值得。大道的设计由法国人约瑟夫·博瓦德承担，于1913年动工，1943年方才完成。事实上，苏尔对角大街原计划穿越5个街区，结果只建了3个街区的路段便戛然而止。原因是政府建设资金不足且对这项工程也不怎么上心，于是就放弃了剩下的工程。最近有人提议要继续建设苏尔对角大街，但是目前看来可能性不大。

不可否认这两条对角大街确实非常漂亮，改造了现有的城市格局，是布城黄金时代和白银时代的缩影。诺尔特对角大街沿线的建筑都有统一的高度，看上去整齐壮观。这一时期布城的建筑和城市发展，虽然历经曲折和磨难，也有一些失败的案例，但是它的市民通过自己的努力，终究还是实现了梦寐以求的目标。

第十章

战后布城（1946—1983）

本章涵盖的 40 年——自胡安·贝隆上台始至独裁统治覆灭——可谓布城史上最悲惨凄凉之时。这一阶段的大部分时间由贝隆当权，他积极扶持工人阶级，让许多工人拥有了住房、改善了生活。但是，从城市发展本身来看，本阶段建造的大量理性主义建筑非但未能美化布城，反而带来了负面效果，值得称道的建筑极为稀少。

这个时期的布城充满暴力。1928 年，伊波利托·伊里戈延以压倒性优势连任总统。仅两年之后，1930 年 9 月 6 日，何塞·费利克斯·乌里布鲁中将发动政变，驱逐了年近 80 岁的伊里戈延总统。自 68 年前巴托洛梅·米特雷当选阿根廷首任总统以来，总统中有人辞职，也有人在任时去世，但被军人政变赶下台的，伊里戈延是历史第一人。这次政变对时局固然产生了影响，但更大的影响却是标志着阿根廷进入了一个糟糕的时代。今天阿根廷仍有不少坚定的贝隆主义者，在他们看来，这次政变开启了"不光彩的十年"，其间阿根廷政治动荡，直到 1946 年贝隆当选总统方才结束动荡，恢复了秩序和繁荣。而不信仰贝隆主义的人则认为，政变之后的半个世纪里阿根廷陷入了独裁统治和无政府主义反复交替的泥潭。本书采用后一个观点,将1983年最后一个军政府倒台视作动荡和暴力年代的终结。

但如果我们以更长远、更幽暗的眼光看待阿根廷的历史,就会发现动荡可不止这短短几十年。一方面,尽管1983年阿根廷恢复了民主政治,但是直到今天,政局仍不十分稳定。三权分立和法制的权威尚未建立,这些重要的原则仍然可以讨价还价,随时变通。另一方面,阿根廷的历史大部分都在布城街头上演,而历史的惊人真相是,自从1810年最后一位总督返回西班牙,阿根廷或多或少都一直处于动荡之中。且不说19世纪20年代的无政府状态和1852年前罗萨斯时代的暴力执政,就连巴托洛梅·米特雷这位卓越的民主主义者,也曾调动军队诉诸武力而忘记他曾经说的"最差的选举,也胜过最有效的军事干预。"

即便在1880—1920年的黄金时代,布城也发生了几次动乱。1890年,布城爆发了公园革命,意图打倒米格尔·胡亚雷斯·塞尔曼总统。这场暴乱就发生在现在最高法院大厦和哥伦布大剧院中间的拉瓦勒广场。20世纪初,布城出现了一群意大利和俄罗斯移民,自称无政府主义者,肆意作恶,相互斗殴,手段极为残暴。1909年5月1日,1500名无政府主义者在五月大道游行示威,警察局长拉蒙·法尔孔下令开枪,死亡数十人,史称"流血周"。6个月后,法尔孔在金塔纳大道和卡亚俄大道的拐角遭暗杀,杀手西蒙·拉多维茨基是年仅17岁的无政府主义者,刚从乌克兰来到布城。1910年阿根廷独立的百年庆典遭受无政府主义者的炸弹威胁。1919年1月,无政府主义者再次发动骚乱,被新任警察局局长路易斯·德拉皮亚尼残酷镇压，史称"悲惨周"。

流血周和悲惨周都在布城留下了痕迹。布城有条几千米长的拉蒙·法尔孔街，不过位于贫民区里，好似残酷的反讽。另有一条路易斯·J. 德拉皮亚尼中将大道，虽是条主干道，但经过的区域更加破败，一头连接着里奇耶里高速公路，另一头连接着五月二十五日高速公路。在富裕的雷科莱塔区，过去100年间竖起了两座拉蒙·法尔孔的雕像。第一座是精细的古典主义雕塑，在著名的雷科莱塔国家公墓附近。要是最近造访这尊雕像，就会发现基座上潦草地涂着"西蒙不死"，还有一个画在圆圈里的字母A。"西蒙"指的是西蒙·拉多维茨基，而"A"代表Anarchism（即无政府主义）。第二座雕像是一个青铜纪念牌，高高挂在法尔孔遇刺的街角大楼上。在撰写本书时，纪念牌上面被泼了红色的油漆，看上去好似鲜血淋漓。这块纪念牌浸在"鲜血"里已一年有余。

所有南美国家都要经过战争的洗礼才能赢得国家独立，阿根廷也不例外。但1930年政变之前，只有胡利奥·罗卡一位总统（分别于1880年和1898年出任总统）出身职业军人。那时，职业军队刚刚成为国家建制且从未直接干政。但在1930年9月6日，世界经济受大萧条影响持续低迷，伊里戈延总统丧失了民心，被乌里布鲁发动政变推翻。这一事件成为阿根廷历史的转折点：自1880年罗卡颇有争议地当选总统至1930年的50年间，政府更迭、权力移交都平稳完成；而接下来的50年最多只能算是不稳定的民主政权，政变频繁，还经历了3次军人独裁统治，到了1983年方才恢复民主。

古罗马时代的君主立废几乎都发生在帝国各处；而阿根廷的政

变全都发生在布宜诺斯艾利斯城里，一般都是军人迫使玫瑰宫里的民选总统签署一份辞职声明。自 1930 年第一次军事政变后，分别在 1943 年、1955 年、1962 年、1966 年和 1976 年又发生 5 次政变。其中 1943 年政变后，4 名军人相继担任总统，好似走马灯一般频繁变换，最后一位就是胡安·多明戈·贝隆。贝隆于 1946 年和 1955 年两度出任总统，随后被迫下台。其后，佩德罗·尤金尼奥·阿兰布鲁统治阿根廷 3 年，直至 1958 年大选由阿图罗·弗朗迪西当选总统。1962 年，弗朗迪西又被推翻。4 年后，政权又被胡安·卡洛斯·翁加尼亚中将取代。1973 年，贝隆结束了西班牙 18 年的流亡生涯返回阿根廷，并第三次出任总统，但仅仅 8 个月后便离世。随后，时任副总统的贝隆总统的第三任妻子伊莎贝尔·贝隆接任总统一职。1976 年，伊莎贝尔·贝隆被豪尔赫·拉斐尔·魏地拉中将领导的军政府推翻。7 年后，魏地拉的独裁统治结束，恢复民主。

※

胡安·多明戈·贝隆是职业军官，出生于布宜诺斯艾利斯省而非布宜诺斯艾利斯市。贝隆主义是贝隆的政治哲学——如果这能算得上哲学的话。贝隆主义好似只有阿根廷人才能理解，在阿根廷之外就显得异常神秘而且常引发混淆。如果贝隆主义指的是贝隆本人的政治哲学，内涵就非常复杂。而如果贝隆主义指的是贝隆的追随者和继承者，则又极其简单。

追随者、继承者的贝隆主义意味着含糊而又热烈地宣称效忠贝隆总统，并且接受贝隆建立的福利社会。事实上，今天世界各国，包括阿根廷，没有任何主流政客敢挑战福利社会的理念。除此以外，贝隆主义就是个循环定义：宣称坚持贝隆主义的人，就是贝隆主义者；而自称贝隆主义者的人们，口口声声坚持的政治宣言就是贝隆主义。这样一来，阿根廷政坛实际上出现了形形色色的"贝隆主义"。主张自由市场的新自由主义者卡洛斯·梅内姆总统（任期为1989—1999年），声称自己信奉贝隆主义。而现任总统克里斯蒂娜·费尔南德斯·德·基什内尔属于左派，坚决反对新自由主义，也称自己是贝隆主义者。

贝隆本人的贝隆主义，是20世纪20年代中期到40年代之间世界范围内几股思潮的合流。首先是民粹主义。阿根廷大众传媒兴起，导致民粹主义崛起。此后，伊波利托·伊里戈延将温和的民粹主义引入阿根廷政坛。20世纪30年代贝隆在意大利期间，亲身体验了意大利法西斯主义，并且在自己的政治生涯中借鉴了法西斯主义。最重要的是，贝隆的民粹主义落到实践上便总是僭越传统政治制度（此处指美国的三权分立政体。阿根廷的前辈政治家们在立国时刻意模仿美国政治制度，建立了权力分散制衡的政治制度），将权力集中到自己一人身上。贝隆的第二任妻子伊娃·杜阿尔特曾是名演员，两人初次会面之前她就是贝隆狂热的支持者，她为贝隆的政治生涯作出了自己独特的贡献。贝隆是工人阶级的代言人，而伊娃自称为"光膀子的穷苦人"代言，这些人贫困潦倒、没有工作，大多是流氓无产者。因此，民众对贝隆总统和贝隆夫人的反应也各有不同。贝隆和支持者之间尚有实用的个人利益因素；而民众对贝隆夫人,则有宗教般的狂热和虔诚,视之为凡间的圣母。

在贝隆第一次任期之初,欧洲对潘帕斯草原的商品有着巨大需求,阿根廷经济欣欣向荣,故而支持率极高。然而贝隆治国不善,以不可持续的方式给工人发放福利。不可避免地,阿根廷经济开始下滑,国内异见频出,社会动荡不安。和其他民粹主义政府一样,贝隆开始用镇压取代不断下降的民众福利,唯此才能维护社会秩序,保证自己手中的权力。大学教授们集体站出来反对贝隆,他就解雇了1500名教授。豪尔赫·路易斯·博尔赫斯本在阿根廷国家图书馆工作,被派去当"家禽检查员",博尔赫斯拒不接受。贝隆本靠工会支持起家,然而到了此时工会也没能逃过清洗。西普里亚诺·雷耶斯是肉类加工工会领袖,因1947年贝隆将工党改组为贝隆主义党时公然反对,惨遭折磨并被囚禁8年,直到1955年推翻贝隆方才被释放。遭受迫害的远不止雷耶斯一人,还有大量其他工人领袖,比如维多利亚·奥坎波等作家,奥斯瓦尔多·普格列斯等音乐家,都因公开反对贝隆政权被捕入狱。据说,演员丽贝塔德·拉玛克因与贝隆夫人不睦被列入黑名单。这一时期许多反对派出版物被迫关闭,阿根廷两家最大的日报社——《号角报》(*Clarín*)和《民族报》的出版自由遭到严重限制。

1951年贝隆以超过30%的优势第二次当选总统,但反对的声音日益强烈,暴力行动也随之而来。1953年4月15日,贝隆在玫瑰宫前举行集会,不明身份的反对者发动了空袭,造成6人死亡90人受伤,玫瑰宫、阿根廷国家银行以及五月广场地面下运行的地铁A线都遭到了损坏。见此情况,贝隆煽动支持者洗劫并纵火烧毁了佛罗里达街上的赛马俱乐部，因为这里是权贵们的政治堡垒。两年后的 1955 年 6 月 16 日，反对派策划空军中的流氓势力再次空袭轰炸五月广场上集会的贝隆支持者，造成 364 人死亡，700 多人受伤。同时，利贝尔塔多大道上的贝隆私人府邸温苏埃公馆也遭到了袭击（温苏埃公馆被拆毁后，原地建起了阿根廷国家图书馆）。

这些袭击都没杀死贝隆，但他当总统的日子也到了头。3 个月后，贝隆流亡到委内瑞拉，后又来到弗朗哥统治下的西班牙。而此时的阿根廷国内，爱德华多·洛纳尔迪、佩德罗·尤金尼奥·阿兰布鲁先后担任总统，并在执政期间采取消除贝隆影响的举措。他们举办了一个巡展来揭露贝隆总统和贝隆夫人（1952 年去世）奢华的生活，甚至还通过了《1956 年第 4161 号法令》（*Decreto Ley 4161 de 1956*）禁止任何人提及贝隆和贝隆夫人，并不得使用"贝隆主义""贝隆派"或"第三位置"等字眼，也不得演奏《贝隆进行曲》（*Peronist March*）。

1973 年 6 月 20 日，贝隆结束流亡生涯，带着第三任妻子伊莎贝尔回到布宜诺斯艾利斯重掌大权。伊莎贝尔曾是夜总会歌手，比贝隆小 35 岁，两人相识于巴拿马。贝隆抵达时，数千支持者在埃塞萨机场迎候，包括左翼团体"贝隆主义青年运动"和极左翼势力蒙特内罗斯。但是，此时右翼贝隆主义势力向人群开火，造成至少 13 人死亡，365 人受伤（实际伤亡人数可能大大高于此数据）。

埃塞萨大屠杀只是暴力的开始，接下来的十年中，整个布城和阿根廷都笼罩在暴力之中。1973 年 10 月 12 日，贝隆第三次出任总统。而此前不久，贝隆顾问团成立了 AAA 组织，即阿根廷联盟

AAA组织实际上是个暗杀团，专门针对贝隆主义党（此时已改称正义党）内的左翼武装分子。1974年7月1日，贝隆上任8个月后死于心肌梗死，享年78岁，副总统伊莎贝尔·贝隆继任总统。AAA组织的大部分活动都在伊莎贝尔执政期间展开并且拉开了"肮脏战争"的序幕。此后，布城和阿根廷政局剧烈动荡，直到20世纪80年代恢复民主制度。

这一时期的7年军事独裁常被看作新法西斯主义肆意践踏"左倾"大学生的个人自由。这种看法当然有道理，但是现实要复杂得多。伊莎贝尔·贝隆的统治维持了一年半，但她其实只是个摆设，布城和阿根廷不久后即陷入无政府状态。左翼组织蒙特内罗斯和托洛茨基人民革命军（简称ERP）本质上就是军事组织，不仅执行小规模恐怖任务，还和政府军开战。1976年独裁统治开始前，记者保罗·霍费尔写道："大家都不愿使用'内战'这个字眼，但是不可否认，阿根廷的内战已经爆发了。"

此时的布宜诺斯艾利斯，政治暴力已成常态。1972年的情人节，一枚炸弹藏于花束中被送入前司法部部长詹姆·佩里奥家中，导致4名警官死亡。同年10月17日，雷蒂罗车站对面的喜来登酒店内，有一枚炸弹爆炸，导致1名加拿大妇女死亡，700名住客陷入恐慌。通用汽车公司、福特汽车公司及克莱斯勒汽车公司的高管都曾多次遭到左翼游击队的绑架和谋杀。1974年9月16日，游击队在阿根廷全境引爆40枚炸弹，劫持两辆从布城开出的火车。后来，他们还劫持过飞机。1976年2月7日，菲格罗亚·阿尔科塔总统大街上的联邦警局总指挥部遭蒙特内罗斯袭击，造成25人死亡，多人受伤。

阿根廷军方就是在此种混乱局面下和右翼贝隆主义组织AAA合作夺取了政权。

军政府于1976年3月24日掌权，1983年12月10日倒台。和150年前罗萨斯执政的时代一样，军政府一上台，布城和阿根廷就迅速出现了大量监狱设施，尤其是大量秘密拘留中心（简称CCD），高峰时多达610个，其中不少是临时机构。由于军政府铲除异己的效率非常高，需要"消失"的人越来越少，执政的6年半里，秘密拘留中心以惊人的速度逐渐减少。军政府执政几个月后，拘留中心就减少到364个；到了1977年，迅速减至60个；1978年45个；1979年7个；而到了1980年只剩下了2个，一个是卡姆皮托拘留中心，位于布城12千米外的五月营区军事基地内；另一个是臭名昭著的海军机械师学校（简称ESMA），位于布城北部的努涅斯区，离帕兹将军大道仅400米。海军机械师学校的红砖建筑高雅端庄，有圆柱支撑的门廊，校园绿树成荫，堪比新英格兰地区文理学院的四方庭院。这里曾是拘禁、折磨、处决异见者的地方，任何军政府怀疑或厌恶的人都会被送到这里，现在这个地方已经改建成艺术中心和失踪者纪念馆。

布城的其他拘留中心更靠近市中心，比如位于贝莱斯·萨斯菲尔德区的奥林波拘留中心，曾经是个公交停车场，至今尚存。奥莱迪汽车拘留中心也保存至今，原来是个汽车修理店，位于弗洛雷斯塔区。只是这两个拘留中心现在都污秽不堪，仿佛以最直观的方式控诉军政府卑鄙的暴行。布城还有一个拘留所，即恶名远扬的竞技俱乐部，位于哥伦布林荫道1200号，离博卡青年队体育场很近，故此得名"竞技"。这个拘留中心在军政府统治时期就已拆毁，上面建造了五月二十五日高速公路。

军政府在拘留中心处置异己分子的另一个办法被称为"死亡飞行"。囚犯们被灌下麻药、蒙上眼睛，押往霍尔赫·纽贝里机场。霍尔赫·纽贝里机场位于巴勒莫区北缘，在拉普拉塔河边，南端是个专门的军用机场。囚犯们被送到这个军用机场，押上待命的福客F28飞机或SC-7"空中货车"短距离运输机。起飞后，到达拉普拉塔河上空，飞机上的囚犯就被活活推下来掉到河里。军方的如意算盘是这些人死后就葬身鱼腹，不留痕迹。绝大多数的尸体也确实不知所踪，但是偶尔有尸体冲到乌拉圭海岸被人发现，引起舆论一片哗然，军政府也因此气急败坏。

今天，布城最宁静的地方当属纪念公园。纪念公园于2006年建成开放，目的是纪念被军政府迫害的人士，坐落于霍尔赫·纽贝里机场以北2千米处，即大学城东侧。大学城是布宜诺斯艾利斯大学主校区，当年不少年轻的受害者就在这里被逮捕，再也没能回来。从纪念公园里放眼望去，拉普拉塔河一览无余。这条河曾经是布城人生活的核心，但是现在城里能看到宽阔河面的地方已经寥寥无几。然而，一片宁静之中，又怎能不想起那些飞往河面的飞机呢。

公开反对军政府国家恐怖主义的声音很少，《布宜诺斯艾利斯先驱报》是个例外，这是一家英文日报，发行量不大。当时的主编罗伯特·科克斯冒着生命危险坚持报道异见者失踪的事件。科克斯还和"五月广场母亲"组织合作报道相关事件。

这一时期政治动荡，仿佛谈及建筑，都对历史颇为不敬。然而，这样的想法并无道理，毕竟时代再黑暗，生活也得继续。几十年来，月神公园的探戈比赛没有间断。博卡区和贝尔格拉诺区的两个球队主场每当有比赛便一票难求，场内挤满疯狂的球迷，人多得恨不得坐到屋顶上去。拉瓦勒街的牛排店、电影院、科连特斯大道的剧院，每天都人满为患。孩子们天天盼望着能到利贝尔塔多大道的伊塔尔游乐园游玩（现在该游乐园已不存在）。这一阶段，布城虽然远算不上繁荣，但是仍在缓慢发展。

在这40年里，布城兴建的建筑虽然数量庞大，但是毫无特色，让人不由发问，现代主义建筑和布城此前确立的主流美学观念是否存在内在冲突？布城众多的新建筑中有些确实美观活泼，但只能算作例外。如果要写新墨西哥城或是圣保罗的现代派建筑，出色而独特的建筑比比皆是，令人惊叹不已。但是布城的现代派建筑，好像就是把别处漂亮的建筑依样复制再造一遍，难免单调乏味。布城现代建筑数量庞大，原因之一是要为工人阶级建造住房，现代派建筑工期短、造价低，能更好地满足需求。第二个原因恐怕就是布城人一心想和其他世界名城一争高下的集体心态，100多年来都是如此。

对布城的现代派建筑，笔者总体持保留态度，有许多缘由。首先，布城的前现代建筑在城中占主体地位，历史悠久，装饰繁复，和现代派建筑不能和谐地融为一体。其二，布城建筑大多是模仿之作，布城的魅力在于整体效果美丽而奇特，若论单独的建筑，实在没有什么形式上的震撼力。其三，布杂派建筑即便设计上并不出众，却也能提升城市的美感和魅力；而现代派建筑可不行，尤其布城居住区和办公楼主要采用的理性主义风格，就好似一排排叠在一起的盒子，品质高的实在寥寥无几。

参照现代派建筑在世界范围内的发展，尤其是纽约的发展，布城的现代派建筑大致可分为两个阶段：20世纪40年代到60年代是第一阶段，现代派建筑是试验性的新生事物；20世纪60年代到80年代中期为第二阶段，现代派建筑转变为金钱和权力的象征。

如果非给布城的现代派建筑定个缘起的日子，那就应该是1929年，瑞士建筑师勒·柯布西耶受维多利亚·奥坎波之邀到布城讲学。维多利亚·奥坎波是20世纪中期布城先锋文化的元老。柯布西耶对法国巴黎的建筑评价本不高，故此，世上若有人不喜欢"南美巴黎"，柯布西耶得算一个。布城越是像巴黎，在柯布西耶看来就越可憎。他评价布宜诺斯艾利斯"大错特错，荒诞不经，满城都是守旧的气味，毫无新意可言"。过去50年里，波特诺人为布杂派建筑煞费心血，花费巨大，且以南美巴黎的称号为傲，而柯布西耶主张巴黎把市中心的布杂派建筑全都拆除，1925年他提出了《瓦赞规划》（*Plan Voisin*），建议将巴黎右岸的建筑推平，代之以60层的十字形高楼，四周皆风光环绕。针对布城，柯布西耶也提出过激进的改造计划，将城市的范围缩小至1880年的水平，提高市区的人口密度，将圣特尔莫区和蒙塞拉特区等地原有的建筑铲平，原地建起高层建筑，足以容纳规划中的400万市民。同时，建议在南港东面兴建5座人工岛屿，所有政府机构都迁至人工岛。

当然，柯布西耶的规划并未实施。波特诺人最初对他十分景仰，然而后来双方彼此互不认可一拍两散。柯布西耶本以为他到了布城定会接到利润丰厚的订单，当意识到订单拿不到手，厌倦的情绪随之而生。这样的情状对柯布西耶来说也是常有的事。让柯布西耶最为恼火的是，同年，奥坎波确实雇人兴建了一幢柯布西耶风格的建筑，却并非出自柯布西耶之手。这幢建筑在南美洲可谓前所未有，设计师却是本城的亚历德罗·巴斯蒂罗，此人多才又多产。房子保留至今，坐落于巴勒莫区的鲁菲诺·德·埃利萨尔德街2831号，外形像一个白色的盒子，没有任何装饰，也是布城第一座真正的现代派建筑。该建筑由相互叠加的方块组成，采用短小的带状窗，建起至少一座塔式结构——柯布西耶早期风格的标志。近10年后，巴斯蒂罗设计了阿根廷国家银行总部的古希腊神庙式立面，他采用科林斯立柱等典型的古典主义元素，和五月广场的风格协调一致。这样看来，奥坎波的这幢柯布西耶式建筑更显得非同寻常。柯布西耶只在南美洲设计过一幢建筑，那就是位于布省首府拉普拉塔市的克鲁切特府邸。这座建筑建于1948年，这时离柯布西耶初次造访美洲已经过去了近20年。

布城市中心第一座真正的现代主义建筑是乌拉圭大厦，同时也是第一座标准的国际主义风格建筑。乌拉圭大厦建于1934年，由建筑师霍尔赫·比拉比和埃内斯托·拉卡勒·阿隆索设计。这幢大厦表面非常平坦，由混凝土墙面和带状窗交替构成，屋顶有4个形似角楼的结构，每隔12米一个。这座大楼刚出现时非常耀眼，因为两年前，建筑师莱昂·多尔热刚在布城建起了杜豪公馆。杜豪公馆位于阿尔韦亚尔大道，是典型布杂派建筑，装饰有多立克式柱廊、粗琢立面、山形墙、复折式屋顶，屋顶上有采光的小窗，和布城黄金时代的建筑并无二致。然而，杜豪公馆东南方向2千米处就是9层的乌拉圭大厦。这个庞然大物表面平坦得毫无起伏，单调至极，交错的混凝土墙体和带状窗看似斑马身上的条纹，这就是典型的现代派建筑。当年，乌拉圭大厦所代表的国际主义风格严重挑战了布城原有的建筑审美。时光流逝，当年的争议已经平息，乌拉圭大厦显然取得了最终的胜利，布城现在建起3000多座现代派建筑。可是，现在要想在众多建筑中找到乌拉圭大厦，还真需要点儿历史的眼光。

"不光彩的十年"带来政治动荡，大萧条严重影响经济，政府的行政机构却越来越臃肿，故此布城的政府建筑也越来越多，而且都体量巨大，宏伟壮观。这一时期大多数政府大楼都是装饰派建筑，也有阿根廷国家银行那样的古典主义建筑。至于住宅建筑，20世纪20年代出现了一些典范，例如1928年建成的维拉·查卡里塔区的安第斯公园住宅区，由费尔明·H.巴勒特尔彼得设计。住宅区的红砖大楼屋顶覆着瓦片，今天看来仍有十足的艺术气息。在接下来的十年内，布城还规划了许多类似的住宅区，但是实际建成的为数寥寥。

1946年贝隆上台执政后，战后商品经济潮兴起，阿根廷经济有了起色，布城开始向现代工业城市转型，兴建了大量基础设施，包括布城的两个机场：霍尔赫·纽贝里机场和皮斯塔里尼部长国际机场。前者位于贝尔格拉诺区北部，建在填河造出的土地上；后者位于布城之外的埃塞萨县，通常称为埃塞萨机场。两个机场均于1945

年开建，纽贝里机场于1947年完工，埃塞萨机场于1949年完工。这一时期还修建了两条重要的道路：一是帕兹将军大道，于1941年完工，此时贝隆尚未掌权，现在是布城西边的边界；二是里奇耶里高速公路，是阿根廷第一条高速公路，连接布城和埃塞萨机场，于1948年建成。

工人阶级是贝隆执政的基础，故此工人的住宅非常重要。贝隆为工人建造了不少住宅项目，其中就有科内利奥·萨维德拉住宅区和罗克·萨恩斯·佩尼亚总统住宅区。这两个住宅区起初都以贝隆命名，但他下台以后就改了名称。二者都位于布城西北部的萨维德拉区，离帕兹将军大道很近，且都未采用布城固有的棋盘式格局，而采用了曲线型的规划。这里的房屋大多是平房，尖顶红瓦，设计有奇特的本地特色。房屋周围的绿化借鉴了19世纪晚期英国城市规划师埃比尼泽·霍华德的花园城市美学，但也并未完全照搬照抄。

这一时期还有两个项目和贝隆夫人有关，即艾薇塔城和儿童共和国，分别于1947年和1951年完工。艾薇塔城位于布城边界和埃塞萨机场中间，是布道院风格的工人住宅项目，本地也称作加利福尼亚别墅风格。这里每幢房屋都有白色的墙壁，配有一小块绿地。儿童共和国是一座儿童游乐园，保留至今，依据格林童话设计，建有造型精致、色彩明亮的城堡和其他中世纪风格的建筑。世界上最早出现的主题公园可追溯到1904年美国康尼岛上的梦境乐园，而儿童共和国紧紧围绕格林童话的主题，在当时十分新奇。4年后建造的迪士尼乐园也许就受了儿童共和国的启发。这块地方本是斯威夫特高尔夫俱乐部的旧址，带有强烈的精英色彩，而改造成儿童乐园更凸显了贝隆政权竭力打造的大众化形象。在开园仪式上，贝隆总统情不自禁地在宾客留言簿上写道："愿儿童共和国使阿根廷人公正、自由、独立，从此不再受别人剥削，也不向经济压迫和政治强权屈服。"儿童共和国也是对儿童进行公民教育的政治宣传工具，同时也能通过半隐晦、半公开的批评打击反对贝隆的政治集团，树立贝隆政府的正面形象。几年后，贝隆政权被推翻，乐园立即抛弃了意识形态标签。而基什内尔执政期间，儿童共和国的意识形态色彩再次强烈起来。

贝隆时代的公共建筑和差不多同时代的墨索里尼、弗朗哥统治下的建筑形式上颇有些相似，因此常被称作"法西斯"式建筑。事实上，这类建筑并不局限于某一政治运动，而且分布极广，华沙、华盛顿也都有。20世纪中叶，古典主义日渐式微，而社会又有营造庄重气氛的需求，"法西斯"式的风格便应运而生。布城有两座此类建筑，规模宏大，也颇有名气，分别是布宜诺斯艾利斯大学法学院大楼和贝隆夫人基金会大厦。法学院大楼坐落于菲格罗亚·阿尔科塔总统大街，于1945年完工；贝隆夫人基金会大厦位于哥伦布林荫道，建于1952年，现在改成布宜诺斯艾利斯大学工程学院大楼。两幢大楼都有"法西斯"建筑风格，故而甫一建成就招致众多批评。两幢建筑基座均呈方形或近似方形，四周均为多立克柱廊环绕。法学院大楼体量稍大，正对着萨米恩托线破旧的铁轨，侧面采用多立克壁柱装饰，背立面为石砌。贝隆夫人基金会大厦相对精致些。当时的设计师嫌入口处的10根巨柱不够气派，便在柱头加上了些雕塑（后来被移除），意图延续圆柱向上的态势。当年五月广场南边还建

图 10-1　布宜诺斯艾利斯大学法学院大楼，1949 年建成，位于菲格罗亚·阿尔科塔总统大街 2263 号。（阿根廷国家档案馆）

了 4 座政府大楼，也采用类似的古典主义风格设计理念，但没有前述两座大厦那么明显。

　　从贝隆掌权到军政府独裁结束的 40 年间，发达国家普遍经历了超级街区、总体规划等大规模城市规划阶段。这些项目不少质量低劣，再加上近年来备受忽视逐渐显出颓废衰老的状态。倒台的政权留下残垣断瓦，当代审美竟从中发现了破败的美感并且效法起来。且不说这样做是否明智，单说这种颓废破败的建筑能否带来真正的满足和快乐就是个问题。布城有一处苏联风格的建筑，即位于雷科莱塔区南端、乌赛广场对面的楼群。这里现在是布宜诺斯艾利斯大学医学院（于 1944 年建成）和何塞·圣马丁医院（于 1962 年建成）。这些大楼都是巨型的钢筋混凝土结构，使人颇感压抑。医学院大楼设计上严格对称，上承装饰派建筑，其后还有莫斯科国立大学、华沙约瑟夫·斯大林文化和科学宫也采用了同样的设计。

布城大学城位于布城北部的努涅斯区霍尔赫·纽贝里机场以北，立面的建筑风格虽然有所不同，却同样令人压抑。校园里最主要的建筑是两座几乎一模一样的大楼，由本地的彼得森、蒂勒和克鲁兹公司设计，分别于1967年和1971年完工。大楼高仅6层，但体量巨大，显得低矮粗壮。与何塞·圣马丁医院一样，两栋大楼也大量使用钢筋混凝土，呈野兽派风格。灰蒙蒙的混凝土带和带状窗交错着横贯楼体四面，导致4个立面看上去都一模一样。乌赛广场附近的医学院和医院楼群给人以坚不可摧的稳固感，似乎足以抵御核武器的攻击。大学城的两栋主楼看上去则不很稳固，甚至不堪一击。大楼内部的装饰更为简陋，到处贴满布告和海报，墙上的涂鸦也随处可见。楼内的中庭照不进阳光，终日昏暗阴森。走廊长得看不到尽头，40年前铺设的漆布地板光泽已然褪去不少，但多少使走廊显得不那么幽暗了。

这40年里，布城发展的最大壮举也许要数雷蒂罗区的北卡特琳娜开发区了。这一地区的规划，最早制定于1956年，但是直到20世纪60年代晚期才正式开始建设。接下来的几十年里，北卡特琳娜地区建成了19幢现代派高楼，大部分都是高层办公楼，形成了一个绵延1千米的楼群，沿着马德罗港西侧一字排开。北卡特琳娜开发区得名于比亚蒙特街与圣马丁街路口的圣卡特琳娜·德·西耶娜教堂，距开发区不过几个街区。北卡特琳娜的土地由弗朗西斯科·席伯买下，席伯是德裔阿根廷企业家，于1889—1890年间担任过布城市市长。席伯还修建了泰勒海关大楼后面三个码头的最后一个——

图10-2 喜来登酒店，位于北卡特琳娜开发区，约1971年竣工。（阿根廷国家档案馆）

圣卡特琳娜码头，建造了一系列仓库，命名为卡特琳娜仓库及摩尔有限公司。这些仓库一直保存到20世纪40年代，直到这一区域规划了高楼大厦。布城人在河边建高楼的目的是打造足以媲美纽约的漂亮的天际线，至于布城是否需要这么多高楼大厦，那就另当别论了。

北卡特琳娜地区最早的高楼是最南端的阿拉斯大厦。阿拉斯大厦高42层，由贝隆总统亲自提议建造，1957年完工。大厦商住两用，钢筋混凝土结构，色彩暗淡，和20年前建造的卡瓦纳大厦风格接近。直到1995年，阿拉斯大厦一直是布城最高的建筑，但是从建筑风格上看，它尚未建成就已经过时了。

直到10年后，北卡特琳娜地区才迎来真正的发展。在开发区的北边、圣马丁广场和雷蒂罗火车站之间的地界上，建起了布宜诺斯艾利斯喜来登酒店会议中心，这幢大厦无疑是布城最难看的建筑之一。负责设计的是 SEPRA 公司，公司的三位合伙人分别是圣地亚哥·桑切斯·埃里亚、费德里科·佩拉塔·拉莫斯和阿尔弗雷多·阿古斯蒂尼。大厦采用现代派风格，钢筋混凝土板式结构，分为 11 个开间，每个开间再分为两个相同的小开间，故此看上去颇为单调古板。大厦和莫斯科罗西亚酒店（现已拆毁）有几分相似，但不如罗西亚酒店美观。喜来登酒店之后，北卡特琳娜地区又建起了 5 幢现代派高楼：康努尔本大厦、卡洛斯·佩列格里尼大厦、北卡特琳娜大厦、马德罗大厦和 IBM 大厦，分别建于 1973—1983 年之间。1983 年军政府的独裁统治倒台后阿根廷出现了经济困难，这一地区就没有新的建设项目了。直到 1994—2004 年间，这里才又建起 9 幢大楼。再往后的十年间，此地的发展又陷于停滞。而在笔者撰写本书的时候，3 幢在建高楼已近完工。刚才提到的 5 幢大厦比喜来登酒店稍稍美观些，在设计上还有些许创新和突破。其中 2 幢虽然算不上优秀，但因设计上的创意显得更引人注目一些，分别是卡洛斯·佩列格里尼大厦及 IBM 大厦。前者建于 1974 年，由本地公司 MSGSSS 设计；后者建于 1983 年，由马里奥·罗伯托·阿尔瓦雷斯设计。两幢大厦各具特色，但都试图打破国际主义建筑单一的箱式结构，充分运用了色彩和表面反常规的处理手法。抛开单幢建筑设计风格上的优点不谈，北卡特琳娜开发区也存在大型现代城市规划项目的通病：同一项目的各个建筑在设计上缺乏内在的连续性；项目整体上也难以融入城市，切断了和城市其他区域的关联。

在 1976 年军政府上台前，公共住宅再次受到重视，主要针对低收入群体建设的两个大型住宅项目，分别是里奥哈社区和路易斯·彼德拉武埃纳少校社区，均由 MSGSSS 公司设计。里奥哈社区位于帕特里夏公园区，于 1973 年建成。路易斯·彼德拉武埃纳少校社区位于维拉·卢加诺区，于 1980 年建成。贝隆总统执政时期，他和贝隆夫人主持建造的公共住宅均采用花园城市样式；而这两个住宅项目则不同，采用了柯布西耶式高楼。为了给这样的建筑增加些变化与活力，设计师加入了丰富的色彩，并在组合与形式上做了一些创新。美中不足的是，这些住宅的建筑材料看上去颇为劣质廉价。

军政府对住宅建设毫无兴趣，上台后进行的都是基础设施建设。1978 年阿根廷主办了世界杯足球赛，布宜诺斯艾利斯为迎接比赛全城上下焕然一新。除此之外，市长卡西亚托莱还在其著作《城市干线》(*La Ciudad Arterial*) 中提出了修建 8 条高速公路的庞大计划。这 8 条高速公路分别横贯和纵贯全城。当年罗伯特·摩西曾在曼哈顿采用类似的手法，架起了横贯东西的几条高速公路。如果卡西亚托莱的计划能顺利实现，那么布城现在的人均高速公路里程比洛杉矶还高，整个城市的面貌也会和现在完全不同。按照卡西亚托莱的规划，普埃雷东大道和圣菲大道都会改造成高速公路；莱安德罗·N. 阿莱姆大街会成为宽阔的高速公路，将城市和马德罗港隔离开来。如今的马德罗港已成为高档商业区，如果这条高速建起来的话，恐怕马德罗港的改造就不会成功。卡西亚托莱规划的高速公路最终只建成了两条，分别是五月二十五日高速公路和佩里托·莫雷诺高速公路。这两条高速穿过的都是原本就非常贫困的街区，高速通车后更是带来了无穷无尽的噪声和尾气，任何希望通过高速公路改善周边经济的想法最终都落空了。建高速公路挖出的土方用在了南岸大道旁边的自然保护区上，这个保护区位于马德罗港东面，建成后成为市民慢跑和散步的好去处。但是，保护区工程在南岸大道东边又填出了2千米宽的土地，曾经滨水可供市民游乐的南岸大道，现在又和拉普拉塔河水分隔开来了。

※

这一时期，若说有哪位建筑师能代表布城建筑的最高水准，非克洛林多·特斯塔莫属。特斯塔视野宽广，独具创意，深受波特诺人爱戴。在布城人眼里，特斯塔是地位重要的现代建筑师，提到他时人们总是满心自豪，甚至称他为民族英雄。1923年，特斯塔生于意大利那不勒斯，一生大部分时间都在布城度过，直至2013年去世。特斯塔的作品最早出现于1951年，在其早期作品中，位于圣特尔莫区哥伦布林荫道819号的一幢相当出色的现代派板式建筑，大楼设计优雅，比例合理，采用连续幕墙，最下面两层是带有方柱的柱廊，特色鲜明。这幢建筑带有国际主义风格颇为少见的律动感，布城的现代派建筑虽多，能做到这一点却非常罕见。

特斯塔还有两件作品特别有名：一是伦敦银行大厦，1959年设计，7年后竣工；二是阿根廷国家图书馆大厦，1961年设计，1971年开工建设，直到1992年方才投入使用，这幢建筑直到今天仍然争议颇多。

这两座建筑都属于野兽派，故而受到勒·柯布西耶晚期作品的影响。其中，伦敦银行大厦设计更为巧妙。没有任何装饰的混凝土建筑能产生如此优雅的美学效果，即便世界范围内恐怕也再难找出第二个例子。伦敦银行大厦位于布城金融区的中心地带，矗立在巴托洛梅·米特雷大街与雷孔基斯塔大道路口，是布城野兽派建筑的早期代表，带有野兽派作品不常见的优雅风格。于1979年建成的阿根廷国家发展银行，则是特斯塔作品中更典型的野兽派建筑。伦敦银行大厦像是一座巨大的雕塑，形似长方形盒子，一目了然，承重的立柱经过变形和穿孔，怪诞得不可思议。和一般野兽派建筑不同，大厦并不沉闷，反而充满了古灵精怪的趣味，个性张扬。大厦入口仿拟了布城街口建筑的截角面，设计成高悬在空中的4层混凝土结构，体量巨大，形成泰山压顶之势，仿佛谁要是有胆量进来，就会掉下来把他压在下面的感觉。建筑内部是同样复杂的空间游戏，楼层交错，空间开阔，别具匠心。伦敦银行大厦和周边传统的银行大厦设计理念截然不同，形成了出人意料的对抗力量，带来无限的新鲜感；同时它又竭力营造出庄重宏伟的气氛，成功地融入了周围的环境。

阿根廷国家图书馆由特斯塔和弗朗西斯科·布利里奇、艾丽西娅·卡萨尼卡共同设计，可谓是布城所有现代建筑中最著名也最有争议的一座。图书馆坐落于利贝尔塔多大道边上的巴兰卡顶部，原址是贝隆总统夫妇居住的温苏埃公馆。1952年，33岁的贝隆夫人因癌症离世，温苏埃公馆就成了支持者纪念她的地方。1955年贝隆下台，后来的总统阿兰布鲁中将为了消除贝隆夫妇的影响，于1958年下令拆除温苏埃公馆。阿根廷国家图书馆旧址在墨西哥街，于1901年建造，规模很小。故此1960年，继任总统阿图罗·弗朗迪西决定在此地建造一座新的国家图书馆。国家图书馆大厦没有伦敦银行大厦的半点儿灵气和机巧，看上去像一只机器昆虫，4座巨大的桥塔撑起一个巨大的主体结构。桥塔内安装着电梯和传送系统，上面的主体建筑形体庞大，颜色灰暗，由悬臂支撑并从各个方向伸出桥塔之外，带形窗和幕墙排列随意，环绕着主体。野兽派建筑一般都不加装饰，建筑材料直接展露在外，国家图书馆大厦也是如此，甚至有些野蛮、霸道的气息。公共图书馆理应以开放和启蒙为己任，而图书馆的外墙全无通透之感，反而彰显威权的控制欲，似与图书馆的精神背道而驰。现在，大厦的外墙经多年雨水冲刷，已然斑驳不堪。由于担心天花板漏水，雨水会直接灌到阅览大厅的地板上渗入电脑终端而引发火灾，因此每当下大雨图书馆就有大面积的内部区域必须关闭。大厦前面巴兰卡的底部有一座贝隆夫人的雕塑，雕塑身材纤细，采用半抽象化的表现手法以纪念曾经生活在这里的贝隆夫人。

  总之，回顾20世纪40年代至80年代布城的建筑，我们能够在破败、劣质的建筑中轻易看出当年建造它们的政权庸俗不堪而又好大喜功。除此以外，再也无法找到更合理的解读。

后记

当代布城

万物回春之时，民主又回到了布宜诺斯艾利斯。季节的更替十分缓慢，人们说不出冬天哪一分结束，春天哪一秒开始，只有科学能告诉人们季节交替的具体时刻。1983年12月10日这天，劳尔·阿方辛通过民主选举成为阿根廷总统。总统的权力从雷纳尔多·比尼奥内移交到阿方辛手上。独裁统治同民主的变革也和季节更替一样缓慢而复杂，不可能一下子就完成。波特诺人既不可能立即感受到惊人的变化，也不可能一下子认识到他们的枷锁已经消失，正如柏林墙倒塌后两德融合经历了漫长的过程。早在几年前，神秘失踪和死亡飞行事件就已绝迹，大多数秘密拘留中心也已关闭。军政府对蒙特内罗斯和托洛茨基人民革命军的打击快速高效，不久前还面临的致命危险连同最初欢迎军政府上台的热情，都已经开始淡出市民的记忆。

阿根廷的每个邻国——乌拉圭、巴西、巴拉圭、玻利维亚和智利都有军政府统治的时期。这些政权都是威权主义政府，而非极权主义政府。故此，军政府的统治也和150年前的罗萨斯政权有所不同。到了军政府执政末期，男青年如果头发稍长或者看起来思想不端，就有可能遭到警察殴打。但是一般的波特诺人生活不过是看看电影、吃吃烤肉，政权更迭和他们没有太大关系。大多数高中生和大学生，尽管不敢公然批评嘲笑政府，但私下里开开执政者的玩笑是常有的事。

因此，1983年初军方宣布当年10月30日将举行总统大选时阿根廷人备感惊讶。大家都以为军政府永远不会垮台，至少有生之年看不到这天。军政府宣布大选的原因，一种说法是军方认识到，掌握在群体手中的权力能使政权永续，胜于把权力归于某个政治强人；而更急迫的诱因，则是军方挑起了福岛战争（阿根廷称马尔维纳斯群岛战争，简称马岛战争）。这场战争从1982年2月2日开始到6月14日结束。战争结束时，英国共有255人死亡，775人受伤，115名士兵被俘；而阿根廷死亡649人，受伤1657人，另有11313人被俘。开战前，阿根廷经济处于水深火热之中，年通货膨胀率高达90％，民众实际收入极速下降，中产阶级陷入贫困，不满情绪日益高涨，局势难以控制。为转移民众注意力，军政府决定出兵马岛，这一招虽然不怎么地道，却出奇有效。布城人和其他阿根廷人一样，爱国热情高涨，甚至到了狂热的程度，不论左派的工会领袖还是蒙特内罗斯这个军方的死对头都支持军政府的决策。不过这场战争对布城人来说，淡忘的速度比较快。

除了"五月广场母亲"的一些成员，显然谁也没有意识到只有军事失败才能瓦解军政府的统治，事实也正是如此。军方尽管不愿放弃手中的权力，迁延了一些时日，但还算有自知之明，明白大权正渐渐溜走，当前的状况已经无法维持才不得不宣布举行大选。劳尔·阿方辛赢得了51%的选票，而意大罗·卢德尔只得到40%的选票，继而成为阿根廷历史上首位竞选失败的贝隆主义者。

然而，民众对独裁的恐惧感并未一夜之间消失。此前，阿根廷也出现过主动放弃权力的情况，分别是1958年、1963年及1971年，可之后又进入独裁统治。因此无法确定几年后军方是否会重新集结力量再次掌权。阿方辛曾下令进行了一次调查，调查报告就是著名的《永不再来》(Nunca Más)。从这个标题即可看出，民众既恐惧独裁，也担忧独裁再次出现。这份报告调查了20世纪50年代以来阿根廷国内出现的种种罪行及说明谁该为这些罪行负责。报告由埃内斯托·萨瓦托执笔，他是当年阿根廷有名的小说家，也是德高望重的知识分子。报告较为隐晦地表明，左派和右派都对阿根廷动荡的局面负有责任。阿方辛下令进行调查的当天还下达了另外一条命令：军政府放弃权力前为自己制定的特赦令无效。后来，500多名军官和少量士兵，先后因军政府执政期间的种种罪行获刑入狱。

此时，激进的布城艺术家玛塔·米努金举办了一场行为艺术，以最直观迅速的方式表现民众从强权下解脱的主题。阿方辛宣誓就职后（注意不是就职前），米努金在七月九日大道的中央绿化带里建起了一个支架，足有帕特农神庙那么大。然后，她向民间征集军政府统治期间藏匿的图书，将搜集来的3万多册图书摆放在支架上展出，形成一个象征言论自由的临时纪念碑。展出结束后，这些图书均分发给了公众。

今天，阿根廷军人干政的幽灵已然远去。原因之一是近些年来军队资金不足，预算只占国民生产总值的0.8%，位列西半球倒数第二，只比苏里南投入稍多。这种情况意味着即便公众支持军方，或者军队有将领意欲夺权，也缺少必要的物资和人力资源。20世纪军人职业备受尊重，军队掌握大量资源的时代已经一去不返。

军政府倒台后的阿根廷似乎也没有多少反思的声音。好像20世纪70年代和80年代的那些事，都是别人强加给阿根廷人，而不是阿根廷人自己干的。偶尔，阿根廷情报机构情报秘书处还会卷入某些罪行。例如1992年，苏帕查大道和阿罗约街路口的以色列大使馆发生了爆炸事件。两年后，巴斯德街633号的阿根廷犹太互助协会又发生了爆炸。近来检察官阿尔贝托·尼斯曼的自杀或谋杀事件再次点燃了人们对情报秘书处的怀疑。尼斯曼死前正在调查AMIA爆炸案，然后他的尸体在他马德罗港的公寓中被发现。这些事件说明，邪恶的势力存在惯性，影子政府并没有消失。但是这股势力只有潜在的影响，说它主导阿根廷政坛甚至渗透到了国家肌体的方方面面，显然是夸大其词了。

※

军政府倒台后，布城的法律地位发生了重大转变。1880年布城联邦化后，100多年来没有独立地位，归属联邦政府管理，市长由总统任命。1994年，阿根廷修改了宪法，赋予布宜诺斯艾利斯自治权。1996年布城通过了自己的宪章，规定可以自行选举市长。第一位由选举产生的布城市长是费尔南多·德拉鲁阿，后来出任阿根廷总统，任期从1999年至2001年12月。毛里西奥·马克里是布城的第5位市长，据说也有竞选总统的意向。马克里结束任期后，由霍雷肖·罗德里格斯·拉雷塔接任市长。

近30年间，布城的面貌慢慢改变，但未发生根本的变化，军政府时代的城市格局总体上都保留了下来。这些年来最重大的项目就是马德罗港的重建和城市化。现在，马德罗港已经是布城的第48个行政区。马德罗港建于19世纪90年代，但是不久后因远洋轮船纷纷升级，船体更大，吃水也更深，港口的设计容量无法满足轮船的需求，很快便不敷使用。1926年，布城在北岸修建了新港，现已成为布城的主港口。城市南面博卡区的港口也尚在使用，但吞吐量不大。若说大部分波特诺人从未去过新港，也不了解那里情况如何，想来并不夸张。人口稠密、高楼林立的利贝尔塔多大道，虽然离新港只有2千米远，但感觉两地分属不同的世界。新港没有公共交通，利贝尔塔多大道和新港之间隔着400米的铁路调车场，对面是全球最大、最危险的贫民窟，贫民窟中间还有阿图罗·翁贝托·伊利亚博士高速公路穿过。这条高速公路于1995年开通，将贫民窟一分为二。要步行到新港去，走2千米可到不了，必须绕路10千米，沿途除了大卡车和卡车维修点见不到一个人影。即便到达新港，满眼望去，全是20世纪中叶修建的工业基础设施：集装箱起重机、谷物升降机，还有庞大的卡洛斯·吉瓦格力博士发电厂。发电厂建于20世纪30年代，是一座宫殿式建筑，主楼正面有巨大的拱门，中间有巨大的窗户，两侧各有一个精美的钟楼，让人不禁想起古罗马的戴克里先浴场。

新港建成后，布城政府就考虑把马德罗港的商业设施改造成休闲娱乐设施，悉尼的达令港和曼哈顿西区的哈得逊河沿岸地带，都是成功的先例。新港完工之前就有人提出要将马德罗港区的250亩土地变为住宅区。直到1999年，港区的第一幢大厦希尔顿酒店方才竣工，由马里奥·罗伯托·阿尔瓦雷斯设计。此后，马德罗港区的发展开始加速。现在这里高楼林立，形成了布城的第二条天际线，同以办公楼为主的北卡特琳娜开发区（位于雷蒂罗区）遥相呼应。过去20年间，马德罗地区的街道大都经过改建，但是延续着布城原有的棋盘式格局。沿着东西走向的轴线，每个街区都和西侧老城的街区一一对齐，纹丝不乱。

现在的马德罗港和布城刚建城那时颇为相似，整个区域沿着码头绵延2.5千米，东西轴向上则只有400米宽，和1776年总督区建立前的布城无论从面积到布局都大致相当，简直就是布城以前的镜像。同时，港区的地块尚未完全开发，有些街区只覆着表层土和草坪，让人不由想起1580年后的布城，那时棋盘式的格局已经形成，但是不像现在所有的街区全被占满。港区的每条街都以女人的名字命名，横跨港区水域的新桥也叫作女人桥。这座桥由圣地亚哥·卡拉特拉瓦设计，独具匠心，也颇为壮观。

享有世界盛誉的一批建筑师包括诺曼·福斯特、西萨·佩里和拉斐尔·维诺利都参加了马德罗港区的设计。著名室内设计师菲利普·斯塔克将邦吉公司的旧粮库改造成了歌剧院风格的豪华酒店——费纳酒店。酒店建筑的暗红色砖块都是100多年前从英国曼彻斯特进口的。酒店边上还有一座费纳艺术中心，也是由老建筑改建而成。二三十年之前布城人尚未形成保护文化遗产的意识，一直有拆掉粮库的声音，现在人们的观念已经发生了彻底的转变。

马德罗港发展速度惊人。15年前，这块地方除了几幢废弃的仓库以外什么都没有。时光流逝，布城的第二条天际线仿佛从天而降。从远处看，港区高耸的摩天大厦似乎都挤在一起，近看就会发现，楼宇之间都有宽阔的栋距，相当分散，如果和芝加哥或纽约的高楼比起来，马德罗港更适合单独观赏。

马德罗港区的高楼中最高、最美的一幢是西萨·佩里设计的YPF大厦。佩里是移居纽约的阿根廷人。和港区内的其他高楼不同，YPE大厦是一幢办公楼，最重要的租户是国有能源巨头YPF公司。大厦为钢筋混凝土结构，建筑细节十分精致，表面覆盖着晶莹闪亮呈半透明状的玻璃幕墙。该建筑结构上最突出的特点是建筑主体好似嵌入一个框架，从东面包裹着主体。主体西侧的5个高空楼层就好似被切去了一角，形成一个匠心独运的空中中庭。佩里的公司还设计了北卡特琳娜开发区的两幢大楼。一幢是波士顿银行大厦，2001年完工，另一幢是1996年建成的共和国大厦。共和国大厦的设计颇有特点，佩里对老套的现代派板式建筑进行了改造，为大厦设计了弯曲的抛物线形立面，并给大厦的幕墙设计了象牙色的精美束带层，和曼哈顿中心的彭博大厦非常相似。

马德罗港的新建筑大多都是住宅，也和YPF大厦一样，不但比北卡特琳娜开发区的高楼高出一截，而且设计更加出色，施工工艺也更完善。例如，乐帕克大厦是标准的后现代背景主义建筑，虽没有什么创新之处，但也能展现出应有的建筑魅力，20世纪70年代呆板的高楼完全无法与之相比拟。乐帕克大厦实际是三幢高楼构成的楼群，由埃斯图迪奥·艾森松、埃斯图迪奥·R.伊安努兹和G.科伦坡共同设计。港区的其他高楼更是体现了后现代非凡的创造力，仿佛传递着20世纪20年代设计师的未来主义梦想。能体现这一点的是布城最高的两幢建筑——穆耶里斯双子塔。这两栋高楼由作品丰富的本地公司MSGSSS设计。未来主义风格最为突出的，则是埃尔法罗大厦的两座高楼。大厦由杜霍夫内和赫什设计，2003年完工，每隔10层左右就有一架空中廊桥相连。这些廊桥美丽迷人，不过除了装饰，好像也没有其他的功用。

目前，马德罗港仍在建设。现在的港区让人觉得不很完整，仍有继续建设和扩张的强烈态势。港区新建的高楼越来越气派，安装了防盗门，还有保安人员巡逻。布城其他富庶的区域例如巴勒莫区和贝尔格拉诺区新造的建筑也是如此。但是这样一来，港区宽阔的街道就显得空空荡荡，路边只有几家干洗店和便利店，等待着富裕的住客光顾。在马德罗港区安家的男男女女晚上睡在这里，但是白天的生活，都要在西边热热闹闹的老城区度过。港区内的码头东西两侧都有不少口味上佳、价格高昂的饭店，却从未有过如巴勒莫区、雷科莱塔区和商业中心的熙熙攘攘，仿佛只有老城的那些地方才有让人精神振奋、心情舒畅的城市生活。马德罗港的冷清，也许是因为无论乘车还是步行，从莱安德罗·N.阿莱姆大道出发都必穿过好几百米宽的绿地和街道才能到达港区。港区和老城的联系，不方便也不自然。这种情况有点儿像纽约东河的罗斯福岛，但马德罗港无疑更赏心悦目，设计也更出众。

当然，马德罗港的改造项目也有人批评，教皇方济各便是一个。教皇出生在工人阶级聚居的弗洛雷斯区，近来接受采访时曾表示："我在布宜诺斯艾利斯的时候有件事觉得很丢脸，就是马德罗港新区。新港区从河边铺开，确实挺漂亮。但是居然造了那么多的高楼，还有36家饭店，进去吃一顿，就能把我的积蓄掏空。别忘了，旁边就有个贫民窟呢！"教皇说的贫民窟，其实面积相对不大，就在生态保护区南边、南岸大道边上。

※

教皇的评论反映了波特诺人的某种焦虑。近来，布城人常把一个词儿挂在嘴边——"第一世界"。如果巴勒莫区有家特别时髦的餐厅颇有纽约风或者伦敦范儿，布城人便会赞叹"太第一世界了"。2013年，布城老旧的地铁A线列车运行了100年后，终于换成中国进口的亮黄色车厢。新列车安装了舒适的空调系统（布城的地铁此前均未安装空调）、电脑自动引导标识、清晰的报站系统。布城市长显然对新地铁列车非常满意，连声夸赞"太第一世界了"。但伦敦人或纽约人显然不会这么说话。布城人渴望成为第一世界，担心落后于人的心态从这句口头禅便可见一斑。

今天的布城本身就是个悖论，好似一幅给人造成视觉错觉的图画，从一个角度看，画里的盒子正在往前挪动，而换个角度，那盒子又似乎在往后挪动。布城是美丽伟大但又有些许穷困落魄,且戴着美丽面具的城市。布城应该属于欧洲,还是属于南美呢?也许整个阿根廷,都未能清晰定位自己的身份,而布城这一问题尤甚。自19世纪20年代里瓦达维亚执政起,布城人就树立了成为"第一世界"的目标。到1910年百年庆典之时,布城人似乎已经实现了这个梦想。因此,20世纪20年代、40年代和60年代的布城人都未曾为这个问题困扰,他们自然而然地将阿根廷看成第一世界的一员。但是此后的半个世纪里,政变不断,腐败横行,阿根廷的国际地位随之下降。对第一世界地位失落的清醒认识以及当前地位认同的不确定性,成为当代布城人的集体性格。

在布城待上几天甚至几月,若看到的只有光彩的表象定会觉得这是个第一世界城市。佛罗里达街的精品店、波萨达斯街和阿尔韦亚尔大道的豪华酒店、老巴勒莫区的高级概念餐厅里到处是光泽亮丽的木质家具、闪闪发光的黄铜装饰、新潮时尚的设计,简直和欧洲、美国没有差异,确实属于第一世界。佛罗里达街出现了许多大型连锁零售商,虽然还未像美国城市那么多,但已开始主导市场。布城的连锁书店,例如阿特纳奥书店、古斯彼得书店和蒂斯塔尔书店,也纷纷模仿美国的巴诺书店和英国的水石书店,在书店内设置咖啡吧,读者可以一边品着拿铁,一边刷着手机和电脑。布城的中产阶级街区也到处都是美国消费品牌星巴克、麦当劳和赛百味的店铺(这三个品牌已成为彰显本地街区档次的标志)。

过去二三十年里,布城出现了4座高档购物中心,彻底改变了布城人的消费方式。此前我们提到的阿巴斯托购物中心便是其中一家，其余 3 座均由胡安·卡洛斯·洛佩兹合作有限公司建造。最早建成的是巴迪奥·布勒里奇购物中心，位于雷蒂罗区。19 世纪中叶，这里曾是牲畜拍卖行，1989 年改建为商场。第二家是 1990 年开张的奥拓·巴勒莫购物中心，最后一家是 1992 年建成的太平洋拱廊购物中心。4 家购物中心里，太平洋拱廊最让人难忘。购物中心位于佛罗里达街的一座意大利宫殿式建筑里，风格近似玫瑰宫。该建筑设计于 1888 年，由埃米利奥·阿格列罗与罗兰·勒·瓦彻操刀，10 年后方才建成。4 座购物中心里只有奥拓·巴勒莫购物中心是全新建筑。该建筑采用简约的后现代风格，石质立面、体量巨大的鼓状中庭，设计独具匠心。从迪亚兹上校大道看过去，购物中心最为壮观，而圣菲大道上的巨大入口有宽阔的半圆形中庭，也十分夺人眼球。

布宜诺斯艾利斯的第一世界一直延伸到老巴勒莫区。此处相当于布城的巴黎玛莱区和纽约西村。以前，老巴勒莫区是中产和工人阶级聚居的地方，保留了大量 20 世纪初建成的两层住宅，现在又新建了不少小规模的精品店、新兴艺术画廊、手工冰淇淋店和高级概念餐厅。不同于布城其他地方遍地都有的牛排店，这些餐厅千方百计彰显自己的品位，营造高级的氛围。老巴勒莫区和马德罗港一样，显然也是有钱人安家的地方，但是显得更年轻，没有财大气粗的权贵气息，反而充满放荡不羁的波西米亚风情。

第一世界的布城还主宰着城市的艺术生活。2000 年以来，布城的艺术圈迅速扩大，而且还新开办了许多博物馆，其中大多数都专门展示当代艺术作品。2001 年，布宜诺斯艾利斯拉丁美洲艺术博物馆开放；2008年，博卡区的普罗阿基金会艺术中心和福塔巴特艺术收藏博物馆开放；2010年，圣特尔莫区的布宜诺斯艾利斯现代艺术博物馆进行了彻底翻新；2011年，费纳酒店附近的费纳艺术中心开业。自1991年以来，阿根廷农业协会展览中心还每年举办大型艺术博览会——布宜诺斯艾利斯艺术博览会。

所有这些都属于第一世界的布宜诺斯艾利斯。第一世界的布城属于中产波特诺人。布城中产和其他国家的中产阶级没有差别，但是由于阿根廷选出的总统一直都治国无方，布城中产的财富明显少于发达国家的中产。1989年，阿根廷发生恶性通货膨胀，通胀率高达12000%。2001年12月，阿根廷出现银行挤兑，政府无力偿还债务，只能冻结百姓的账户。短短的十余年里，中产阶级的财富折损不少，甚至一夜之间便蒸发了三分之二。现任政府执政期间，中产阶级的财富状况也没有明显改善，虽然情况比2001年金融危机时有所好转，但相比发达国家中产阶级的财务状况，布城显然落后很多。近年来，布城中产纷纷参与了一种新的"消遣方式"——敲锅打铁。雷科莱塔区、巴勒莫区和贝尔格拉诺区的中产或上层中产敲打着手里的铁锅或平底锅，涌上街头示威游行，抗议克里斯蒂娜·费尔南德斯·德·基什内尔政府。即便在布城北部富庶的诺尔特区，种种迹象表明布城的生活也并没有看上去那么美好：夏季经常停电，人行道断裂坑洼，布杂派建筑的外墙遍布涂鸦。所有这些都表明布城市民心中的那个欧洲梦仍然虚无缥缈。

在布宜诺斯艾利斯从第一世界穿越到第三世界，从欧洲来到南美洲，只需朝任意方向跨越几个街区。利贝尔塔多大道是布城富人聚居的地区，高楼林立，河景美丽，然而只要往北走400米便是世界上规模最大的贫民窟之一——维拉31区。在漫长的岁月里，布城的夹缝里慢慢生长出十几个贫民窟。其中最大的是巴拉卡斯区的维拉21区，前面提及马德罗港区的贫民区规模则比较小。维拉31区是年代最久远且最有名的贫民窟，从大萧条时代便已形成，迄今已有80余年，现有4000余人居住。2009年有一份官方普查报告显示，维拉31区的居民有一半来自巴拉圭、玻利维亚、秘鲁，另一半则来自阿根廷北部省份。这一数据表明，过去二三十年间布城的人口结构发生了变化。虽然大多数市民都是欧洲后裔，但美洲本地人口的比例有了明显提升。这些底层人口既是基什内尔执政的根基，也是基什内尔执政的后果。他们经常参加事先策划的示威活动，阻断市中心的交通。在基什内尔统治下的阿根廷，这样的交通阻塞已经成为布城生活的常态。

　　本书前面提到过，雷科莱塔国家公墓是布城棋盘式格局的仿拟。维拉31区也是，只不过是疯狂的仿拟。维拉31区没有任何规划，与罗马或巴黎的城市演化颇为相似。区内大片临时的住房建筑用的材料都是捡来的废物，比如煤渣砖、波形铁板等。如果从空中鸟瞰或用谷歌地图查看，布城贫民窟的建筑极其稠密，布局相比其他地方规整的格局简直判若云泥。但是即便在条件较好的地区，比如巴尔瓦内拉区以及南部的博卡区和巴拉卡斯区，百年历史的法式建筑也呈明显衰败的状态。石砌的立面满是涂鸦，大片大片地脱落，铸铁阳台倾塌，混凝土里的钢筋裸露在外，横七竖八地承受着日晒雨淋。此情此景让人不免怀疑这些建筑如何能留存至今。

后记　当代布城　243

今日的布城有许多方面和 20 世纪 70 年代的纽约颇为相似。布城有些区域如果没人陪同，外国人绝不会前往，本地人也没几个敢去。很多区域，尤其是城市北部，整齐干净得足以媲美巴黎和纽约，而其他地方又常污秽破败，不免让来自"第一世界"的访客感到不适。但是如果以纽约作为参照，我们也未尝不能看到希望。城市有承受管理不善和恶意破坏的能力，大到无法想象而且能够恢复，甚至变得比原来更好。如果阿根廷政府治国有方，就能让布城更好地发展。同时，我们必须承认，虽然条件艰苦，困难和挑战颇多，布城市政府已经竭尽全力，近些年来布城新建的公园和交通设施已经大大超过 20 世纪 70 年代的纽约，甚至比纽约现有的更好。

※

布宜诺斯艾利斯不仅好似 40 年前的纽约，也颇像康斯坦丁大帝统治下的罗马。今天，如果我们提及古罗马，脑中浮现的便是公元 325 年的罗马古城——此时的古城已和今天的罗马规模相当，日臻完善，可谓一座"完整的罗马"。现在，距离佩德罗·德·门多萨在拉普拉塔河边建立第一座定居点已近 500 年，布宜诺斯艾利斯发展至今也已是一座"完整的布城"。布城历史上的每个阶段都竭力挖掘城市的潜能，大力建设急需的基础设施，建造新房屋或改造已有的建筑，可以说，每一代布城人都完成了自己的使命。现在的布城已然完整，尽管还有许多地方等待着新一轮的开发，城市的基础设施也亟待改进,我们仍然可以说,创造这座伟大城市的工作业已完成。今后的布城,主要是在现有的基础上进一步美化和完善,重建衰败的社区。此外,布城和整个阿根廷,尚需更好地融入广阔的世界。

致谢

首先，我要感谢编辑伊丽莎白·迪斯盖尔德（Elisabeth Dyssegaard）女士。她在编辑手稿的过程中展现了高度的职业化，并且极其负责和耐心。我还要感谢迪斯盖尔德的助手劳拉·阿普森（Laura Apperson）为本书付出的辛勤劳动，感谢唐娜·彻丽（Donna Cherry）制作了本书，感谢比尔·沃尔华普（Bill Warhop）核对了本书的文字。其次，我要感谢代理人安吉拉·米勒（Angela Miller），她对这个项目充满信心，在本书出版的过程中，展现了高超的代理技能。本书的撰写得到了很多人帮助，此处不能一一列举，但我仍然要感谢霍尔赫·塔拉塔里尼（Jorge Tartarini）、卡特琳娜·拉斯卡诺（Catalina Lascano）、玛格丽特·古特曼、大卫·雅各布森（David Jacobson）、罗西塔·加西亚·卡里略（Rosita García Carillo）及阿德里亚娜·达·库尼亚（Adriana da Cunha）。我还要感谢阿根廷国家档案馆、阿根廷国家图书馆和布宜诺斯艾利斯城市博物馆（Museo de la Ciudad）众多的工作人员。最后，我要感谢两个网站的工作人员，他们分别来自现代布宜诺斯艾利斯（Moderna Buenos Aires）和布宜诺斯艾利斯百宝箱（Arcón de Buenos Aires），他们以高度的使命感，孜孜不倦地展示布城久远和现代的历史，让我们更好地了解这座伟大但又常被忽略的城市。

参考文献

Acarete du Biscay. *Relación de un viaje al Río de la Plata*. Buenos Aires: Alfer and Vays, 1943.

Andrews, George Reid. *The Afro-Argentines of Buenos Aires, 1800—1900*. Madison: University of Wisconsin Press, 1980.

Berjman, Sonia. *La Plaza Espa la en Buenos Aires 1580—1880*. Buenos Aires: Kliczkowski Editores, 2001.

Bernand, Carmen. *Historia de Buenos Aires*. Bogota: Fondo de Cultura Economica, 1999.

Borges, Jorge Luis. *Cuaderno San Martín*. Buenos Aires: Editorial Proa, 1929.

Borges, Jorge Luis. *El Aleph*. Buenos Aires: Editorial Losada, 1949.

Borges, Jorge Luis. *Evaristo Carriego*. Buenos Aires: Gleizer Editor, 1930.

Borges, Jorge Luis. *Fervor de Buenos Aires*. Buenos Aires: Imprenta Serantes, 1923.

Borges, Jorge Luis. *Luna de enfrente*. Buenos Aires: Editorial Proa, 1925.

Brown, Jonathan C. *A Brief History of Argentina*. New York: Facts on File, Inc., 2011.

Brown, Jonathan C. *A Socioeconomic History of Argentina, 1776—1860*. Cambridge: Cambridge University Press, 1979.

Cabeza de Vaca, Alvar Nunez. *Relación de los naufragios y comentarios*. Madrid: Libreria General de Victoriano Suarez, 1906.

Concolorcorvo (Alonso Carrio de la Vandera). *El Lazarillo de Ciegos Caminantes*. Buenos Aires: Stockcero, 2005.

Cox, David, and Robert J. Cox. *Dirty Secrets, Dirty War.* Charleston, SC: Evening Post Publishing Company, 2008.

Cuerva, Jorge Ignacio Garcia. "La Iglesia en Buenos Aires Durante La Epidemia de Fiebre Amarilla de 1871." *Revista Teologica* 11 (2003): 115—47.

Echeverria, Esteban. *El Matadero-La Cautiva.* Madrid: Catedra, 1990.

Fletcher, Ian. *The Waters of Oblivion: The British Invasion of the Rio de la Plata, 1806—1807.* Tunbridge Wells: Spellmount Ltd., 1991.

Foster, David William. *Buenos Aires: Perspectives on the City and Cultural Production.*

Gainesville: University Press of Florida, 1998.

Galeano, Diego. "Medicos y policias durante la epidemia de fiebre amarilla (Buenos Aires, 1871)." *Salud Colectiva* 5, no. 1 (April 2009): 107—20.

Garcia, Juan Agustin. *La ciudad indiana: Buenos Aires desde 1600 hasta mediados del siglo XVIII.* Buenos Aires: Hyspamerica, 1900.

Gorelik, Adrian: *La Grilla y el Parque: Espacio publico y cultura urbana en Buenos Aires, 1887—1936.* Quilmes, Argentina: Universidad Nacional de Quilmes, 1998.

Gutierrez, Ramon. *Buenos Aires: Evolucion urbana, 1536—2000.* Buenos Aires: Cedodal, 2014.

Gutierrez, Ramon. "Buenos Aires: A Great European City." In *Planning Latin America's Capital Cities 1850—1950,* edited by Arturo Almandoz, 45—75.

London: Routledge, 2002.

Gutman, Margarita, and Jorge Enrique Hardoy. *Buenos Aires, 1536—2006.*

Buenos Aires: Ediciones Infinito, 2000.

Hanon, Maxine. *Buenos Ayres desde las quintas de Retiro a Recoleta (1580—1890).* Buenos Aires: Olmo Ediciones, 2014.

Herz, Enrique German. *Historia de La Plaza Lavalle.* Buenos Aires: Cuadernos de Buenos Aires, 1979.

Johnson, Lyman L. *Workshop of Revolution: Plebeian Buenos Aires and the Atlantic World, 1776—1810.* Durham, NC: Duke University Press Books, 2011.

Koolhaas, Rem. *Delirious New York.* New York: Monacelli Press, 1994.

Luna, Felix. *Buenos Aires y el país.* Buenos Aires: Editorial Sudamerican, 1982.

Luqui-Lagleyze, Julio. *Buenos Aires: Sencilla historia.* Buenos Aires: Librerias Turisticas, 1998.

Lynch, John. *Argentine Caudillo: Juan Manuel de Rosas.* Oxford: Rowman & Littlefield Publishers, 2001.

Lynch, John. *The Spanish-American Revolutions, 1808—1826.* New York: W. W. Norton, 1973.

Lynch, John. *Spanish Colonial Administration 1782—1810.* University of London: Athlone Press, 1958.

Machain, Ricardo de Lafuente. *El barrio de la Recoleta.* Buenos Aires: Cuadernos de Buenos Aires, 1962.

Machain, Ricardo de Lafuente. *La Plaza Tragica.* Buenos Aires: Cuadernos de Buenos Aires, 1962.

Machain, Ricardo de Lafuente. *El barrio de Santo Domingo.* Buenos Aires: Cuadernos de Buenos Aires, 1956.

Marechal, Leopoldo. *Adán Buenosayres.* Buenos Aires: Editorial Corregidor, 2013.

Maroni, Juan Jose. *Breve historia fisica de Buenos Aires.* Buenos Aires: Cuadernos de Buenos Aires, 1969.

Maroni, Juan Jose. *El Alto de San Pedro.* Buenos Aires: Cuadernos de Buenos Aires, 1969.

Mitre, Bartolome. *Rimas.* Buenos Aires: Imprenta y Librerias de Mayo, 1876.

Morrison, Samuel Eliot. *The European Discovery of America: The Southern Voyages A.D. 1492—1616.* New York: Oxford University Press, 1974.

Municipalidad de la Ciudad de Buenos Aires. *La arquitectura en Buenos Aires 1850—1880.* Buenos Aires: Cuadernos de Buenos Aires, 1972.

Pando, Horacio Jorge. *Historia urbana de Buenos Aires.* Buenos Aires: Diseno, 2014.

Podalsky, Laura. *Specular City: Transforming Culture, Consumption, and Space in Buenos Aires, 1955—1973.* Philadelphia: Temple University Press, 2004.

Rapoport, Mario, and Maria Seoane. *Buenos Aires, historia de una ciudad.* Buenos Aires: Planeta, 2007.

Romero, Jose Luis, and Luis Alberto Romero, eds. *Buenos Aires, historia de cuatro siglos.* Buenos Aires: Altamira, 1983.

Ross, Stanley R., and Thomas F. McGann, eds. *Buenos Aires: 400 Years.* Austin: University of Texas Press, 1982.

Sargent, Charles S. *Spatial Evolution of Greater Buenos Aires, Argentina, 1870—1930.* Tempe: Arizona State University, 1974.

Sarlo, Beatriz. "Cultural Landscapes: BA from Integration to Fracture." In *Other Cities, Other Worlds: Urban Imaginaries in a Globalizing Age,* edited by Andreas Huyssen. Durham, NC: Duke University Press Books, 2008.

Sarmiento, Domingo Faustino. *Facundo o civilización y barbarie en las pampas Argentinas.* Buenos Aires: Siglo XXI Editores, 2004.

Scobie, James R. *Argentina: A City and a Nation.* New York: Oxford University Press, 1971.

Scobie, James R. *Buenos Aires: Plaza to Suburb 1870—1910.* New York: Oxford University Press, 1971.

Scobie, James R. *Revolution on the Pampas: A Social History of Argentine Wheat, 1860–1910.* Austin: University of Texas Press, 1964.

Schavelzon, Daniel. *Arqueología de Buenos Aires.* Buenos Aires: Emece Editores, 1999.

Schiavo, Horacio. *Palermo de San Benito.* Buenos Aires: Cuadernos de Buenos Aires, 1969.

Schmidl, Ulrich. *Ulrich Schmidls Erlebnisse in Südamerika.* Straubing: 1962.

Shmidt, Claudia. *Palacios sin reyes: Arquitectura pública para la capital permanente:Buenos Aires 1880—1890.* Rosario: Prohistoria Ediciones, 2012.

Tartarini, Jorge Daniel. *El Palacio de las Aguas Corrientes. De Gran Depósito a Monumento Histórico Nacional.* Buenos Aires: AySA, 2012.

Timerman, Jacobo. *Prisoner without a Name, Cell without a Number.* New York: Alfred A. Knopf, 1981.

Walter, Richard J. *Politics and Urban Growth in Buenos Aires, 1910—1942*. Cambridge: Cambridge University Press, 1993.

Wilson, Jason. *A Cultural Guide to the City of Buenos Aires*. Oxford: Signal Books, 1999.

Zabala, Romulo, and Enrique de Gandia. *Historia de la Ciudad de Buenos Aires*. Buenos Aires: Municipalidad de la Ciudad de Buenos Aires, 1980.

译名对照表

Abasto Shopping 阿巴斯托购物中心
Acarete du Biscay 阿卡雷特·杜·比斯开
Administrativea de Rentas Nacionales 国家财政管理局大楼
Adolfo Batiz 阿道夫·巴蒂兹
Aduana Taylor 泰勒海关大楼
Aedes aegypti 埃及伊蚊
Aeroparque Jorge Newbery 霍尔赫·纽贝里机场
Aguas Corrientes 科连特斯水务大楼
Agustín de Robles 奥古斯汀·德·罗伯雷斯
Agustin Querol 奥古斯汀·克罗尔
Aimé Bompland 艾米·庞普兰德
Albert Einstein 阿尔伯特·爱因斯坦
Alberto Nisman 贝托·尼斯曼
Alberto Prebisch 阿尔贝托·布莱比施
Alejandro Bustillo 亚历德罗·巴斯蒂罗
Alianza Anticomunista Argentina, Triple A AAA组织，即阿根廷联盟
Alicia Cazzaniga 艾丽西娅·卡萨尼卡
Alonso Cabrera 阿隆索·卡布雷拉
Alsina 阿尔西纳街
Alto Palermo 奥拓·巴勒莫购物中心
Alto Peru "上秘鲁"
Álvar Núñez Cabeza de Vaca 阿尔瓦·努涅斯·卡韦萨·德·巴卡
Ana Diaz 安娜·迪亚兹
Anatole France 阿纳托尔·法朗士
Anchorenas 安乔雷纳斯
Andrea Blanqui 安德烈·布朗基
Andres Kalnay 安德烈斯·卡勒耐
Antonines 安东尼王朝
Antonio Berni 安东尼奥·贝尔尼
Antonio Tomás 安东尼奥·托马斯
Araucanian 阿劳干人
Archbishop Bergoglio 贝尔格里奥
Archivo General de la Nación 阿根廷国家档案馆
Arco de los Virreyes 比雷耶斯拱门

Aristotle Onassis 亚里士多德·奥纳西斯
Arnaldo Zocchi 阿纳尔多·佐奇
Arroyo 阿罗约街
Art Deco 装饰派艺术
Art Nouveau 新艺术主义
Arturo Frondizi 阿图罗·弗朗迪西
Arturo Goyeneche 阿图罗·乔耶尼歇
Asociación Mutual Israelita Argentina, AMIA 阿根廷犹太互助协会
Astor Piazzola 艾斯特·皮亚佐拉
Asunción 亚松森
August Huguier 奥古斯特·于吉耶
Automóvil Club Argentino 阿根廷汽车俱乐部
Autopista 25 de Mayo 五月二十五日高速公路
Autopista Luis Dellepiane 路易斯·德拉皮亚尼高速路
Autopista Ricchieri 里奇耶里高速公路
Avellaneda 阿韦亚内达
Avenida 9 de Julio 七月九日大道
Avenida Alvear 阿尔韦亚尔大道
Avenida Belgrano 贝尔格拉诺大道
Avenida Boedo 博埃多大道
Avenida Callao 卡亚俄大道
Avenida Caseros 卡塞罗斯大街
Avenida Córdoba 科尔多瓦大道
Avenida Coronel Diaz 迪亚兹上校大道
Avenida Corrientes 科连特斯大道
Avenida de Mayo 五月大道
Avenida General Paz 帕兹将军大道
Avenida Independencia 独立大道
Avenida Juan B. Justo 胡安·B. 胡斯托大道
Avenida Juramento 胡拉门托大道
Avenida Las Heras 拉斯·埃拉斯大道
Avenida Leandro N. Alem 莱安德罗·N. 阿莱姆大街
Avenida Libertador 利贝尔塔多大道
Avenida Paseo Colón 哥伦布林荫道
Avenida Presidente Figueroa Alcorta 菲格罗亚·阿尔科塔总统大街
Avenida Pueyrredón 普埃雷东大道
Avenida Quintana 金塔纳大道
Avenida Rivadavia 里瓦达维亚大街
Avenida San Juan 圣胡安大道
Avenida Santa Fe 圣菲大道
Avenida Sarmiento 萨米恩托大道
Avenue des Champs-Elysees 香榭丽舍大街
Azcuenegas 奥兹圭内加斯
Aztec 阿兹特克
Balcarce 巴尔卡塞
Balvanera 巴尔瓦内拉区
Banco de Londres 伦敦银行大厦
Baron Haussmann 奥斯曼男爵
Barracas 巴拉卡斯区
barranca "巴兰卡"

Barrio Comandante Luis Piedrabuena 路易斯·彼德拉武埃纳少校社区
Barrio Norte 诺尔特区
Bartolomé Mitre 巴托洛梅·米特雷
Basque country 巴斯克地区
Basque 巴斯克人
Baths of Caracalla 卡拉卡拉浴场
Baths of Diocletian 戴克里先浴场
Battle of Caseros 卡塞罗斯战役
Battle of Cepeda 塞佩达战役
Battle of Pavón 帕翁战役
Bauhaus 包豪斯
Bavarians 巴伐利亚人
Beatriz Sarlo 比阿特丽斯·萨尔罗
Beaux Arts 布杂派
Belgrano 贝尔格拉诺区
Belle Époque "美好年代"
Benito Quinquela Martín 贝尼托·金格拉·马丁
Bernardino Rivadavia 贝纳迪诺·里瓦达维亚
Biblioteca Nacional 阿根廷国家图书馆
Bois de Boulogne 布洛涅森林公园
Boston Tea Party "波士顿倾茶事件"
Bourbon 波旁王朝
British South Sea Company 英国南海公司
Brutalist style 野兽派风格

Cabildo 市政厅
Cacciatore 卡西亚托莱
Cádiz 加的斯
Cagliari 卡利亚里
Caliphate 阿拉伯帝国
Calle Bolívar 玻利瓦尔街
Calle Defensa 德芳斯街
Calle Florida 佛罗里达街
Calle Garay 加拉伊街
Calle Juncal 洪卡尔大道
Calle Lavalle 拉瓦勒街
Calle Mexico 墨西哥街
Calle Viamonte 比亚蒙特街
Camila O'Gorman 卡米拉·奥戈曼
Caminito 卡米尼托小道
Camino del Bajo 巴豪路
Canary Islands 加纳利群岛
Carcarañá 卡卡兰纳河
Carl August Kihlberg 卡尔·奥古斯特·基尔伯格
Carlo Morra 卡洛·莫拉
Carlos Finlay 卡洛斯·芬利
Carlos Gardel 卡洛斯·加德尔
Carlos III 卡洛斯三世
Carlos Pellegrini 卡洛斯·佩列格里尼
Carlos Pellegrini 卡洛斯·佩列格里尼大厦
Carlos Pellegrini 卡洛斯·佩列格里尼街

Carlos Tejedor 卡洛斯·特赫多尔
Carlos Thays 卡洛斯·泰恩斯
casa chorizo "香肠屋"
Casa de la Virreina Vieja 总督夫人府邸
Casa del Gobierno 政府大厦
Casa Rosada 玫瑰宫
Caseros 卡塞罗斯镇
Castile 卡斯提尔人
Catalinas Norte 北卡特琳娜
Cementerio de Chacaritas 查卡里塔公墓
Cemetery of Recoleta 雷科莱塔国家公墓
Centros Clandestinos de Detención, 简称 CCD 秘密拘留中心
Cerrito 塞里托街
Cerveceria Munich 慕尼黑啤酒屋
Cesar Pelli 西萨·佩里
Chacabuco 查克布克街
Charles Cordier 查尔斯·科迪尔
Charles Darwin 查尔斯·达尔文
Charles Henri Pellegrini 查尔斯·亨利·佩列格里尼
Charles Tellier 查尔斯·特利尔
Charles V 查理五世
Château de Fontainebleau 枫丹白露宫
Chateaubriand 夏多布里昂
Christopher Columbus 克里斯托弗·哥伦布
Christopher Wren 克里斯托弗·雷恩
church for Dominicans 圣多明戈教堂
church of Nuestra Señora de la Santa Trinidad 三一圣母堂
Church of Nuestra Señora del Pilar 皮拉尔圣母堂
Church of San Francisco 圣方济各教堂
Cicero 西塞罗
Cipriano Reyes 西普里亚诺·雷耶斯
Ciudad Evita 艾薇塔城
Ciudad Indiana "印第安纳城"
Clemente Onelli 克莱门特·奥耐利
Clorindo Testa 克洛林多·特斯塔
Colonia do Scramento 萨克拉门托殖民地
Colonia 科洛尼亚
Concolorcorvo 康科罗克洛
Conjunto Rioja 里奥哈社区
Conquest of the Desert "沙漠征服"
Constitución Station 宪法广场站
conventillo "康文提洛"廉租房
Corbusian 柯布西耶式
Córdoba 科尔多瓦
Cornelio Saavedra 科内利奥·萨维德拉
Correo Nacional 邮政总局大厦
Corrientes 科连特斯省
Costanera Norte 北岸
Costanera Sur 南岸大道
Coy Street 科伊街
Creole 克里奥尔人

criollo 西班牙裔拉美人
Cristina Fernández de Kirchner 克里斯蒂娜·费尔南德斯·德·基什内尔
Cristobal Barrientos 克里斯托瓦尔·巴里恩托斯
Cuartel de Cuitino 奎帝诺监狱
Cuartel de los Restauradores 复兴监狱
Cuartel de Serenos 塞莱诺斯监狱
Cuartel del Artilleria 火炮营
Cuyo 库约
Cuzco 库斯特

Dársena Sur 南港
David Calandra 大卫·卡兰德拉
de la Torre 德拉托雷
Década Infame "不光彩的十年"
Deconstructivism 解构主义
Diagonal Norte 诺尔特对角大街
Diagonal Sur 苏尔对角大街
Diego de Mendoza 迭戈·德·门多萨
Domingo de Basavilbaso 多明戈·德·巴萨维尔瓦索
Domingo Faustino Sarmiento 多明戈·福斯蒂诺·萨米恩托
Domingo Martínez de Irala 多明戈·马丁内斯·德·伊腊拉
Don Torcuato "唐·托尔夸托"

Eastern State Penitentiary 东方州立监狱
Ebenezer Howard 埃比尼泽·霍华德
Ecole des Beaux-Arts in Paris 巴黎国立美术学院
Edificio Alas 阿拉斯大厦
Edificio Kavanagh 卡瓦纳大厦
Edificio República 共和国大厦
Edificio Uruguay 乌拉圭大厦
Eduardo Madero 爱德华多·马德罗
El Coliseo Provisional 普罗贝雄奈剧院
El Greco 埃尔·格列柯
El Libertador "解放者"
El Muelle de Santa Catalina 圣卡特琳娜码头
El Obelisco 方尖碑
El Puente de la Mujer 女人桥
El Restaurador "重建者"
El Retiro "雷蒂罗"
El Rey Blanco "白国王"
El Sol de Mayo "五月太阳"
El Vauxhall 沃克斯豪尔公园
Encarnación 恩卡纳西翁
Enrique de Gandía 恩里克·德·甘迪亚
Enrique German Herz 恩里克·日耳曼·赫兹
Enrique Ocampo 恩里克·奥坎波
Entre Rios 恩特雷·里奥斯省
Erasmus 伊拉斯谟
Ermita de San Sebastián 圣塞巴斯蒂安隐修院

Ernesto Bunge 埃内斯托·庞格
Ernesto Lacalle Alonso 埃内斯托·拉卡勒·阿隆索
Escuela de Mecánica de la Armada，简称 ESMA 海军机械师学校
Esmeralda Tea Garden 埃斯梅拉达茶园
Esmeralda 埃斯梅拉达街
Espigón Plus Ultra 普拉斯·奥创堤公园
Estación Central 中央火车站
Esteban Echeverría 埃斯特万·埃切维里亚
Estrugamou 埃斯特伽穆大楼
Eugene Courtis 尤金·柯蒂斯
Eustace L. Conder 尤斯塔斯·L. 康德
Eva Duarte 伊娃·杜阿尔特
Eva Perón 贝隆夫人
Exposición Internacional del Centenario 百年庆典国际博览会
Ezeiza Airport 埃塞萨机场
Ezra Pound 埃兹拉·庞德

Facultad de Derecho 布宜诺斯艾利斯大学法学院大楼
Faena Arts Center 费纳艺术中心
Falkland Islands 福克兰群岛
Feast of the Holy Trinity 天主圣三节
Federales 联邦党人
Federico Lacroze 费德里科·拉克鲁兹
Felicitas Guerrero 菲利西塔斯·格雷罗
Felipe Senillosa 费利佩·塞尼罗萨
Ferdinand Magellan 斐迪南·麦哲伦
Fermín H. Bereterbide 费尔明·H. 巴勒特尔彼得
Fernando de Oviedo 费尔南多·德·奥维耶多
Fernando de Zárate 费尔南多·德·萨拉特
Floresta 弗洛雷斯塔区
Francesco Gianotti 弗朗西斯科·贾诺蒂
Francesco Tamburini 弗朗西斯科·坦布里尼
Franciscans 圣方济各会
Francisco Bullrich 弗朗西斯科·布利里奇
Francisco Ruiz Galán 弗朗西斯科·鲁伊兹·加兰
Francisco Seeber 弗朗西斯科·席伯
Franco 弗朗哥
Frederick Law Olmsted 弗雷德里克·劳·奥姆斯特德
Fundación Eva Perón 贝隆夫人基金会大厦

Gaetano Moretti 盖太诺·莫雷蒂
Galería Güemes 格梅斯美术馆
Gallerías Pacifico 太平洋拱廊购物中心
Gaucho 加乌乔人

Genoa 热那亚	Hispaniola 伊斯帕尼奥拉岛
George Bellows 乔治·贝洛斯	Horacio Rodríguez Larreta 霍雷肖·罗德里格斯·拉雷塔
George Reid Andrews 乔治·里德·安德鲁	Hospital de Clínicas José de San Martín 何塞·圣马丁医院
Georges Clemenceau 乔治·克列孟梭	Huayna Capac 怀纳·卡帕克
giant-order 巨柱式	Ian Fletcher 伊恩·弗莱彻
Gilded Age "镀金时代"	Iberian Baroque 伊比利亚巴洛克
Gino Aloisi 基诺·阿洛伊西	Iglesia de la Merced 拉梅塞德教堂
Giovanni Arnaldi 乔瓦尼·阿纳尔迪	Iguazú Falls 伊瓜苏瀑布
Giovanni Battista Primoli 乔瓦尼·巴蒂斯塔·普雷莫利	Inca Empire 印加帝国
Golden Age 黄金时代	Infanta Isabela de Bourbon 伊莎贝拉·德·波旁公主
Greater Antilles 列斯群岛	Isabel Perón 伊莎贝尔·贝隆
Greenland 格陵兰岛	Isadora Duncan 伊莎多拉·邓肯
Grupo Boedo 博埃多派	Islas Malvinas 马尔维纳斯群岛
Grupo Florida 佛罗里达派	
Guadalajara 瓜达拉哈拉	Juan Domingo Sarmiento 胡安·多明戈·萨米恩托
Guaraníes 瓜拉尼人	J. B. Bateman J. B. 贝特曼
Guglielmo Marconi 伽利尔摩·马可尼	Jack Dempsey 杰克·登普西
Gustav Heinrich Eberlein 古斯塔夫·海因里希·埃伯莱	James R. Scobie 詹姆斯·R. 斯科比
	Jean-Charles Alphand 让·查尔斯·阿尔方德
Habsburg 哈布斯堡王朝	Jean-Claude Forestier 让·克劳德·弗雷斯蒂埃
Hawkwood and Sons 霍克伍德父子公司	Jefferson 杰斐逊
Henrik Aberg 亨利克·艾伯格	Jeremy Bentham 杰里米·边沁
Herman Melville 赫尔曼·梅尔维尔	Jesuits 耶稣会士
Hipódromo de Palermo 巴勒莫赛马场	Joaquín del Pino 杰奎因·德尔·皮诺
Hipólito Yrigoyen 伊波利托·伊里戈延	

Johannes Krauss 约翰尼斯·克劳斯
John Coghlan 约翰·科格伦
John Lynch 约翰·林奇
Jonás Larguía 何纳斯·拉吉亚
Jorge Enrique Hardoy 豪尔赫·恩里克·阿尔多伊
Jorge Luis Borges 豪尔赫·路易斯·博尔赫斯
José Antonio Wilde 何塞·安东尼奥·王尔德
José de San Martín 何塞·德·圣马丁
José de Urquiza 何塞·德·乌尔基萨
José Félix Uriburu 何塞·费利克斯·乌里布鲁
José Hernández 何塞·埃尔南德斯
Joseph Bonaparte 约瑟夫·波拿巴
Joseph Bouvard 约瑟夫·博瓦德
Joseph Deburdieu 约瑟夫·德博迪奥
Joyce 乔伊斯
Juan Antonio Buschiazzo 胡安·安东尼奥·布斯基亚佐
Juan Bautiste Segismundo 胡安·比提斯·齐格蒙特
Juan Carlos Onganía 胡安·卡洛斯·翁加尼亚
Juan de Ayolas 胡安·德·阿约拉斯
Juan de Garay 胡安·德·加雷
Juan Díaz de Solís 胡安·迪亚斯·德·索利斯
Juan Domingo Perón 胡安·多明戈·贝隆
Juan Domingo Sarmiento 胡安·多明戈·萨米恩托
Juan Facundo Quiroga 胡安·法昆多·基罗加
Juan José de Vértiz 胡安·何塞·德·瓦提兹
Juan José Viamonte 胡安·何塞·比亚蒙特
Juan Larrea 胡安·拉雷亚
Juan Manuel de Rosas 胡安·曼努埃尔·德·罗萨斯
Juan Martín de Pueyrredón 胡安·马丁·德·普埃雷东
Juan Torres de Vera y Aragon 胡安·托雷斯·德·维拉伊-阿拉贡
Jules Charles Thays 胡莱斯·查尔斯·泰恩斯
Julián García Núñez 胡利安·加西亚·努涅斯
Julián González Salomón 胡利安·冈萨雷斯·所罗门
Julio Argentino Roca 胡利奥·阿根廷诺·罗卡

Karl Nyströmer 卡尔·尼斯卓马
Kirchnerite Wing 基什内尔派
La Boca 博卡区
la Defensa 拉德芳斯之战

la Fonda Britannica　大不列颠茶室
la Generacion de '80　"80 一代"
La Matanza　马坦萨河
La Porteña　"波特诺号"
la Reconquista　雷孔基斯塔之战
Ladislao Gutierrez　拉迪斯劳·古铁雷斯
Lagos　拉哥斯
Lanus　拉努斯
Le Corbusier　勒·柯布西耶
Le Frigorifique　"弗雷格利菲克号"
Leon Battista Alberti　莱昂·巴蒂斯塔·阿尔伯蒂
Leopoldo Marechal　列莱奥波尔多·马雷查尔
Les Tuileries　杜乐丽花园
Levittown　莱维特镇
Libertad　利伯塔德街
Lima　利马
Lino Enea Spilimbergo　利诺·埃内亚·斯普里姆伯格
Lola Mora　罗拉·莫拉
Long Islands　美国长岛
Los Bosques de Palermo　巴勒莫森林公园
Louis Faure Dujarric　路易斯·福尔·杜贾里克
Lucia Crestani　露西亚·克里斯塔尼
Luigi Brizzolara　路易吉·布里佐赖拉
Luis A. Huergo　路易斯·A. 韦尔戈

Luis Angel Firpo　路易斯·安吉尔·弗波
Luis de Miranda　路易斯·德·米兰达
Luis Dellepiane　路易斯·德拉皮亚尼
Lujan　卢汉镇

Maldonado　马尔多纳多河
Mandeville　曼德维尔
mannerism　矫饰主义风格
mansard　复折式屋顶
Manuel Alberti　曼努埃尔·阿尔伯蒂
Manuel Belgrano　曼努埃尔·贝尔格拉诺
Manuel Dorrego　曼努埃尔·多雷戈
Manuelita　曼纽里塔
Mapuche　马普切人
Mar del Plata　马德普拉塔
Mardoqueo Navarro　马多奎奥·纳瓦罗
Margarita Gutman　玛格丽特·古特曼
Mariano Billinghurst　马里亚诺·比林赫斯特
Mario Palanti　马里奥·帕朗蒂
Mario Roberto Álvarez　马里奥·罗伯托·阿尔瓦雷斯
Marques de Sobremonte　马克思·德·索夫雷蒙特
Marta Minujín　玛塔·米努金
Martín Rodriguez　马丁·罗德里格斯
Mauricio Macri　毛里西奥·马克里

Maxine Hanon 马克·西农
Mazorca 马扎卡
medianeras "米迪亚耐拉斯"
Mercado de Abasto 阿巴斯托市场
Mercedarian order of Santa Maria de la Merced 仁慈圣母修会
Mercedes Castellanos de Anchorena 梅赛德斯·卡斯泰拉诺斯·德·安乔雷纳斯
Metropolitan Cathedral 主座教堂
Michael Hesse 迈克尔·海塞
Miguel de Azcuénaga 米格尔·德·阿兹库纳那迦
Miguel Juárez Celman 米格尔·胡亚雷斯·塞尔曼
Monastery of the Recollect Fathers 重整修士会
Monserrat 蒙塞拉特区
Montevideo 蒙得维的亚
Moreno 莫雷诺街
Mothers of the Plaza de Mayo "五月广场母亲"
Mozarabic 莫扎勒布风格
Museo Argentino de Ciencias Naturales 阿根廷自然科学博物馆
Museo de Bellas Artes 阿根廷国家美术馆
Museo Sarmiento 萨米恩托博物馆

Naples 那不勒斯

Napoleon 拿破仑
Nicolas Avellaneda 尼古拉斯·阿韦亚内达
Norbert Maillart 诺伯特·梅拉特
Nuestra Señora del Buen Aire "顺风圣母"
Nuestra Señora del Socorro 索科罗圣母堂
Núñez 努涅斯区

Oaxaca 瓦哈卡
Order of Santiago 圣地亚哥骑士团
Ortúzars 奥杜萨斯
Otto von Arnim 奥拓·冯·阿尼姆
Ovidius 奥维德

Palacio Barolo 巴罗洛大厦
Palacio de Tribunales 最高法院大厦
Palacio del Congreso 国会大厦
Palacio Duhau 杜豪公馆
Palacio Ortiz-Basualdo 奥提兹-巴斯瓦尔多公馆
Palacio Paz 帕兹公馆
Palacio Roccatagliata 的罗卡塔格利亚塔大厦
Palacio Salvo 萨尔沃大厦
Palacio San Martin 圣马丁公馆
Palacio Unzué 温苏埃公馆
Palais Bourbon 波旁宫
Palermo de San Benito 圣贝尼托大宅

Palermo Viejo 老巴勒莫区
Palermo 巴勒莫区
Palladianism 帕拉第奥主义
pampas 潘帕斯草原
Panama 巴拿马
Pánfilo de Narváez 潘菲洛·德·纳瓦埃斯
Panopticon "环形监狱"
Paraguay 巴拉圭
Paraná River 巴拉那河
Parque Avellaneda 阿韦拉内达公园
Parque Centenario 世纪公园
Parque Chas 帕克查斯区
Parque Colón 哥伦布公园
Parque de los Andes 洛斯安第斯公园
Parque Las Heras 拉斯·埃拉斯公园
Parque Lezama 莱萨马公园
Parque Patricios 帕特里夏公园区
Parque Tres de Febrero 二月三日公园
Parr, Strong & Parr 斯特朗 & 帕尔公司
Pasaje Discepolo 帕萨杰·迪斯波罗弯道
Paseo de Julio 胡里奥林荫道
Paseo de la Alameda 阿拉米达林荫道
Pastor Obligado 帕斯特·奥博利戈多
Patagonia 巴塔哥尼亚
Patricios 贵族军团
Pedro Antonio de Cevallos 佩德罗·安东尼奥·德·塞万略斯
Pedro de Mendoza 佩德罗·德·门多萨
Pedro de Zárate 佩德罗·德·萨拉特
Pedro Eugenio Aramburu 佩德罗·尤金尼奥·阿兰布鲁
Perdriel 普里奥
Perónism 贝隆主义
Peronists 贝隆主义者
Philippe Starck 菲利普·斯塔克
Phillip II 腓力二世
Phillip VII 腓力七世
Piazza San Marco 圣马可广场
Pierre Benoit 皮埃尔·伯努伊
Pirámide de Mayo 五月方碑
Piranesi 皮拉内西
Pizarro 皮萨罗
Place de la Concorde 协和广场
Platine War 铂金战争
Plaza Constitución 宪法广场
Plaza de la Independencia 独立广场
Plaza de la Victoria 维多利亚广场
Plaza de Mayo 五月广场
Plaza de Retiro 雷蒂罗广场
Plaza de Toros 托罗斯斗牛场
Plaza Dorrego 多雷戈广场
Plaza Houssaye 乌赛广场
Plaza Lavalle 拉瓦勒广场
Plaza Lorea 洛雷亚广场
Plaza Mayor 马约尔广场
Plaza Miserere 弥赛莱利广场
Plaza Mitre 米特雷广场

Plaza Primera Junta 第一国民大会广场
Plaza San Martín 圣马丁广场
Plaza Vicente López 比森特·洛佩兹广场
Pope Francis 教皇方济各
populism 民粹主义
Porteños 波特诺人
Postmodernism 后现代主义建筑
Potosí 波托西山
Prelidiano Pueyrredón 莱里亚诺·普埃雷东
primer mundo "第一世界"
Primera Junta 第一国民大会
Prosper Catelin 普罗斯珀·卡特兰
Puebla 普埃布拉
Puente de la Reina 普恩特拉雷纳战役
Puerto Madero 马德罗港
Puerto Nuevo 新港

Quechua 克丘亚人
Querandí 凯兰迪人

Ramón Falcón 拉蒙·法尔孔
Raúl Alfonsín 劳尔·阿方辛
Ravenna 拉文纳战役
Recoleta 雷科莱塔区
Reconquista 雷孔基斯塔大道
Recova Nueva 新雷科瓦拱廊
Recova 雷科瓦大拱廊
Rem Koolhaas 雷姆·库哈斯

Republica de los Niños 儿童共和国
Retiro train station 雷蒂罗火车站
Retiro 雷蒂罗区
Reynaldo Bignone 雷纳尔多·比尼奥内
Riachuelo 里亚丘埃洛河
Richard Morris Hunt 理查德·莫里斯·亨特
Rio de la Plata 拉普拉塔河
Rivera Indurate 里维拉·英杜瑞特
Robert Cox 罗伯特·科克斯
Robert Moses 罗伯特·摩西
rococo 洛可可风格
Rodin 罗丹
Roger Conder 罗杰·康德
Roman Baroque 罗马巴洛克
Romulo de Zabala 罗慕洛·德·扎巴拉
Rondeau 伦德欧
Rosedal 洛赛德尔玫瑰园
Royal Fortress of Saint John Baltasar 圣约翰巴尔塔萨皇家堡垒

Saavedra 萨维德拉区
Sadinia 撒丁岛
Saint Martin 圣马丁街
Salguero 萨尔格埃罗街
Salta 萨尔塔街
Salvadores 萨尔瓦多雷斯
Samuel Eliot Morrison 塞缪尔·艾略

特·莫里森 | 洛姆菲尔德爵士
San Gabriel 圣盖博岛 | Sociedad Popular Restauradora 联邦党
San Juan 圣胡安 | 人民复兴会
San Nicolás de Bari 圣尼古拉 | Sociedad Rural 阿根廷农业协会
斯·德·巴里教堂 | Southampton 南安普敦
San Nicolás 圣尼古拉斯区 | Staten Island 斯塔顿岛
San Salvador 圣萨尔瓦多岛 | Suipacha 苏帕查大道
San Telmo 圣特尔莫 | Sumatra 苏门答腊岛
San Telmo 圣特尔莫教堂 | Sydney G. Follet 西德尼·G. 福利特
Sánchez 桑切斯 | Tampa Bay 坦帕湾
Sancho del Campo 桑乔·德尔·坎波 | Teatro Colón 哥伦布大剧院
Sant' Ignacio 圣依纳爵教堂 | Teatro Gran Rex 雷克斯大剧院
Santa Felicitas 圣菲利西塔斯教堂 | Teatro Nacional Cervantes 塞万提斯
Santa Maria de Buenos Aires 顺风圣 | 国家剧院
母港 | tercera posición "第三位置"
Santiago de Liniers 圣地亚哥·德·利 | Tierra del Fuego 火地岛
涅尔斯 | Torcuato de Alvear 托尔夸托·德·阿
Santiago 圣地亚哥 | 尔韦亚尔
Santo Domingo 圣多明戈 | Torre de los Ingleses 英人钟塔
Santos Lugares 圣托司·卢卡斯军事 | Trotskyite Ejercito Revolucionario Popu-
总部 | lar，ERP 托洛茨基人民革命军
Sebastian Cabot 塞巴斯蒂昂·卡伯特 | Trujillo 特鲁希略
Second Empire 第二帝国 | Tupac Amaru II 图帕克·阿马鲁二世
Seville 塞维利亚 |
Sicily 西西里 | Ulrich Schmidl 乌利希·施米德尔
Silvina Ocampo 西尔维纳·奥坎波 | Unitarios 统一党人
Simón Radowitzky 西蒙·拉多维茨基 | United Provinces of the Rio de la Pla-
Sir Edwin Luytens 埃德温·卢伊腾斯 | ta 拉普拉塔联合省
爵士 | Uruguay River 乌拉圭河
Sir Reginald Blomfield 雷金纳德·布 | Uruguay 乌拉圭

utilitarian 实用主义

Valencian 巴伦西亚
Valentín Alsina 瓦伦汀·阿尔西纳
vara 巴拉
Venezuela 委内瑞拉
Vicente López y Planes 比森特·洛佩兹—普拉内斯
Viceroyalty of New Granada 新格拉纳达总督区
Viceroyalty of New Spain 新西班牙总督区
Viceroyalty of Peru 秘鲁总督区
Viceroyalty of the Rio de la Plata 拉普拉塔总督区
Victoria & Albert Museum 维多利亚与艾伯特博物馆
Victoria Ocampo 维多利亚·奥坎波
Viktor Sulčič 维克多·苏西奇
Villa Alvear 维拉·阿尔韦亚尔
Villa Chacarita 维拉·查卡里塔
Villa Devoto 维拉·德沃托
Villa Urquiza 维拉·乌尔基萨区

Virgil 维吉尔
Virgilio Cestari 维尔吉利奥·瑟斯塔利
Vittorio Alfieri 阿尔菲耶里
Vittorio Meano 维托里奥·米阿诺
Voltaire 伏尔泰
vuelo de la muerte "死亡飞行"
Vuelta de Obligado 伍艾尔塔·德·奥伯里加多

Walser family 瓦尔泽家族
Whitelocke 怀特洛克
Whittingham 惠廷厄姆
William Beresford 威廉·贝雷斯福德
William Gavin 威廉·加文
William Wheelwright 威廉·惠赖特
Woodbine Parish 伍德拜恩·帕里什

Yeats 叶芝

Yrigoyen 伊里戈延大街
Zechuruas 泽丘拉斯人

译后记

译完本书，笔者不由得想起翻译名家严复的慨叹："一名之立，旬月踟蹰。"译事之难，深有同感。翻译本书的难处，在于资料奇缺。作者詹姆斯·加德纳介绍创作本书的初衷，便是苦寻布城史16载而不得，只好自己动手写作。译者翻译时，也需面对同样的困难。阿根廷原是西班牙殖民地，官方语言是西班牙语。故此，介绍布宜诺斯艾利斯的资料绝大多数都以西班牙语写就，英语资料已不易得，而汉语世界的相关资料就越发稀少。本书从西班牙殖民者踏上布城之初写起，纵贯布宜诺斯艾利斯500余年历史，内容庞杂，人物、事件众多，仅地名、人名、建筑名等专有名词就有上千个，大部分不见于国内正式出版物，没有标准译名。原文一多半内容都在介绍布宜诺斯艾利斯的城市规划和建筑，涉及大量相关术语和知识，也提及布城史上和现存的大量建筑，并对一些著名建筑的风格、特征有细致入微的描写。如果译者缺乏背景知识，对书中所述细节没有直观了解，必然会造成理解上的困难，出现误译。翻译本书时，译者在查证上花费的时间，丝毫不比翻译本身花费的时间少。虽有维基百科、谷歌地图等帮助，但翻译一小段内容，查资料往往就要花去几个小时。

百年来，现代汉语和翻译活动的关系十分密切。现代白话文创立之初，新文化派就主张"通过直译改造汉语"，欧洲语言开始透过翻译影响汉语。现代汉语一方面通过翻译吸收了大量新语汇、新表达；而另一方面，也在不断"欧化"的道路上越走越远。异化的"翻译腔"不仅出现在翻译语言，也已渐渐渗透到创作语言中来，有人更是毫不客气地将翻译称为现代汉语的"污染源"。翻译腔汉语产生的原因，主要是汉语固有的声气韵律被打乱，造成表达节奏失调，文气不畅，体现在具体语言特征上，表现为译语结构容量增大、句段长度增加、虚字使用频率增高、代词用量增加等。译员将原语译入汉语时，易受原文结构制约，照搬原语的表达和结构。如译员主观上对翻译腔问题有清醒的认识，翻译时适当注意按照汉语习惯调整译文语序，控制欧化表达的使用，能使译文更加贴合汉语声气韵律的常规，避免产出过度欧化的译文。本书作者充分利用英语的特点，擅用长句，尤其爱用从句，将复杂的背景知识和逻辑关系层层叠叠引入句中。译者翻译时，特别注意了译文的声气问题，对某些段落，甚至依照汉语组织的常规大幅调整了语序，以避免译文佶屈聱牙。

本书翻译历时二月余，译者指导的翻译硕士（MTI）研究生赵家松、吴亚婷、蔡文文、范又月 4 位同学参与了前期工作，范又月同学最后核对了译稿并制作附录。本书翻译的疏漏之处由译者负责。

赵宏

2018 年 8 月